① 2022 年湖南省职业院校教育教学改革研究项目“渗透、融合：高职院校健身气功课程思政实践路径研究”（项目编号 ZJGB2022410）
② 2022 年湖南省职业院校教育教学改革研究项目“数字中国建设背景下高校健身气功‘两性一度’金课课程体系构建研究”（编号 ZJGB2022236）

高校体育教学与训练创新研究

罗 敏 殷宏亮 汪 磊 著

湘潭大学出版社
XIANGTAN UNIVERSITY PRESS

图书在版编目（CIP）数据

高校体育教学与训练创新研究 / 罗敏，殷宏亮，汪磊著. -- 湘潭 : 湘潭大学出版社，2025. 3. -- ISBN 978-7-5687-1797-7

Ⅰ. G807.4；G808.1

中国国家版本馆 CIP 数据核字第 20258V9T75 号

高校体育教学与训练创新研究

GAOXIAO TIYUJIAOXUE YU XUNLIAN CHUANGXIN YANJIU

罗敏 殷宏亮 汪磊 著

策划编辑：丁立松
责任编辑：丁立松
封面设计：张丽莉
出版发行：湘潭大学出版社
社　　址：湖南省湘潭大学工程训练大楼
电　　话：0731-58298960 0731-58298966（传真）
邮　　编：411105
网　　址：http://press.xtu.edu.cn/
印　　刷：长沙创峰印刷有限公司
经　　销：湖南省新华书店
开　　本：787 mm×1092 mm 1/16
印　　张：12
字　　数：278 千字
版　　次：2025 年 3 月第 1 版
印　　次：2025 年 3 月第 1 次印刷
书　　号：ISBN 978-7-5687-1797-7
定　　价：58.00 元

PREFACE 前言

随着国家实力的提升、社会的进步、体系日趋完善，国家和社会对人才的需求更加迫切，对优秀人才的需求更是日益增长。因此，当代高等教育对于未来社会的发展起着至关重要的作用，并成为综合国力的关键因素。素质教育的核心在于关注学生及社会未来的发展要求，致力于为所有学生提供教育，其宗旨在于全面提升学生的基础素质，在培育符合社会主义现代化建设需求的高质量人才。

体育教学是指教师采用常规的教学方法，在课堂上提升学生对体育技能的掌握水平的过程。在体育教学过程中，教师运用标准化的教学手段，旨在提高学生体育技能的熟练度。在体育课程实施中，教师主要应用与学生互动合作的方式，这有助于学生更有效地学习运动技巧，并实质性地增强其体质，为学生未来的职业生涯和学业积累丰富的实践经验。

运动训练作为高校体育教学的重要内容，其主要任务是教师引导学生进行系统的体育练习，旨在增强学生的体质，提高学生的运动技能，以期学生在体育考核中取得优异成绩。在实施体育训练的过程中，学生需通过频繁的锻炼来提高自身的身体能力。教师需根据学生体质的个体差异，设计出更加个性化的训练计划，为学生取得优异体育表现打下坚实基础。因此，体育训练与竞技体育比赛之间存在着密切的联系。

本书首先对高校体育教学的特点、原则、教学意义、功能及训练过程的监控做了简要介绍；其次阐述了高校体育教学的内容，其中包括体育教学内容的编排与选择、体育教学内容的发展与改革；再次分析了高校体育教学理念，让读者对高校体育教学理念有了全新的认识；然后对高校体育教学方法、高校体育教学模式、运动训练的原理与方法、高校体育训练的方法进行了较大幅度的改进；最后从多维度阐述了高校体育运动训练的实践创新，充分反映了21世纪我国在高校体育教学与训练创新研究方面的前沿问题，力求让读者充分认识到高校体育教学与训练创新研究的重要性和必要性。著作内容由湖南商务职业技术学院罗敏、湖南中医药大学殷宏亮、湖南交通职业技术学院汪磊共同完成，其中第一、二、三、四、五章由罗敏和汪磊编写，第六、七、八、九章由殷宏亮和罗敏完成。

前 言

CONTENTS

目 录

第一章　高校体育教学与训练概述

第一节　高校体育教学的特点

一、高校体育教学的含义

高校体育教学是高等教育教学的重要环节之一，与其他类型的教学活动在本质上具有教育的统一性。其目标是通过有目的、有规划、有框架的教学过程，向学生教授体育技能和方法，全面发展学生的德、智、体、美、劳，同时培养学生的精气神和体魄。然而，高校体育教学具有其特殊性，它是展现学校体育教学目的、目标的基本途径。经过多年的发展，高校体育教学不再局限于课堂内的体育活动，而是涵盖了竞技运动和社会体育等各种以发展自身素质为目标的教学活动。为了实现学校体育的目的和任务，高校体育教学是一种有目的、有计划、有组织的教育过程。在这个过程中，教师扮演着引导者的角色，他们通过各种教学方法和手段，引导学生掌握相关的技能与方法，提高学生身体素质和强化学生身体机能。同时，高校体育教学还帮助学生适应各种环境与变化，培养优良的精神与良好的品质，并促进其综合发展。

高校体育教学是一个具有组织性、规划性和目的性的复杂系统，它由多个要素构成，包括主体、客体、对象等。为了使这个复杂系统更加清晰明了，需要对其重要组成要素进行分析。这个分析过程实际上也是对高校体育教学的具体过程进行分析。

在高校体育教学活动中，教师和学生是不可或缺的两大主体，他们的参与构成了完整的体育教学活动。缺少任何一方，都将影响体育教学活动的有效开展。

此外，为了确保教师有效地传授学生体育知识和技能，必须借助一定的教学材料，即体育教材。教师通常需要依据体育教材进行教学，以确保教学内容的系统性和科学性。因此，这三个要素在高校体育教学中起着至关重要的作用，缺一不可。在具体的体育活动中，他们之间相互联系、相互依存、相互影响。

在高校体育教学系统中，从任何层面来看，教师都扮演着决定性的角色。他们肩负着培养下一代的重任，对学生在体育方面的学习成果产生深远影响。教师的自身能力、个性特质、专业水平、职业责任感以及他们与学生之间的互动关系和学生对其的尊重程度，都直接影响着体育教学的最终效果。

在成长和学习阶段的高校学生主体，无论是在生理还是心理方面，都存在较大的差异性。此外，由于体育教学涉及学生身体的直接参与，这种差异性在体育活动中表现得尤为明显和突出。因此，教师需要更加深入地了解学生的个体差异，以便更好地进行体育教学。

为了更好地进行体育教学，教师需要对每一位学生的身体形态、体能和身体功能进行清晰的了解，同时还需要了解学生的情感、气质、性格、兴趣爱好以及个性等方面的信息。这些信息有助于教师更好地把握学生的个体差异，从而制订出更加符合学生实际情况的教学计划和方案。

体育教材作为高校体育教学中师生互动的核心媒介，不仅是教师传授体育知识和技能的依据，也是学生学习和练习体育技能的重要资源。高校体育教材内容的合适与否、难易程度等都直接影响着体育教学的成效，也会影响学生的整体发展。高校体育教材内容的选择与组织需从两个方面考虑：一是社会发展的需要，尤其表现在社会发展对教育学校体育目标的制约；二是体育运动特点，要充分考虑学生对教材的理解、接受与喜爱的程度。

二、内外和身心合一的健身系统性

（一）内外合一的健身系统性

高校体育教学成效的高低，最直接的反映在于学生的身体变化。通过监测学生的身体形态和发育进程等情况，可以有效地评估教学目标是否达到预期。如果达到了预期效果，学生的骨骼发育将会更加完善，肌肉将会更有力量，形态也会更加匀称。总体而言，就是学生按照自然的生长规律有条不紊、全面地发展。这样，高校体育教育完善了其教育、健康、心理的全面性，具体体现在运动能力的表现力和身体发育的展现性。

高校体育教学中的“有序性”主要是从学生的身体器官发育来说的。从神经系统的层面来说，高校学生的第二次发育体征已有明显的发展，第二次发育系统的作用进一步增强，身体机能之间的相互沟通更为完善；从呼吸系统的层面来说，高校学生胸廓的横径和纵径都继续增加，男女生肺活量增大的高峰期均在 21 岁；从运动系统的层面来说，学生身体各部分宽度指标增长加快，骨骼的粗硬程度和肌肉力量明显提高；从心血管系统的层面来说，高校学生的脉搏已从青少年期随年龄增长逐年下降而日益稳定，且学生心脏发育日趋完善，心缩力量增强，收缩压增高，为血液供应适应机体负荷增加提供保障。因此，在高校体育教学中，除应多安排不同负荷的各种练习以发展大肌肉群力量外，还应同时安排发展小肌肉群的各种练习，如仰卧起坐、蛙跳、引体向上等。

高校体育教育是增强学生身体素质、提高健康综合水平的渠道，不仅促进了学生身心健康，使其在各项学习任务和生活过程中积极地解决问题，顺利地应对近期效益，而且具有奠定终身体质基础、延年益寿和提高民族素质的长期效益。因此，高校体育教学中的全面性，体现在以提高健康水平为目标，使学生身体各个部分、各种运动能力、身体素质及生理机能都得到均衡、对称、协调的发展。在生物学指标（遗传因素）、医学指标和生理指标的监督下，尊重学生的先天条件、兴趣爱好和性格特征，因人施教，不拘一格地促其全面发展。

（二）身心合一的健身统一性

体育运动最明显的特征是顺其自然，可以不着痕迹地对人体进行调节和改造。

经过这种顺应万物生长的改造方式，人体的生理机能和结构可以得到相适宜的统一，即达到身心的统一。在高校体育教学中，要使学生的心理发展和生理发展相匹配，两者共同发展才是最好的发展。

身心合一的健身统一性在高校体育教学中的具体表现有三个。首先，高校体育教材的内容是根据高校学生的生理和心理特点编写出来的。它具有专业性和适宜性，还可以根据需要做出相适应的调整，整体注重了学生身体各个部位的均衡发展，也注重了学生的心理因素，使其在使用的过程中有充满愉悦和美的感受。其次，高校体育教学的方法多样化发展，因具有不同的组织模式，可以针对不同的学生做出调整，让学生的特点和天性得到充分发挥，从而达到身心和谐和内外兼修的同一目标。最后，高校体育教学在根据学生身体机能生理负荷的基础上，强调学生心理的变化规律。

三、教育性

不管哪一门学科其教学过程一定是有教育性的，高校体育教学也是一样的。教育性是高校体育教学最基础、最根本的特征，失去了这个特征，其也就不能称之为教学活动。高校体育教学的教育性主要体现在以下两个方面。

第一，高校体育教学活动是一项带有目的和任务的育人期望的活动。每一项体育教学活动都设定了特定的规则和要求，学生需通过克服困难来学习和掌握必要的知识和技能。高校学生通过体育锻炼或者其他的学习方式，将会受到体育环境的影响。不管是体育教材还是教学方法，或者是环境、条件、传统习惯等都会不同程度影响高校体育教学。积极的影响将会使学生受到潜移默化的熏陶和感染，也会给学生提供有利于良好品质形成的平台和机会，从而可以促进思想观念和世界观、价值观的正确形成，使这种学习正迁移得以运用到今后的工作和生活中去。

第二，在高校体育课程中，学生的思维情感和行事风格往往在不经意间展露无遗。这一特点便于教育工作者洞察学生的思想状态和个性特征，进而实施更为精准的教育措施。高校体育教学在思想道德教育方面内容丰富，简而言之，主要涵盖以下方面：培育对集体的热爱之情和集体意识，树立团结友爱、相互关心、协作互助的理念，激发竞争意识以及胜不骄、败不馁的心态，锻炼坚忍不拔、勇敢坚强、机智果敢的意志品质，以及塑造开朗乐观、活泼愉快的性格特征。

四、鲜明的时代性

时代在发展，科学在进步，经济全球化，各国的政治、经济、文化交流频繁。高校的体育教学作为高校教育的重要组成部分，体育教学内容有其鲜明的时代特点。

第一，体育教学内容符合民族化、国际化的需要。从我国目前的普通高校的体育教学内容来看，体育教学内容是民族传统体育和国际体育教学内容接轨。我国普通高校的体育教学内容有鲜明的民族特色和浓郁的地方特色，如武术、太极拳、摔跤、拔河、象棋、围棋、毽子等。同时，普通高校体育教学内容又与国际接轨，有鲜明的国际特色，例如，拓展定向运动、攀岩、网球、高尔夫球、滑旱冰等国际流行的体育运动。

第二，高校体育教学内容领域渗透当今先进的科学技术。改变人类的物质生产和生活水平，科学技术运用到体育领域，大大提高了运动的外部环境和内部质量，科学技术尤其表现在竞技体育的场地、器材、装备、训练等方面。从整体来看，高校运动场馆的现代化、运动器材的高科技都促使体育教学内容的变革。

第三，体育教学内容满足当今高校学生对体育内容的需求。当今高校学生接触的新生事物多，接受能力强、接受快，更具有冒险和尝试精神，更愿意去尝试。从体育教学内容的角度来看，高校体育教学紧随时代发展，新兴的体育运动项目迅速融入校园。

五、休闲性

从普通高校的体育教学内容来看，越来越注重体育的娱乐休闲功能，很多高校都增加了休闲、娱乐性强的体育运动项目，例如，小球类运动、户外健身拓展运动、极限和强烈运动、有氧体操运动、形体舞蹈、台球运动等休闲运动。这些体育运动在高校深受学生的喜爱，降低了体育的竞技功能，更多体现体育的休闲、娱乐、放松功能。在这样的社会背景下，普通高校以愉悦、放松、休息为主要目标，带有休闲、娱乐功能，积极态度的体育，成为学生的追求方式。

第二节　高校体育教学的意义

尽管体育教育的历史可以追溯到古代，但它的快速发展却是现代社会的产物。在过去的半个世纪里，以微电子技术为核心的信息技术的迅速崛起，以及高技术、新技术、新材料、新能源和生物工程等领域的发展，推动了人类社会从工业时代向信息社会的转变。这一转型极大地促进了社会生产力的发展，提高了工作和生活节奏。尽管这为人类带来了更多的便利和福利，增加了休闲时间，改善了生活条件和生活方式，并提高了生活质量，但由于机械化、电气化、自动化和智能化程度的提高，工作和生活环境变得更加紧张，对人类健康产生了负面影响。

在 20 世纪 70 年代，联合国教科文组织对现代教育提出了适应社会发展和需要的人才培养要求，即“健全的体魄，高尚的道德情操，丰富的科学文化知识”。在这一标准中，体魄健全被首次视为“三育”教育中的首要标准之一。这一标准的提出大大强化了体育教学在教育体系中的重要作用，并引起了人们对体育教学的广泛关注。各国也相继开展了体育教学内容、教材和教法的探索与改革。其中，日本的“快乐体育”、运动素材转变为体育教材的结构研究和小集团教学法研究等，将体育教学与人格、个性培养的内在联系提升到一个崭新的知识高度，引领着体育教学从简单的动作技能传授向促进人的身心和谐与健全的方向发展。

我国高校体育教学目前正处于积极探索、不断寻求进步的阶段。我国逐步完善对高校体育教学的深入研究，极力制订出一套适合我国国情和学生特点的高校体育教学理论和方法，因此，开展高校体育教学研究成为提高我国体育教学质量的又一出路。高校体育教学研究的意义主要表现在以下几个方面。

一、提高教学理论水平

尽管我国的体育教学历史已经超过百年，但与其他学科相比，高校体育教学的历史相对较短。此外，由于受传统教育观念的影响，很多学校并不重视体育教学，导致我国在体育教学理论方面存在很大的不足。我国的体育教学理论一方面传承了传统的体育教学理论，另一方面则借鉴了其他国家的有关体育教学理论。

时代在变迁，所有事物都在演化，体育教学也不例外。为了与社会同步，高校体育教学必须摒弃过时的教学理念和观念。借鉴国际上优秀的现代理论，并结合我国的实际情况，构建适合我国的高校体育教学理论。在此过程中，高校需要对以前体育教学理论中存在的问题进行深入分析，探究问题的本质，从而找到科学的方法来补充和修订传统体育教学理论。这样，才能丰富我国的高校体育教学理论体系，使其与时代共同发展和进步。

二、进行教学改革

随着素质教育的持续推进，各学科都在根据社会需求进行相应的教学改革，体育教学改革也受到了更多的关注。然而，体育教学改革一直面临理论研究不充分的问题，由于对体育教学的研究不足，体育教学改革无法为体育教学活动带来更多有利因素。因此，体育教学研究应结合学生的特点、社会需求、社会的发展趋势等进行，确定体育教学的改革方向，不断优化体育教学方法。同时，运用假设和实验的方法对所获得的新教学方法进行可行性分析和研究，这样才能有针对性地改革体育教学。

三、提高教师能力

随着社会的持续发展，对各学科教师的综合能力要求也在逐步提高。教师职业的特性决定了其需要终身学习的职业发展路径，以适应社会变迁并不断更新专业知识和技能。当前，教学与研究相结合是教师提高自身知识水平和教学能力的必然途径，也是提升教学质量的必由之路。对于体育教师而言，他们通过体育教学问题的研究过程，可以发现并获取更多有关体育教学的知识；在持续发现问题和解决问题的过程中，获得新知识，对体育教学实践的理解也更为全面、深入和客观；在研究过程中进行总结，可以激发他们在体育教学方面的创造性。同时，体育教学研究有助于促进体育教师之间的交流与互动，进而提升体育教师团队的整体水平。

四、规范教学流程

体育教学研究是对体育教学过程中涉及的各种教学因素及教学规律进行深入探究的过程。任何一种教学都要经历从初级阶段逐步走向成熟，从适应阶段走向规范化阶段。相对于其他学科的教学活动，体育教学本身存在许多不确定因素，这些不确定因素在教学过程中可能导致教学过程的失败。因此，规范教学实践和教学过程是相辅相成的。

教学流程在教学实践中发挥着指导性作用，同时，教学过程也反过来影响着教学流程，使其不断完善和规范。开展体育教学研究的根本目的之一就是通过监督和分析教学过程，找出导致教学效果不理想的原因，然后对其进行改正和优化，不断提升体育教学流程的规范性。

五、提升教学研究水平

优秀的体育教学研究团队，需要在不断的研究、突破、创新中得到提高，如果一个团队缺少对本职业的研究队伍，那么不仅这一团队的整体水平下降，同时也失去了竞争力。今天，各国之间的教育、经济等都趋于透明的状态，即使是同一个地区或是同一学校的体育教学之间也存在竞争的关系，在这种市场竞争逐渐激烈的环境中，如何不断地突破自己，提升整个团队的科研水平，提升体育教学研究者的专业能力，这不仅是每一位体育教学工作者应该面对的问题，也是市场竞争的必然趋势。教育工作者从事体育教学研究，可以在不断的研究过程中，提升自己的专业知识，优化自己的专业技能，同时增强自己在体育教学方面的能力，从而提高我国体育教学研究团队的整体水平，提升我国的体育教学质量。

通过上述对体育教学目的及其研究目的的介绍可以看出，随着体育教学地位的逐渐提高，教学研究已经成为当前体育教学过程中的新课题，也是体育教学工作者必须面对和探讨的课题，无论处在何种地位的体育教学工作者，都应该积极地参与到体育教学研究的工作中去，不断地发现体育教学过程中的问题，创新自己的思路，以保证体育教学质量的不断提高。

第三节　高校体育教学的功能分析

高校体育课程是以身体练习为主要手段，以增进学生身心健康为主要目的，融知识、技能、素质、能力、品质与情感于一体的必修课程，是高校课程体系的重要组成部分，具有众多重要的教育功能。

一、奠定终身体育基础

现代体育最终的发展目标是终身体育，学校体育的课程改革深受其影响。我国高校体育改革的首要任务是寻求一个新的发展方向，高校体育要以受众的终身健康为立足点，放宽整体教育目标，理论结合实际，面向未来去发展终身体育。

高校体育因其具有终身受益性和延伸性，从而人们的关注度日趋增加。高校体育的目标不仅是要使学生掌握某项体育项目的技能，更为重要的是，学生在学校期间所学的体育知识和技能能为其终身教育打下基础，从而终身受益。

向学生传递特定的体育理念、技巧和文化知识，并教授学生如何选择合适的体育运动训练方法，是高校体育教育的两项核心职能。高校体育的目标是培育学生具备终身参与体育活动的技能和能力，同时鼓励他们在课堂之外自发地应用所掌握的体育知识，增强自我锻炼的意识。

为了激发学生的终身健康意识，高校体育教学应当精心选择那些具有显著身体锻炼价值，且适合不同年龄段人群参与的内容。这样，学生不仅能够在校园内接受全面的体育教育，还能够将所学知识和技能延续至进入社会之后，实现真正的终身教育。

在校园中，有许多可以实现并适合终身运动的体育项目。这些项目不仅有助于提升学生的身体素质，还能够培养他们的团队精神和自信心。例如，各种球类运动如篮球、足球、羽毛球、网球和排球等都是极好的选择。这些运动可以锻炼学生的力量、速度、耐力和爆发力，同时也有助于培养他们的协作能力和竞技精神。田径类项目也是非常适合终身运动的选项。长跑、短跑、接力跑、跳远、跳高和跨栏等项目可以全面提升身体素质，帮助学生塑造健康的生活方式。武术防身类运动如太极、长拳、散打和跆拳道等不仅可以增强学生的防身技能，还能够培养他们的冷静和自律。塑造形体类运动如体育舞蹈、健美操和有氧操等是绝佳的选择，这些运动可以帮助学生在锻炼身体的同时，塑造优美的体态和提升自信心。高校体育教育应当致力于发展学生的基本身体素质，并鼓励他们基于自己的兴趣掌握某些终身体育项目。通过学习相应的锻炼方法和基础理论知识，学生可以更好地享受运动带来的乐趣，从而达到终身受益的目的。这样的体育教学不仅能够提高学生的身心健康水平，还能够为他们的未来发展打下坚实的基础。

二、促进大学生未来人生的发展

高校学生终究将踏入社会，他们未来将面临各种问题，包括机遇、挑战和困难等。当前社会日益复杂，影响因素也越来越多。因此，如何积极面对未来遇到的问题成为制约未来幸福指数高低的关键。基于体育的自身特点，它对人们的发展具有积极作用，因此，高校学生的发展也会受到体育教育的影响。

（一）体育锻炼给未来一个健康的体魄

健康被认为是人类生活的根本，没有健康的身体就无法享受美好的生活。在高校学习期间如果开始注重体育锻炼，可以为未来的身体健康打下坚实的基础，从而让人生活得更加顺畅和美好。健康是人类生存和发展的前提条件，可以类比成建房子的过程，健康就如同地基，只有打牢了地基，才能够稳定地支撑起事业、家庭、地位等各个重要方面。

大学阶段是人生中的重要阶段，作为接班人，高校学生的身心健康不仅关系着其自身的成长和健康发展，也关系着我国整个民族、整个国家的健康发展，关系着我国未来是什么样的。高校学生的身心健康与否、有没有强壮的体魄和刚毅的意志决定着整个民族与国家是否有蓬勃的生命力，也决定着社会文明进步与否。因此，高校要认真贯彻“健康第一”的指导思想，建立良好的高校体育机制，保证校园体育活动的顺利开展，从而培养高校学生的良好体育习惯，使学生从被动地运动变成自发、热爱、崇尚体育运动。

（二）体育锻炼增强社会适应能力

体育运动不仅可以使学生学到关于锻炼的知识和技能，而且增强了学生适应社会的能力。这种社会适应能力来自两方面，即富于感性的直观认识和理性的抽象思维。

1. 培养现代竞争意识

体育运动具有很强的竞争意识，只要参与其中，就会不断地被促使改变和创新。现代体育的中心就是竞争，没有竞争它就失去了灵魂，因此，当前的竞技体育活动的社会教育作用是非常之大的。

现代体育竞争性理念是宣扬人的个体特性、培养拼搏进取的精神。体育竞赛具有平等、公平、竞争的特点，同时竞争和合作又相互统一，使得学生在各种体育比赛和活动中，以“更高、更快、更强”作为进取的目标。正是因为其竞争机制的存在，体育竞技才会呈现欣欣向荣的景象，未来一片大好。在这种竞争机制中，竞争对手同时又是竞争的合作者，他们相互监督、相互促进、相互提高。体育的这种竞争机制为学生步入社会后的社会竞争机制提供了桥梁，为学生提升竞争意识创造了有利条件。

在现代的竞争观念中，高校学生建立的这种观念必须是符合人生价值观的，在抵制不正当竞争的情况下勇于开发自己的潜力，同时建立合作意识，强调共同进步。

2. 树立体育规则意识

与体育相关的一切行为规范就是体育规则。例如，高校体育教学中的各种规则、体育竞赛时的竞赛规章制度等。无规则不成方圆，世界每个角落都充斥着大大小小的规则，只要生活在人群中就需要交流，而交流最是离不开规则。现代文明社会的一个重要特征就是人们需要遵守社会准则。

体育运动也要遵守其“游戏规则”，若没有规则，就不会有公平、公正的体育活动，体育活动的存在就会变得没有意义。体育运动的规则保障了每个参与体育运动的都站在一个相同的起点。

在统一的规则内，只要体育活动一开始，参与活动的人都会尽自己最大的努力表现出最好的自己，为自己争取胜利。不管最终的结果是什么样的，每个人都要接受不同的胜负结果，因为这就是自己已经尽力的结果。如果失败，则要继续加倍努力训练，争取赶超其他人；当然，如果赢得胜利，那也要继续保持，不能松懈，以免被其他人赶超。

体育活动和社会活动具有相同的性质，但体育活动只是社会活动的一种，其运动规则也要遵守社会法制要求，也是对真、善、美的追求。高校体育在整体上强调其规则的社会化过程，使参与活动的高校学生崇尚运动规则的遵守。一旦参赛学生的个人利益和整体利益不相协调时，学生应遵守其活动规则和社会规则。在这一过程中，参赛学生的规则意识将会得到很好的培养与提升。从而使得学生步入社会之后，能够很好地遵守社会规则和法律制度，建立正确合适的法治观念。

3. 弘扬团队精神

团队精神是一个团体上下精诚团结、目标一致、协同共进的表现。在这个浩瀚的世界中，个人的力量固然微不足道，唯有融入集体，与团队共同拼搏，方能最大化地实现个人价值，铸就个人的杰出成就。团队精神是在尊重参与人员的兴趣的基础上形成的一种具有高度凝聚力的精神力量。它是任何一个组织团体的灵魂，是一个组织具有的共同价值观和道德理念在文化价值观上的反映。优秀团队的成员之间是紧紧团结在一起的，一个团队若缺乏共通的价值观，便无法形成一致的意愿和协同的行动，自然也就无法凝聚起应有的战斗力。

高校体育活动大部分都是需要多人参与的集体活动，只要是集体，就会有团队，也就会产生团队精神。高校学生在参与体育活动的过程中，通过团队合作，慢慢磨合，其就会形成良好的团队意识，有团队荣誉感，从而培养团队精神。生活、工作中往往都需要这种具有团队精神的成员加入，高校的体育活动很好地为以后工作需要的团队精神提供了过渡准备。

（三）体育是人生重要的娱乐内容

在现今社会，体育是人们不可缺少的一项娱乐活动。它的娱乐性是双向的，不仅参与体育活动的人可以从中得到快乐，娱乐自己，而且也带给了其他观众视听的美好感受，娱乐了他人。高校学生的课余时间相对较多，当课业繁重时，不妨放下手中的书本，去运动场上表现一下自己，或者也可以当一名其他赛事的啦啦队员，放松心情。试过就会发现，体育运动是快乐的源泉，有它生活会变得更加精彩。

三、促进大学生身体机能的健康

有句老话说，生命不息，运动不止；强身之道，锻炼为妙。要想身体健健康康，体育锻炼必不可少。对于正处于人生重要时期的高校学生，体育运动更为重要，只有脑力和体力相结合才能全面提高身体素质，使学生的各个器官得到均衡发展。

（一）体育锻炼对提高心肺功能的作用

肺功能的强弱对维持人体生命活力至关重要，而体育锻炼是提升心肺功能的有效手段。首先，在体育锻炼过程中，身体各器官需要充足的氧气和营养供应，为此，人体能量的“泵”——心脏必须提升每单位时间的供血能力。这要求供给心脏的心肌细胞得到充分的氧气和营养，进而使心肌更加强健，心脏搏动更为有力。研究显示，定期进行体育锻炼能够使心脏的衰老过程延缓 10 至 15 年。其次，体育锻炼还能显著提高肺部功能。在体育锻炼时，由于肌肉活动对氧气的需求增加，导致呼吸频率和深度增加，从而大幅提升肺的通气量。定期锻炼还有助于增强呼吸肌的力量，提高胸廓的活动性，使肺泡更具弹性。

（二）体育锻炼对提高肌肉力量的作用

肌肉的强健与发达并非单靠饮食和休息就能实现，体育锻炼才是塑造发达肌肉的关键途径。在执行各类肌肉力量训练时，肌纤维的收缩与松弛显著促进了肌肉内的血液循环和新陈代谢。肌肉内遍布着密集的毛细血管网络，在每平方毫米的肌肉组织中，毛细血管的数量可达数千。在肌肉处于静止状态时，开放的毛细血管数量相对较少。只有在进行体育活动或体力劳动时，肌肉内的毛细血管才会大量开放，从而为肌肉提供更充足的血液，带来更多的氧气和营养，显著增强肌肉的代谢活动。这一过程导致肌纤维内的蛋白质合成增加，肌纤维逐渐变粗，肌肉内的能量物质含量提升，同时肌肉的结缔组织弹性得到改善，肌腱的弹性和韧性也得到加强。这不仅促进了体格的强健，也对健康大有裨益。

（三）体育锻炼对机体柔韧性的影响

体育锻炼不仅有助于增强心肺功能、提升身体素质，还在增强身体灵活性方面具有显著作用，从而使个体的整体运动能力大幅提高。所谓身体灵活性，主要指关节在一定范围内灵活、协调地活动的能力，这是一个综合性指标，反映了神经—肌肉系统与关节结构之间的协同状态。体育锻炼通过改善关节及其周围组织的状态，从两个主要方面促进这一能力的发展。

首先，体育锻炼能够有效增强关节周围组织的功能结构。人的柔韧性水平在很大程度上依赖于骨关节系统的构造，然而，骨关节本身的形态受遗传因素影响较大，难以通过后天训练发生显著变化。因此，改善关节周围软组织，特别是肌肉、肌腱与韧带的性能，成为提高柔韧性的关键。具体来说，韧带在关节的稳定性方面起到核心作用，而肌腱则承担着连接肌肉与骨骼、传递运动力量的任务。肌肉则从外部围绕关节，为关节提供动力与稳定支撑，进而控制关节的活动范围，防止其运动超出解剖结构所允许的生理极限，减少运动损伤的风险。

在具体的柔韧性训练中，常以发展控制关节屈伸的主要肌群为核心，通过牵拉限制关节活动的对抗肌群，逐渐提升其伸展能力和神经肌肉的协调性。这一过程不仅需要反复的拉伸刺激，更需遵循科学、渐进的原则。当拉伸强度足以克服对抗肌的阻力后，才能逐步牵拉到肌腱层面，最终影响到韧带本身，实现对关节活动极限的突破与扩展。因此，人们日常所称的“拉韧带”其实更准确地应理解为对肌肉和肌腱的系统性伸展训练，韧带的牵拉只是最后阶段的一部分。

其次，体育锻炼在提高柔韧性方面的另一重要机制体现在促进体温上升，从而改善机体的生理状态。在运动过程中，机体新陈代谢加快，肌肉温度随之上升，血液循环加快，肌肉组织获得更多氧气与营养供给，进而导致肌肉的黏滞性下降、弹性增强。温度的升高使肌肉在牵拉时更具柔顺性与延展性，降低了拉伤的风险，同时显著提高了柔韧训练的效果。这里所指的温度包括外界环境温度和体内核心温度。两者共同作用于肌体功能调节系统，对柔韧性产生重要影响。

当外界温度较低时，人体肌肉较为僵硬、弹性差，关节活动范围受限，因此必须通过充分的准备活动来提高肌肉温度，如慢跑、关节热身操等，以增强组织的伸展能力；反之，在外界温度较高时，虽然肌肉更易拉伸，但由于出汗增多、体液流失和热疲劳的影响，关节柔韧性也可能受到抑制。因此，需注意适时补水、排汗散热，维持肌肉的适宜温度与代谢状态，避免疲劳积累，保障训练效果。

综上所述，体育锻炼通过提升关节周围组织的功能和调节肌肉温度两个方面，有效增强了身体的灵活性和柔韧性。科学、系统的柔韧性训练不仅有助于运动技能的提高，也为预防运动损伤、延缓关节退化、保持身体健康提供了重要保障。

第四节　运动训练过程监控

运动训练过程监控是运动训练工作一个重要的环节，而做好这项工作的前提就是要知道监控什么，为此，准确领会运动训练过程监控的基本概念就显得很有必要。

一、基本概念

（一）运动训练过程

从狭义层面来看，运动训练过程主要指高校学生在教练员直接指导下参与正式训练课程的全过程。这一过程通常从训练课开始前的热身准备环节起始，经过主体训练内容的系统实施，直到训练结束后的放松整理环节，构成一个完整的训练单元。每一次训练课虽然独立，但在训练周期的安排中具有连续性和阶段性，其总体目标是通过多次训练课的叠加逐步提升学生的专项技术水平、身体素质及运动表现能力。在这一层面上，运动训练过程主要限于训练课本身，不包括训练课以外的时间活动。

而从广义层面理解，运动训练过程不仅包含上述正式训练课的全过程，还涵盖训练之外的辅助性时间安排，如学生的休息、营养补充、心理调节、课后恢复性活动等。课余时间虽然不在训练场地内进行，但对训练效果有着重要影响，被视为训练课程的重要延伸部分。科学合理地利用课余时间进行身体机能的恢复与调节，有助于巩固训练成果，预防疲劳与损伤，促进学生整体运动能力的提升。因此，完整的运动训练过程应被视为一个由训练时间与非训练时间共同构成的有机整体，具有持续性、系统性与周期性等基本特征。

（二）监控

“监控”由“监测”与“控制”两个基本环节构成，是一种有目的、有计划的动态调节行为。它指特定行为主体为实现既定目标或完成预定任务，对特定行为客体进行持续性、周期性或随机性的观察、记录、分析与干预活动。监控的实质在于通过数据收集与信息反馈，对客体行为进行科学分析，进而提出并实施调整策略，以期引导客体向目标状态靠近。监控通常包括三个关键步骤：一是信息采集，即通过仪器设备或人工手段获取有关客体状态的原始数据；二是信息处理与评估，即对采集数据进行综合分析，识别偏差和问题；三是调控反馈，即根据分析结果实施调节策略，促使系统向理想状态优化运行。

在体育领域，监控已被广泛应用于训练负荷、运动技能、身体机能、康复进度等多个维度，是实现科学化、个性化训练管理的重要手段。

（三）运动训练过程监控

运动训练过程监控是指在整个运动训练过程中，为确保训练方案的科学性与实施效果的最优化，由科研人员与教练员分别承担不同角色协同进行的一系列信息采集、分析、评估与调控活动。具体而言，该过程包括两个互为补充的部分：其一是以科研人员为主导的监测与评定活动，主要通过使用各类仪器设备和评估工具对学生的训练状态、身体指标、技术执行等方面进行客观数据采集与分析；其二是以教练员为主导的训练调控活动，根据监测结果调整训练内容、负荷强度、节奏安排等关键变量，以实现训练计划的最优实施。

从本质上讲，运动训练过程监控是一个动态性、过程性极强的系统工程，具有以下几个关键特点：

第一，运动训练本身是一个动态演变的过程，受个体差异、训练反应、外界环境等多种因素影响，因此对其进行的监控也必须是连续且灵活的。随着训练阶段的推进，学生的身体机能、技术状态不断变化，监控手段和调控策略也需实时更新，以实现过程中的持续优化。

第二，运动训练过程监控的核心任务在于以数据驱动训练决策，通过精准的监测与科学的评估，为训练计划的修正与优化提供依据。这不仅有助于提高训练的有效性与针对性，也能避免训练过程中出现运动损伤、过度疲劳等风险因素，保障学生身心健康。

第三，监控过程强调主客体之间的互动性。在监测过程中，科研人员的技术支持和教练员的实践经验相结合，不仅提升了训练方案的科学性与可行性，也促进了学生对自身训练状态的认知与反馈，从而实现教练员—学生—科研人员三方协同的良性循环。

因此，运动训练过程监控不仅是高校体育教学质量管理的重要组成部分，更是实现个性化训练、科学化指导和高水平运动成绩的重要保障机制。

二、基本内容

运动训练监控是高校体育训练体系中的重要组成部分，是实现训练科学化、系统化和个性化管理的重要手段。通过对训练全过程的多维度动态监控，尤其是借助生理、生化等现代科技手段，可以实时掌握学生在训练中机体所发生的变化，进而科学评估训练负荷的合理性、训练方法的有效性以及训练反应的个体差异性。训练过程监控不仅贯穿于训练的前、中、后各阶段，也包括静态与动态的双重维度，体现出其系统性和精细化管理的特点。其核心目标是通过数据支持，帮助教练员及时掌握训练效果，科学调整训练计划，从而最大化训练收益，保障学生身心健康，提升竞技能力。

高校体育训练过程监控的基本内容主要可分为以下五个子系统，各系统互为支撑，共同构建一个科学、高效的训练评估与调控体系。

（一）生理生化状态监控子系统

该子系统是训练监控的核心环节之一，依托于现代生理学和生物化学的测试技术，主要通过测定训练过程中心率、血乳酸、血糖、尿素、肌酸激酶、血红蛋白、血压等生理生化指标，对学生在训练过程中产生的生理负荷反应和代谢变化进行全面评估。这些数据不仅可以反映训练强度和训练量的合理性，还可以揭示学生机体对训练刺激的适应程度和恢复状况，为教练员提供科学的训练调整依据。生理生化监控既可以在训练中实时进行动态监测，也可以在训练前后进行静态检测，实现全过程的跟踪干预，是确保训练科学性与安全性的技术保障。

（二）竞技能力发展状况监控子系统

竞技能力监控是衡量训练效果和检验训练目标达成度的重要内容。该子系统通过对学生体能、专项技术能力、战术执行能力和心理调控能力等核心要素的系统评估，全面反映学生的竞技状态与发展趋势。竞技能力是学生在竞赛中取得优异成绩的关键因素，其提升是训练的根本目标。因此，训练计划与手段的有效性最终需通过竞技能力的进步加以验证。该系统的监控内容可包括专项速度、耐力、灵敏性、协调性等体能测试指标，技术动作规范性与稳定性分析，战术应变能力评估，以及心理状态测评等。通过对这些要素的持续监控，不仅可以检验训练设计是否科学合理，也可为后续训练策略调整提供实证依据。

（三）训练负荷承受状况监控子系统

该子系统旨在系统监控学生在实际训练中所承受的训练负荷状况，以便更准确地分析竞技能力发展的潜力与瓶颈。训练负荷是影响学生体能和技能提升的直接变量，既包括训练量（如训练时间、频率、组数等）和训练强度（如心率区间、用力程度等）的量化指标，也涵盖主观疲劳感、恢复程度等心理负荷因素。通过对这些因素的全面收集与分析，可以有效判断训练强度是否过高、是否存在过度疲劳风险，从而实现训练负荷的个体化调控，避免训练伤害和状态波动，保障训练的可持续性与安全性。

（四）身心健康状况监控子系统

该子系统是保障学生训练与比赛安全运行的重要机制，侧重于学生的身体健康、心理状态以及伤病预警的全面监控。训练过程中一旦出现身体异常（如高热、过度疲劳、心律不齐等）或心理波动（如焦虑、抑郁、厌训情绪等），都可能对训练效果产生消极影响，甚至引发严重的健康风险。因此，该系统需联合医务人员、心理辅导师共同构建健康档案与评估机制，通过日常体检、心理问卷、运动损伤风险筛查等手段，及时发现问题、干预处理，降低伤病率，保障学生在健康基础上的训练持续推进。

（五）营养状况监控子系统

营养是学生进行高效训练与比赛的物质基础，是机体修复、能量供给与免疫维持的重要保障。该子系统主要通过对学生日常膳食结构、能量摄入与消耗、体重变化、微量元素与维生素水平等进行系统评估，判断其营养状态是否满足训练需求。合理的营养监控不仅可以确保训练期间学生维持良好的生理状态，提高恢复能力和免疫水平，还能为身体功能状态变化提供间接参考。该系统通常配合营养师开展个体化营养指导，建立动态饮食调控机制，使学生在科学营养支持下实现最佳训练状态。

综上所述，高校体育训练过程监控涵盖了从生理生化反映到竞技能力评估，从训练负荷调节到身心健康保护，再到营养状况支持等多个维度，是一个多层次、多角度、科学协同的综合性系统工程。通过该系统的有效运作，能够实现训练的精准管理、过程的动态调控和效果的科学评估，从而提升高校体育教学与训练的整体质量和效能。

三、基本类型

（一）按监控内容与运动成绩关系的不同分类

根据监控内容在运动训练过程中与最终运动成绩之间的关系差异，可将高校体育训练过程监控划分为决定性因素监控与影响性因素监控两大类。这一分类有助于明确监控的侧重点，为教练员和科研人员提供清晰的技术指导与管理依据。

1. 决定性因素监控

决定性因素是直接影响学生运动成绩的核心变量，主要包括学生自身的竞技能力（如体能、技术、战术、心理素质）及影响这些能力形成的训练方法与手段。这些内容属于训练的本体范畴，是提升学生运动表现的关键。换言之，训练的根本目的正是通过科学系统的训练方法，不断提升学生的竞技能力，最终在比赛中取得优异成绩。因此，决定性因素监控是训练监控系统的核心内容，教练员需要持续跟踪学生在专项体能、技术动作执行、战术反应能力等方面的发展状态，并据此优化训练方案、调整训练节奏与负荷，确保训练效果的最大化。

2. 影响性因素监控

影响性因素虽不能直接影响运动成绩，但却对训练过程的稳定性与运动能力的发挥具有重要保障作用，属于外围支持系统。其主要内容包括学生的营养状况、机能恢复状态、睡眠质量、心理健康水平以及伤病恢复与防护状况等。监控这些影响性因素，目的在于创造良好的训练与比赛条件，避免因身体不适、疲劳积累或心理波动而训练受阻或竞技状态下降。因此，影响性因素监控虽然属于间接性环节，但对于训练系统的稳定运行和训练目标的达成具有不可忽视的价值。

（二）按监控实施间隔时间长短的不同分类

依据监控实施的时间频次与间隔长短，可将运动训练过程监控分为即时监控、日常监控与阶段监控三类。不同频率的监控类型各有适用场景，三者构成了训练全过程状态跟踪的时间轴体系。

1. 即时监控

即时监控是指在训练课当中或训练刚结束时对学生状态的实时反馈，包括心率变化、疲劳主观评分（RPE）、动作质量监控、训练负荷计算等。这类监控依赖于即时采集设备与主观判断，反映的是学生在训练过程中瞬时状态的变化，能够为教练员提供实时干预的依据，具有高度时效性。

2. 日常监控

日常监控是在学生日常训练周期内进行的连续跟踪，涵盖日常训练负荷记录、身体机能变化、睡眠和饮食习惯、心理情绪波动、恢复情况等。此类监控强调数据的连续性和稳定性，是即时监控的延伸与补充。通过日常监控，教练员可以观察学生状态的趋势变化，识别潜在风险并提前进行干预，防止伤病或状态波动的发生。

3. 阶段监控

阶段监控是以训练周期为单位（如一周、一月或一个大周期）进行的总结性评估，主要内容包括体能测试、技术评定、竞技能力分析等。这类监控重在评估一段时间内训练实施效果，为后续训练内容与目标设定提供依据。阶段监控相对宏观，通常依赖结构化测试与指标性数据支撑，是训练效果的阶段性检验方式。

（三）按评价类型的不同分类

从监控的评价角度出发，运动训练过程监控还可划分为结果监控与过程监控两类，两者侧重不同、互为补充。

1. 结果监控

结果监控聚焦于训练结果的阶段性呈现，通常在一个训练周期结束后开展，旨在对学生竞技能力提升、身体素质改善、专项技术稳定性等方面进行系统评估。其核心在于“总结与判断”，例如阶段性体能测试、技术动作考评、比赛成绩分析等。结果监控的时间间隔相对较长，常以一周、一月或整个准备期为单位，具有周期性和总结性特征。

2. 过程监控

过程监控则关注训练活动本身的实施过程，侧重于训练任务执行质量、训练手段的科学性与学生日常状态的反馈。其核心在于“解释与调控”，例如对每节训练课的内容设计、训练负荷变化、营养摄入、心理状态和疲劳程度等进行跟踪记录和调整。过程监控属于连续性监测，信息量大，是解释训练成效（即结果监控）背后原因的重要工具。

需要指出的是，过程监控与结果监控并非完全割裂，其在时间轴上是互相嵌套、层层递进的关系。例如，在为期四个月的训练准备期，每月的监控对整个周期来说属于过程监控，但对每次训练课而言则是结果监控。因此，训练监控体系应根据训练任务层级、时间节点和监控目的灵活切换这两类评价方式，以实现训练状态与效果的全链条把控。

四、基本特征

（一）全程性和全面性的统一

高校体育训练过程监控的全程性和全面性，体现了其从时间与空间两个维度对学生训练状态进行系统性把控的基本要求。

所谓全程性，指的是在时间维度上对训练全过程的连续性监控。这种监控不仅包括训练活动的即时反馈（如每节课的心率变化、技术动作表现等），也涵盖日常训练周期中的负荷波动、体能变化以及更长周期内的阶段性发展趋势。具体而言，监控应覆盖基本训练期（如身体素质积累阶段）、赛前强化期（专项能力提升与状态调整阶段）、比赛实施期（竞技表现监测阶段）与赛后恢复期（机体修复与调整阶段）。此外，即时监控、日常监控与阶段性监控之间并非割裂存在，而是互为支撑、层层嵌套的统一体，共同构建起训练过程的连续性管理体系。也就是说，只要学生从事体育训练活动，训练监控就应不间断地进行，形成“无缝衔接”的动态数据链，以便教练员及时掌握训练质量与发展趋势。

所谓全面性，则是指从空间维度上，对学生进行多方面、立体化的全方位监控。这种监控不仅关注决定性因素（如专项体能、技术技能、战术水平等）对运动成绩的直接贡献，也注重对影响性因素（如营养摄入、睡眠状态、心理调节、机体恢复等）的动态跟踪。这种“多因子-多维度”的全面整合，是确保监控系统科学性和有效性的基础。唯有将学生在训练过程中的各类信息进行全面收集、系统整合，才能精准判断其综合训练状态与发展潜力，实现个体表现的动态评估和精准干预。

（二）共性和个性化的统一

高校体育训练过程监控在具体实施过程中，既需遵循普遍适用的共性规律，也要充分尊重个体差异，体现个性化导向。

所谓共性，是指对于同一运动项目的学生而言，由于项目所要求的身体素质结构、技能路径和技术要领具有高度一致性，因此其训练过程的核心指标和监控逻辑也应保持基本统一。例如，短跑项目普遍强调爆发力、启动速度、肌肉耐力等指标；篮球项目则更强调反应能力、身体对抗与战术执行力。因此，对同类项目的学生进行训练监控时，在方法设计、指标设定、时间安排等方面可采用标准化的方案。这种共性化的监控设计，有利于在队内开展横向对比，掌握集体发展的整体趋势与训练计划的系统性实施效果。

而个性化则强调每一位学生在性别、年龄、生理机能、专项基础、心理状态、技术风格等方面的差异，在训练过程中的表现和发展路径亦不尽相同。因此，监控方案必须在共性基础上，针对个体差异进行差异化设定，灵活调整训练内容、负荷强度、恢复节奏和心理调节策略等，从而实现“因材施训”的科学管理。个性化监控不仅能够满足学生不同发展阶段的具体需求，也有助于避免“一刀切”式的训练带来的资源浪费和个体受损，真正促进每一名学生的最大化发展。

（三）定性评价和定量评价的统一

从测量与评价的角度来看，高校体育训练过程监控既包含可通过仪器或数据精确衡量的定量指标，也包含需依赖主观感受、行为观察和综合判断的定性指标，两者相辅相成、不可偏废。

定量评价是指通过标准化测验、仪器检测或数学模型，得到的具有明确数值和单位的数据指标。这类指标包括心率、血乳酸、力量测试成绩、专项成绩、体成分变化等，具有较强的客观性和可比较性，是衡量训练效果与身体状态变化的重要基础。在训练过程中，定量监控可为教练员提供连续的、多维度的数值反馈，有助于科学调整训练负荷和干预节奏。

然而，训练过程中的一些心理、生理状态并不容易被定量化捕捉，如疲劳感知、情绪波动、主观努力程度、焦虑水平、对训练内容的接受度等，这些往往需通过访谈、问卷、观察记录等方式进行定性评价。虽然这些数据缺乏量化精度，却能揭示潜藏的风险因素或训练障碍，具有很高的解释价值与预警功能。

因此，训练监控应注重将定量评价的科学性与定性评价的灵活性结合起来，通过多元信息融合，形成“数据+判断”的综合决策模式，增强训练管理的整体科学性与适应性。

（四）静态性和动态性的统一

在对监控数据进行分析与解释的过程中，应充分认识到训练过程监控所具有的静态性与动态性的统一特征。

静态性主要体现在某些指标能在特定时间节点，反映学生的阶段性状态，如健康指标、营养状况、恢复水平等。例如通过一次体检可判断学生是否存在伤病隐患；通过一段时间的营养评估可了解其摄入是否均衡；通过心理测评可判断其情绪是否处于稳定状态。这类指标能够为教练员提供某一时点上的干预依据，具有明确的操作指导意义。

而动态性则强调训练效果和竞技能力等核心变量往往需要通过长时间的持续跟踪与数据积累才能展现规律。比如，爆发力的提升、技术动作的稳定化、战术意识的成熟都无法依靠一次测试完成评估，需结合长期训练记录、阶段性测试与训练日志分析，才能判断学生发展的趋势。因此，对于此类指标，应避免“短视化”解读，而应坚持动态观测与长期评估相结合的方法，寻找时间—效果之间的内在逻辑，制定更具前瞻性的训练规划。

综上所述，只有在静态监测与动态跟踪的统一框架下，才能构建科学、连续、逻辑闭环的训练监控系统，为训练目标的实现提供坚实的数据支持与策略保障。

第二章　高校体育教学内容

第一节　体育教学内容的内涵

一、体育教学内容的概念

体育教学内容指的是为实现体育教学目标而有目的地选择和运用的体育知识、技能体系及相关要素。在实际教学过程中，教学内容的确立，是教育工作者依据教育目标和课程标准，结合体育与教育领域的历史经验和实践成果，遵循科学的教学原则，从大量的体育理论与技能中科学筛选与整合的结果。教学内容在师生关系中充当着桥梁与媒介的双重角色，是师生之间进行有效信息传递与互动的关键载体。它不仅是教师教学活动的基础，也是学生认知与能力形成的重要依托。从某种意义上讲，教学内容的科学性与适切性直接关系体育教学的效果与质量，具有重要的导向性和决定性作用。

二、体育教学内容的特点

体育教学内容不同于其他学科教学内容，其内涵与实施方式具有高度的特殊性和综合性，具体呈现出如下几个显著特点。

（一）健身性

健身性是体育教学内容的首要特征之一，也是体育教育存在的重要价值基础。体育的根本功能之一即在于增强身体素质、改善身体机能、促进心理健康和提高生活质量。通过系统的体育教学活动，学生不仅可以提高心肺功能、增强肌肉力量、改善柔韧性与协调性，还能够有效预防肥胖、慢性疾病及心理亚健康等问题。与语文、数学、英语等以知识传授为主的课程相比，体育教学更直接地服务于身体健康，其教学内容天然地具有显著的健身功能，是实现“健康第一”教育理念的核心载体。

（二）娱乐性

体育教学内容中普遍蕴含着丰富的娱乐性因素，这种特性使得体育教学相比其他课堂更具吸引力和参与动力。多数体育项目起源于游戏活动，其演变过程本身就承载着趣味性与竞赛性。在现代体育教学中，不仅教学内容本身如篮球、排球、田径等运动项目富含挑战性与乐趣性，教学过程也常通过设置趣味练习、竞技规则和团队合作等形式来激发学生兴趣。在具体实施中，学生通过克服技术难点、协作完成任务以及体验竞争与胜利，获得情感上的满足和心理上的愉悦，这种正向体验有效增强了学生对体育学习的积极性与持续性。因此，体育教学内容具有显著的情境感染力与游戏化倾向。

（三）运动实践性

体育教学内容以身体运动为核心媒介，是一种高度依赖运动实践的学习内容。与传统的知识性课程不同，体育学习不仅要求学生理解理论和技术，更强调通过亲身参与实践活动来掌握技能。在体育教学中，知识的内化与技能的形成往往依赖于大肌肉群的反复训练与身体感知系统的参与，学生通过动作模仿、练习、反馈、调整等步骤，实现从认知到行为的有效迁移。肌肉记忆、动作体验和本体感觉是学生掌握体育教学内容的关键通道，因此，“练”与“做”成为体育学习的基本方式。实践性使体育教学内容更贴近生活、更具操作性，也要求教师具备较强的组织实施与过程调控能力。

（四）非逻辑性

体育教学内容在结构组织上呈现出一定的非逻辑性特征。这种非逻辑性并非意味着教学无序，而是相对区别于传统学科的知识逻辑链条。例如，在语文或数学等学科中，教学内容多遵循从易到难、由简到繁、由浅入深的逻辑体系，具备明确的知识递进性。而在体育教学中，由于各类运动项目本身的复杂性和多样性，其内容组织更强调阶段目标、专项需求和实践适应性，并非所有项目都严格遵循线性推进模式。教学内容常根据教学目标、学生兴趣与能力基础进行动态编排和调整，具有较强的灵活性与适应性。因此，在体育教学设计中，更强调“以用为本”“以练为主”的实践逻辑，而非抽象理论的知识建构逻辑。

（五）人际交往的开放性

体育教学内容的另一个显著特征是其强烈的人际交往开放性。多数体育项目本质上为集体性活动，如篮球、足球、接力跑、团体操等，天然要求学生在教学过程中进行密切的协作与互动。这种互动不仅仅局限于身体的配合，还包括策略沟通、情绪表达、规则遵守与角色担当等社会行为的体验。体育课堂常发生在室外或开放空间中，活动形式多变，教学结构更加灵活开放，这为学生提供了更多交往与合作的机会。在体育教学过程中，学生通过与他人共同完成任务，不仅可以提升合作能力、表达能力和冲突应对能力，还能增强集体荣誉感和社会适应能力。这种开放性使体育教学内容具有明显的育人功能，是培养学生社会性与团队精神的重要平台。

综上所述，体育教学内容的健身性、娱乐性、运动实践性、非逻辑性和人际交往开放性，不仅决定了体育教学的组织方式和课堂特点，也体现出体育课程在学生全面发展中的独特价值。这些特征的有机融合，是实现新时代体育教育育人目标的重要保障。

三、体育教学内容的层次

（一）宏观层面

从宏观层面分析，体育教学内容的构建体现出多层次协同推进的结构特征，主要包括上位层次（国家课程与教学内容）、中位层次（地方课程与教学内容）以及下位层次（学校课程与教学内容）三个互为支撑的层级。这种分层结构不仅保障了体育课程内容的系统性与连续性，也为实现教学的因地制宜与个性化发展提供了制度基础。

1. 上位层次：国家课程与教学内容

上位层次的体育教学内容由国家教育行政主管部门统一制定，主要体现在《体育与健康课程标准》及相关政策文件中，具有最高的权威性与普适性。这一层次的课程体系确立了全国范围内体育教学的基本方向、目标要求与内容框架，集中体现了国家对青少年身体素质发展、健康促进和综合素养提升的战略要求。

在内容开发上，上位层次课程体现出高度的规范性与系统性，强调基础性、全面性与共同性。其核心任务是确保所有受教育者在完成基础教育阶段后，普遍具备一定水平的身体素质、运动技能、健康知识与行为习惯。这些内容通常覆盖体能训练、专项运动技能、运动参与态度、健康教育等多个维度，并依据不同学段的学生身心特点进行梯度设置。

此外，国家层级的体育教学内容具有引领与指导作用，不仅为地方和学校课程的开发提供原则性依据，也保障了教育公平与质量标准的一致性。在全国范围内，所有学校均需以国家课程为基本框架开展教学，是体育课程体系的主体与核心。

2. 中位层次：地方课程与教学内容

中位层次的体育教学内容由省、市、自治区级教育行政部门根据国家课程标准进行二次开发，体现出一定的区域性和灵活性。该层级的课程内容是在不违背国家课程精神与框架的前提下，根据地方经济、文化、体育传统与资源状况加以补充和细化，是国家课程向地方实际转化的桥梁。

地方体育课程具有较强的适应性和地方特色，如部分地区可能强化民族传统体育项目（如藏族锅庄舞、蒙古摔跤、南方武术等）的教学内容，也可能因地制宜地开发基于自然条件（如雪地运动、沙滩运动、水上项目等）的教学资源，推动体育教育与区域文化的融合发展。同时，地方课程的制定也需充分考虑本地区学生的身体发育状况、运动兴趣差异与体育场地设施条件，从而更有效地提升教学效能与学生参与度。

3. 下位层次：学校课程与教学内容

下位层次的体育教学内容由学校层面具体制定和实施，体现出最直接的教学实践特征。该层级由一线教师和教学团队依据国家课程标准与地方课程指导，结合本校学生的个体差异、兴趣倾向、发展基础以及学校的体育资源和办学特色进行课程设计与教学内容安排。

学校课程最主要的特点是多样性与选择性。教师在编排教学内容时，不仅要考虑国家和地方的基本要求，还应充分调动学校现有的软硬件资源，如校内体育设施、社团活动、校际联赛、外聘专业教练等因素，并通过选修课程、小组教学、项目化学习等方式，增强体育教学的个性化和差异化，满足不同学生的成长需求。

此外，学校层面也是课程内容实践转化和反向反馈的重要环节。通过不断优化教学内容的实施路径、评价机制与教学反馈，学校可以为上级课程改革和教学研究提供第一手实证资料，推动体育教学体系的不断完善。

综上所述，上位层次、中位层次与下位层次构成了我国基础体育教学内容的多维结构体系，三者既各有侧重，又相互衔接、层层递进。国家课程为教学提供基本规范与方向，地方课程体现区域文化与资源优势，学校课程则直面学生个体需求与教学实践挑战。唯有通过国家、地方、学校三级联动、协同发力，才能实现体育教学内容的科学化、系统化与本土化发展，全面提升体育教学的整体质量与育人功能。

（二）微观层面

体育课程的实施最终依赖于教学内容的落地执行。在教学内容论的视角下，课程被视为实现教育目标的载体，其核心正是通过合理的教学内容设计与安排，达成认知、技能、情感等多元育人目标。从微观层面来看，体育教学内容不仅涵盖了学生需要掌握的运动技能，还包括了教育者在实际教学过程中所采用的教学工具、组织方式、活动手段与评价方式等多种要素。依据教学内容具体化程度的不同，体育教学内容可在微观层面划分为以下四个层次。

1. 第一层次：课程标准设定的学习领域

这一层次的教学内容处于教学内容结构的最抽象层面，主要指国家颁布的《体育与健康课程标准》中所界定的五大核心学习领域：运动参与、运动技能、身体健康、心理健康与社会适应。这些学习领域并非传统意义上的具体教学内容，而是体现体育课程整体育人目标的领域性表述，用于指导课程的整体架构和方向性设置。它们为后续教学内容的展开提供了原则依据和分类框架，体现出体育课程与德育、智育、美育等领域之间的协同育人功能。

2. 第二层次：能力目标与行为表现

该层次内容是在第一层次的基础上进一步细化的表现性目标层面，主要反映为《课程标准》中明确提出的各学习阶段的具体水平目标，如“能够说出基础运动动作术语”“能在游戏活动中表现出合作精神”等。这类目标虽然还不是教学内容本身，但已具有较强的操作指向性，是具体教学内容设置的直接依据。它们在课程实施中引导教师在认知、技能、态度三个维度上设定可评价的教学目标，是教学内容选择与教学组织的桥梁和依据。

3. 第三层次：具体教学项目与器材设施

此层次是人们常规意义上所理解的体育教学内容，包括各类具体的体育项目和活动单元，如篮球、足球、排球、体操、武术、田径等。每一项体育项目通常包含一系列与之配套的教学目标、动作技能、战术意识和实践环节，构成课程的具体实施内容。

同时，这一层级也涵盖体育教学所需的物质条件与教学资源，如体育器械、场地设施、音视频辅助设备等，是教学内容可操作化的基本保障。这一层面是课程具体落地的核心单元，是教师编制教案、组织课堂教学的重要基础。

4. 第四层次：教学练习内容与方法设计

最为具体的层次是教学内容在课堂上的实施方式与教学操作手段，即针对某一具体教学内容（如篮球）设计的分解练习、巩固练习、游戏化活动、小组协作训练等方法体系。这类内容涵盖两个子类别：其一是练习性教学内容，即教师围绕某一技术动作组织的基本训练与专项练习，如篮球中的投篮练习、运球过人练习等；其二是游戏性教学内容，即以游戏为载体，服务于某一技能发展的教学活动，如通过“抢球大战”提高控球与反应能力等。这一层次的内容最贴近教学现场，是教师教学艺术与教学策略的集中体现。

从微观层面来看，体育教学内容呈现出由抽象到具体、由理念到实践的层层推进结构。第一层次构建课程宏观目标体系，第二层次设定能力发展路径，第三层次落实教学内容实体，第四层次体现教学方法与教学行为的具体操作。四个层次相互支撑、逐级转化，构成体育教学内容由理念到实践的闭环系统。清晰厘定这一层级结构，不仅有助于教师在教学设计中精准定位内容，也有助于各级教育管理者在课程实施与评价中形成科学的管理与支持体系。

第二节　体育教学内容的编排与选择

一、体育教学内容的编排

（一）体育教学内容的编排方式

在体育教学内容的设计与安排过程中，循环周期性是其显著特征之一。所谓“循环”，是指某一教学内容在不同时间节点（如课次、单元、学期乃至学段）被多次安排和实施，通过重复呈现与渐进提升的方式实现知识和技能的不断内化与巩固。这种编排逻辑既体现了学生学习特点的周期性与阶段性，也适应了体育技能习得所需的反复训练与强化过程。

具体而言，循环周期可以体现在多个层次。例如在以“课”为单位的循环中，连续两次体育课都安排 100m 跑训练；在“单元”或“学期”层面，同一项内容在不同教学阶段出现，用于巩固动作基础与提高运动能力；而在“学段”层面，同一运动项目可能在小学、初中、高中阶段以不同的教学目标与要求多次出现，形成系统性的教学螺旋。

基于此，国内体育教学研究者根据教学内容的性质、学生的发展规律以及教学目标的层次差异，提出了体育教学内容的两种基本编排方式：螺旋式排列与直线式排列，二者在实际教学中各有侧重。

1. 螺旋式排列

螺旋式排列是一种内容重复—能力递进的教学编排模式，强调在不同年级或学习阶段对相同项目内容的多次安排，并在每次重复中提升技术要求和教学难度。这种方式充分考虑了学生认知与运动发展的阶段性规律，强调“在重复中深化、在发展中提升”。例如，篮球运球技能在小学阶段着重基本动作掌握，在初中阶段加入变向运球、传接球配合等要求，在高中阶段进一步发展战术意识与对抗能力。该方式有利于构建系统化教学体系，实现技能从基础掌握到综合运用的逐层推进，广泛应用于技术性强、学习周期长的体育项目中。

2. 直线式排列

直线式排列则是一种内容一次性教学、阶段性完成的方式，即某一体育项目或练习内容在某一阶段教学后，基本不再重复出现。该方式适用于技能结构相对简单、教学周期短或教学目标限定明确的内容，如某些基本身体素质练习或游戏活动等。它强调教学效率和任务集中，但也存在因缺乏后续强化而影响技能稳定性的问题。因此，在采用直线式编排时，教师应根据内容特点安排复习环节，或通过不同内容间的技能迁移实现巩固与提升。

综上所述，螺旋式和直线式两种教学内容编排方式互为补充、灵活运用，既满足了新课标关于“发展性、阶段性、多样性”的教学要求，也体现了以学生为中心、以内容为载体的教学组织逻辑。随着体育教学改革的不断深入，这种理论与实践相结合、结构合理、适应性强的编排方式，将在未来教学实践中持续发挥重要作用。

（二）体育教学内容编排的注意事项

在编排体育教学内容的过程中，为确保教学目标的达成与学生能力的有效发展，教师在教学设计中需重点关注以下几个方面的原则性问题。

1. 充分考虑学生的基础与实际需求

体育教学的核心对象是学生，因此内容编排必须紧密围绕学生的个体差异与发展需求进行。具体来说，教师应深入了解学生的身体素质基础、运动技能水平、兴趣爱好、心理特征及其成长阶段的特点，确保所选内容既具挑战性，又符合学生的可接受范围。尤其对于初学阶段的学生，应以基础性、趣味性和参与性强的项目为主，逐步引导学生建立运动自信与基本技能；而对于高年级或专项发展阶段的学生，则应注重内容的专项性与应用性，提升其竞技能力和综合素养。科学合理的内容编排不仅能够激发学生的参与热情，还能实现体育教学“因材施教”的教育价值。

2. 重视不同体育项目与身体练习的特征

不同的体育运动项目和身体练习在技能结构、运动方式、体能消耗、认知负荷等方面存在显著差异，因此在编排教学内容时应因项制宜、分类施教。一方面，教师应充分分析每个项目的教学规律与发展阶段，合理安排其教学次序与周期；另一方面，教师应注重内容间的协调与衔接，避免安排上的冲突与重复。如力量训练安排后不宜紧接安排柔韧训练；长时间对抗类运动后应设计恢复性内容。同时，教学内容不仅要覆盖基本技能学习，更应延伸至技能运用、战术配合与身体素质综合提升等层面，形成从“学会”到“会用”的能力转化过程。

3. 关注教学内容与教学目标的一致性

教学内容的选择和编排必须服务于教学目标的实现，应从课程标准出发，确保内容与目标在知识、技能、态度、价值观等层面上的一致。每一项教学内容的引入，都应明确其教育功能和学习意义，避免内容安排的随意性与工具化倾向。同时，教学内容的编排还应注重与综合育人目标的衔接，如通过合作类项目提升团队意识、通过规则性运动强化规则观念、通过自主选择增强学生的学习主动性等，使体育教学真正发挥其立德树人的育人作用。

二、体育教学内容的选择

（一）体育教学内容选择的依据

体育教学内容的选择是体育课程实施过程中至关重要的一环，直接关系课程目标的达成、教学活动的有效性以及学生体育素养的综合提升。科学合理地选择教学内容，既要体现体育课程的育人功能，又要兼顾学生个体发展的实际，还需回应社会发展的时代诉求。总体而言，体育教学内容的选择应遵循以下三个主要依据。

1. 按照体育课程目标

体育课程目标是指导教学内容选择的首要依据，是课程设计与教学实践的核心导向。在课程体系构建过程中，课程目标通常经过专家团队的广泛调研与科学论证，综合考虑了教育政策导向、学生发展需要、社会运动趋势及体育教育学的发展规律，因此具有高度的科学性与权威性。

需要明确的是，体育课程内容是服务于课程目标达成的手段，而非课程目标本身。课程目标体现了学生在知识、技能、情感态度与价值观等方面的发展期待，是教学内容设计的逻辑起点。由于当前体育课程目标呈现出多元化与综合化趋势，如强调运动参与、健康意识、心理调适能力、社会适应能力等多个方面，因此体育教学内容也相应趋于多样化和综合性，既包括传统竞技项目，也涵盖健身类、休闲类、合作类等内容。

在具体教学实践中，教师应以课程目标为统领，选择能够有效实现预期目标的教学内容，并通过内容的梯度设计与方法创新，逐步引导学生从运动认知走向行为实践，从技能掌握走向素养养成，实现目标与内容的深度融合。

2. 按照学生的需要及身心发展规律

学生是体育教学的主体，其年龄特征、兴趣爱好、体能基础、心理状态与社会经验的差异，决定了教学内容选择的个性化与差异化。教育的根本任务是促进学生全面而有个性的发展，因此在体育教学内容的选取中，必须牢固树立“以学生为中心”的理念，将学生的身心发展规律和实际需求作为核心依据。

一方面，教学内容应激发学生的学习兴趣与参与动机。研究表明，学习兴趣是驱动学生自主参与、持续投入的关键因素。在体育教学中，如果内容选择贴近学生兴趣领域，如引入富有趣味性、挑战性、合作性的项目（如跳绳挑战、团队接力、校园趣味运动会等），能够显著提升学生的积极性与参与度，从而增强学习效果。

另一方面，教学内容必须符合学生不同年龄段的生理和心理特点。例如，小学生动作协调性较弱、注意力不稳定，适合安排简单、趣味性强的运动内容；中学生则具备更高的运动能力和理解能力，教学内容可加入专项技能与基础战术训练；高中生则可进一步引导其进行专项选择、提升身体素质及培养自主锻炼能力。

因此，教师在教学内容选择中，需深入分析目标群体的个体差异与发展需求，依据学生的接受能力、成长阶段和学习特点，科学制定教学内容与策略，实现体育教学的有效对接与个性支持。

3. 按照社会发展的需要

体育教学不仅是学生个体身体素质与人格的培养过程，更是其未来社会生活能力的重要保障。从教育社会学的角度来看，体育课程具有重要的社会适应功能，应在服务个人发展的同时，回应社会对人才的综合素质要求。

当前社会高度重视健康素养、团队协作、意志品质与生活方式的培养，体育教育正是实现这些目标的重要渠道。因此，在教学内容的选择上，应体现社会发展对国民体质、健康意识、运动能力等方面的综合需求。例如，近年来全民健身理念的推广，应对青少年体质下降的现实需求，以及职业世界中对身体素养、团队合作、心理抗压能力的重视，都要求体育教学内容不断与社会发展趋势接轨。

具体而言，教师应选择那些既符合时代要求，又能为学生未来社会生活打下基础的教学内容，如健康促进项目、急救技能、户外拓展、传统体育与非遗项目等。与此同时，还应注重体育教学内容与学生现实生活的关联性，使教学内容不再停留在课堂，而能够延伸至课外、家庭、社区，真正实现“教会、勤练、常运动”的育人目标。

（二）体育教学内容选择的过程

体育教学内容的选择不仅需要依据明确、原则清晰，还必须遵循科学合理的程序。首先，教师应从社会发展的实际出发，分析体育素材在促进学生身心健康、激发锻炼兴趣和提升思想品质方面的教育价值；其次，应整合各类运动项目与身体练习，结合学校教学目标，筛选出有助于学生全面发展的内容；再次，鉴于体育项目的多样性与可替代性，教师需在教学时限内，基于学生年龄特征、兴趣爱好及社会发展需求，精选典型、常见、有效的项目纳入课程；最后，还需结合当地地域条件、场地器材资源等因素，综合评估所选内容的可行性，确保教学方案具有现实操作性和灵活适应性。

第三节 体育教学内容的发展与改革

一、高校体育教学内容的发展

随着时代的进步和教育理念的更新，高校体育教学内容正在经历深层次的转型与革新。其发展既体现出教育现代化的总体趋势，也反映出高校对体育育人功能的重新认识。在整体结构、内容形态、实施方式等方面，当前高校体育教学内容的发展呈现出明显的阶段性特征与未来导向。

（一）高校体育教学内容的发展现状

从当前高校体育教学的实际情况来看，其内容发展主要呈现以下几个方面的显著特征。

1. 教学内容数量趋于精简，难度持续上升

近年来，随着课程目标的调整与教学模式的转变，高校体育教学内容不再追求项目的“面面俱到”，而是更加注重精细化、专业化和实效性。在内容选择上，逐步淘汰了部分重复性强、参与性弱、安全风险高或教学价值不显著的项目，转而集中资源强化具有广泛适应性和终身价值的内容。同时，所保留与新增的教学项目技术含量普遍提高，对教师的专业素养与指导能力提出了更高要求，促进了高水平体育师资的培养与引进。

2. 教学娱乐性相对弱化，实践强度有所增强

在高校体育课程不断向规范化、科学化发展的过程中，原本趣味性、娱乐性较强的活动逐渐被更具锻炼价值和竞技性质的项目所替代。尽管这在一定程度上削弱了课堂的轻松氛围，但却提升了学生体育参与的系统性与规范性。当前，高校体育课程更强调学生在课堂上的体能训练密度和技能掌握的有效性，实践比重的加大使学生在运动中获得更显著的身体素质提升与技术积累。

3. 竞技化趋势显现，传统教学模式受到冲击

伴随着高校竞技体育的发展及其在高校文化中的影响力日益增强，许多院校将竞技体育项目引入公共体育教学内容中，促使原有以“普及基础技能”为主的教学内容体系逐步向“强化专项技能、推动竞技意识”的方向发展。这种变化不仅改变了课堂的组织形式，也推动了体育教学内容结构的深度重构，有效增强了学生的专业技能、团队意识与竞争精神。

4. 器材装备标准化水平提升，安全保障意识增强

当前，高校体育课程在实施过程中对场地器材的要求愈加严格，教学内容对专业设施与安全防护的依赖程度显著上升。许多高校持续加大对体育教学条件的投入，更新场馆设备、规范器材配置，以保障各类教学内容的顺利实施。这一趋势也体现出高校体育教学对学生运动安全的高度重视，推动着体育教学内容向“高质量、安全化”方向迈进。

（二）高校体育教学内容的发展趋势

面向未来，高校体育教学内容的发展呈现出以下几个主要趋势。

1. 围绕终身体育目标深化内容设计

高校阶段是学生形成体育习惯、建构运动观念的重要时期，教学内容的设计应着眼于学生“走向社会之后仍能自觉参与体育活动”的能力构建。因此，教学内容需更加突出健身性与普适性，优先选择那些便于长期参与、运动损伤风险低、健身效果显著的项目，如健身操、徒手训练、有氧运动、慢跑、瑜伽等，帮助学生构建可持续的体育行为模式和健康生活方式。

2. 强化体育教学内容的科学性与规律性

以往体育教学存在内容选择随意性较强、教学内容缺乏系统性的问题，今后应更加强调体育教学内容的内在逻辑与发展规律。教学内容不应仅以项目本身的流行程度或历史习惯为依据，而应根据运动项目的教育功能、技术结构、身体负荷特征与教学阶段的适配性进行系统甄选，实现内容安排的科学化、层次化、系统化。

3. 学生主体价值日益受到尊重

伴随着学生中心教学理念的深化，教学内容的制定越来越注重学生的主体性和参与感。过去“教师决定教学内容、学生被动接受”的模式逐步让位于“学生参与内容选择、教师因需施教”的新模式。高校应在课程中引入学生问卷调查、兴趣小组讨论、课后选修机制等形式，尊重学生的运动兴趣与个体差异，在保证课程标准落实的前提下，提升学生对体育课堂的认同感与参与度。

4. 强调教学目标的全面性与素质教育的融合

新时代背景下，高校体育教学已不限于体能达标，而是向“身体素质+心理素质+社会适应能力”多维度发展。教学内容选择也需兼顾学生身体发展与综合素养提升，尤其是心理调节、规则意识、沟通协作能力等方面。例如，通过引入户外拓展、团队对抗类运动等项目，实现体育与心理健康教育、德育教育的有机融合，使学生在运动中实现全人发展的教育目标。

5. 融合民族体育元素，丰富教学内容结构

我国多民族文化背景孕育了丰富的民族传统体育资源，如藏族锅庄、蒙古摔跤、维吾尔族顶碗舞、苗族射弩等，这些项目具有鲜明的地域特色和深厚的文化底蕴。未来高校体育教学应积极整合民族体育项目，既丰富教学内容，增强趣味性，也有助于学生了解和传承民族文化，提升文化认同感与民族自豪感，推动“文化育人”与“体育育人”的融合创新。

总之，高校体育教学内容正处于由传统模式向现代化、科学化、多元化转型的关键时期。其发展不仅关乎体育课程本身的优化，更关系到高校人才培养模式的升级。

唯有立足国家教育战略、回应学生发展需求、顺应社会发展趋势，构建科学合理、内涵丰富、特色鲜明的体育教学内容体系，才能真正发挥体育课程在高校素质教育体系中的育人价值与时代功能。

二、体育教学内容的优化与创新

（一）系统化教学内容布局

在教学内容传授过程中，教师需确保课程安排的有序性，确保知识传授的系统化，遵循一定的教学顺序。各教学要素需展现出清晰的分类和逻辑联系，这要求教师根据教学目标对教学内容进行合理分类和整理。通过这种系统化的整理，确保教学过程中的逻辑性和完整性，避免理论知识传授的混乱和运动技能教学的模糊性，确保理论与实践相结合，从而提升学生的理解力和应用能力。

（二）明确体育教学目标的多维视角

体育教学目标的设定尚不明确，观点纷呈，尤其是关于“体育课程应侧重于增强体质还是培养情操”的讨论尤为突出。在探讨此问题时，应采取辩证的思维方式，结合科学理论，确立以下视角：①清晰界定体育教学内容的不同形态；②考虑学生年龄和学习阶段，注重体育课程目标的层次性；③基于体育的多元功能，思考教学内容的价值；④从发展的角度审视体育教学，平衡学生的当前需求与长远发展。

（三）体育教学内容的层次性划分

为平衡体育活动的趣味性与难易度，教师可对教学内容进行分级。将趣味性与难度划分为四个等级，确保每项教学内容都有其特定的运动规律。通过对学生进行测试性调研，根据学生的不同情况，实施因材施教。根据学生的体质、运动技能承受力以及对体育的兴趣，为学生挑选合适的运动项目。

（四）教学内容的开放性与灵活性

在所有学科教学中，都应强调以学生为中心。在体育教学内容的选择上，应从强制性转向激发学生的主动性，突出学生的主体地位。教学内容需及时更新改革，关注学生需求，促进学生主体性发展，了解并尊重学生的个性化兴趣和爱好。可以通过调整部分课程内容，让学生自主选择，使学生在自选体育活动中体验体育的魅力，既达到了健身的目的，也提升了学生的参与热情，减少了体育活动的单调性，改善了学生对体育课程的消极态度。

第三章　高校体育教学理念

第一节　以人为本教学理念

一、“以人为本”教育理念的内涵

“以人为本”教育理念当前在国内外教育界都很普及，它是我国学校教育发展的重要指导思想。下面从三个方面来了解该教育理念的内涵。

第一，弄清“以人为本”中“本”的意思，即根本、本源，“以人为本”就是以人为根本，明确指出教育的根本是“人”（学生）。将“人”作为教育的根本，就要在教育过程中用心关怀、关照及关爱“人”，尊重人的基本属性，包括自然属性与社会属性、物质属性与精神属性。同时，还要在教育中使人的情感需求、理性需求得到满足，促进人内外和谐发展，推动人的全面发展。

第二，要将“以人为本”教育理念中人与物的关系及师生之间的关系把握好。以“人”为根本，显而易见，“人”的重要性在“物”之上。在教师与学生的关系中，教师是教育的主导者，学生是主体，教师要以学生为根本展开教学工作，在教学中尊重学生、关爱学生、促进学生进步与发展，这是时代发展的要求。教师在教育中的地位不可替代，因此也要给教师以关怀和关爱，并对教师的专业发展给予重视。

第三，对“以学生为本”的内涵要有清晰的认识。虽然教师早已认识到“以人为本”教育思想指的就是“以学生为本”，但是在落实该教育思想的过程中不够重视学生的成才与发展，而且尽管对学生进行了爱的教育，却没有把握好分寸。今后要继续强调以学生为本，要特别重视学生的成才与全面发展，将学生培养成为全面发展的新型人才。

综上，“以人为本”教育理念中的“人”就是学生，教育过程中应将学生的个性和全面成长作为根本出发点。要从学生的身心发育规律、兴趣爱好、学习基础及实际能力出发完成对教学目标的确定、教学内容的选择、教学方法的设计等工作，从而提高教育教学的质量，达到良好的育人效果。

二、“以人为本”教育理念的本质

“以人为本”教育理念下教育的出发点和归宿都指向学生，学生发展的主体就是自己，学生掌握着自身发展的主动权，可见学生的发展过程与结果是统一的，学生自我发展的手段与目标也是统一的。

下面具体分析“以人为本”教育理念的本质。

（一）“以人为本”是现代教育理念的重要标志

现代教育理念是在现代社会背景下形成与发展起来的，现代社会政治背景、经济背景及文化背景都是现代教育理念发展的宏观背景。现代社会群体在教育方面的普遍意愿能够从现代教育理念中体现出来，现代教育理念帮助社会群体理性认识教育的价值功能、结构内容以及对象与过程。现代教育改革的实施及教学活动的开展都离不开现代科学教育理念的指导与调控。

（二）“以人为本”教育的宗旨是获得成功体验

“以人为本”的教育理念强调学生的主体地位和学习主动性的发挥，使学生在主动学习中体会学习过程的乐趣与取得良好学习成果的成就感。成功的学习体验会进一步激发学生学习的积极性，使学生自觉且乐观地投入到学习中，进一步发挥自己的主动性、创造性。传统教育以教师为中心，对学生在学习中的情感体验及真实感受不重视，学生不理想的考试成绩会给其带来挫败感，教师若不及时疏导，学生便容易产生厌学情绪，最后甚至放弃学习。

对学生来说，在学习中凭借自己努力取得好成绩而带来的成功体验是鼓励其继续进步的强大武器，成功的学习体验使学生的学习动机更加明朗、强烈，使学生的学习行为更加积极主动，也使学生的学习态度更端正、更有自信，这有助于培养学生的良好心理素质，健全学生的人格。为了让不同层次与水平的学生都能获得成功的学习体验，要求教师了解学生的个体差异，为不同层次的学生确定不同的学习目标和学习内容，并采取不同的方式来教育与指导学生。

有的学生体验过失败后就失去了学习的信心，学习态度沮丧、消极，对于这类学生，教师要适当降低教学难度和要求，帮助他们重拾自信，正确对待学习中的失败经历，带领他们重整旗鼓，端正学习态度，摒弃杂念，调整状态，努力取得成功。

（三）“以人为本”的教育目标是培养学生的主体性

“以人为本”教育理念下学校要高度重视学生的主体地位，引导学生充分发挥自身主动性，将学生培养成为创新思维活跃及创新能力强的人才。

教育要以学生为本，使学生在学习中将自己的能动性充分展现出来，使学生在强烈求知欲望的驱使下积极主动地学习与探索，教师要做好方向上的引导工作，但不要用固定的模式或统一的标准来控制学生的思维，避免过分干涉学生的自主判断与学习行为，不要将所有学生都带入一个所谓的“正确轨道”上。教师的指导方式可以不那么直接、明确，重点是围绕问题来引导学生自主分析、判断及解决，使学生发挥自己的思维与创造力，用适合自己的学习方式去解决学习中的问题。

（四）“以人为本”教育的前提是尊重学生的差异

每个学生都是独立的个体，都是特殊的学习主体。传统教育观念强调群体的共性，而不重视每个个体的个性。现代教育理念要求以学生为本，尊重每个作为独立个体的学生的个性，允许学生之间有差异，并尊重差异。

不同学生的能力水平、知识水平是有差异的，这就决定了他们的发展差异，教师要了解各个学生的学习基础和真实水平，以此为起点进行个性化教学，使每个学生都能比以前更进步，提高每个学生的发展水平。

此外，每个学生都是独特的个体，他们的语言表达能力、感知觉能力、社交能力、操作能力等都有自己独特的一面，教师要看到学生的特长与独一无二的地方，对学生的发展潜能进行深入挖掘，捕捉他们的闪光点，使学生保持自己的特色与个性，促进学生的个性化发展及特长化发展。

教师了解学生的个性后，在教学中要正确处理集体共性与个体个性的关系，针对共性进行统一教学，针对个性进行个别化教学，并在引导学生发展个性的同时培养学生的综合素质，推动学生全面发展，也就是要将个性发展与全面发展的关系处理好。

三、“以人为本”教育理念的意义

“以人为本”教育理念对培养学生的能动性、独立性、自主性及创造性具有重要意义，具体分析如下。

（一）培养学生的能动性

“以人为本”教育理念强调学生主动学习，发挥学习的能动性。教师要对学生的能动性给予尊重、认可及鼓励，使学生为自己确立适宜的学习目标，选择适合自己的学习方法。传统教育以一种带有强制性的手段将学生置于被动学习的不利位置，学生作为“容器”被灌输知识。而“以人为本”教育理念要求学生主动学习，发挥主观能动性，建立积极乐观的学习态度，养成自觉、自律的学习习惯。学生在发挥主观能动性的过程中，学习意识增强，并产生强烈的责任感，带着这份责任感朝着正确的方向努力。

学生的能动性还体现在其不是被动接受课本知识，而且有意识地将课本理论知识与生活结合起来，灵活运用课本知识分析与解决生活中的问题，将知识、技能及经验整合起来，并主动吸收、适当加工改造对自己有重要意义的知识，从而使自己的学习能力与动手能力不断提高。

（二）培养学生的独立性

传统教育中学生的学习过分依赖教师，学生的独立学习能力较差。“以人为本”教育理念重视培养学生的独立性，要求学生从对教师的过度依赖中走出来，发挥自己的主体意识，以积极乐观的学习态度去学习，独立自主地完成学习任务及实现学习目标。学生对教材的独立感知、对知识的深入理解以及对学习问题的自主解决也离不开教师的启发与指导，但学生要把握好依赖教师的“度”，掌握好分寸，避免过度依赖而影响自己主体性的发挥。学生拥有独立意识及良好的独立学习能力，还能进行自我教育，根据自身情况灵活调控与支配自己的学习行为，将自身学习潜能充分发挥出来。

独立性强的学生还敢于提出质疑，并主动向教师请教，与教师讨论与验证真伪，这对增强学生的学习自信心非常有益。

（三）培养学生的自主性

在传统教育中，学生的学习内容、方式、进度及目标都是由教师把握的，学生的自主性得不到发挥。在“以人为本”教育理念下，强调学生在学习过程中要有自我认知能力，要全面认识自己，并不断完善自己。教师要对学生的自主意识进行培养，包括自立自强及自尊自爱，使学生明确自己享有的权利，不干涉学生支配权利的自主与自由，让学生自主规划自己的学习与生活，合理安排自己的时间，独立自主地认识世界、改造世界，不一味依附他人，盲目听从他人安排。在自主学习与努力的过程中，学生的奋斗目标应该是明确的，学生要用自己的一言一行去实现目标，在这个过程中也要自主克服困难，以强大的自制力与毅力进行有效学习，提高独立自主学习的能力。

（四）培养学生的创造性

在传统教育中，课堂的中心是教师，而教师又以教材为中心，教师按照教材内容统一要求学生达到同一个标准，学生的个性被忽视，学生的学习行为在模仿、重复中完成。“以人为本”教育理念要求对学生的个性予以尊重，鼓励学生勇敢发表自己的观点和见解，教师要尊重学生的“奇思妙想”，也要提示学生不要“异想天开”。学生发挥自己的思维能力和想象力所想出来的“新点子”应该得到尊重，而不能因为与所谓的“标准答案”不一致而被全盘否定。支持与鼓励学生发挥想象力与创造力，有助于培养学生的创新素养。

四、“以人为本”教育理念下学校教育改革

“以人为本”教育观为学校教育的发展提供了科学的指引与正确的方向，要在学校教育中真正落实这一教育观，就要立足这一观念而加强对学校教育的深入改革，具体需要从以下几方面努力。

（一）树立科学的教育价值观

“以人为本”的教育是真正针对学生这个庞大的教育对象群体而开展的教育，每个学生都是相对独立且完整的个体，他们有独立的思想与意识，有自己的需求和情感，也有普遍的和特殊的能力，应该将学生作为教育的出发点，同时作为教育的归宿。

确立“以人为本”的教育理念，具体应该确立下面三个教育价值观。

1. 教育的出发点是人

从我国现阶段的教育现状来看，必须明确教育的出发点是人，确立这个价值观的意义既有理论层面的，也有现实层面的，下面从三个方面来分析。

第一，教育的独立性与个性能够在这个价值观中得到维护，不需要像从前一样通过对经济等非教育领域的依附来开展教育活动。

第二，明确教育的出发点是人，有助于对学生的主体性进行培养，能够使学生的个性与自我价值得到充分的尊重与重视。

第三，在教育领域应该看到长远利益，要放眼未来，创造更大的价值，而不是只顾眼前的狭隘利益。这是“教育的出发点是人”这一教育观念带给我们的启示。

2. 教育是人的教育

教育是为了培养人而存在的，教育是“目的的教育”，而不是“工具和手段的教育”，教育的目的应该真正落实在“人”身上，教育不是为了培养劳动者，而是为了培养人，其中培养人就包括了对劳动者的培养。

3. 提高和扩展人的价值是教育的最高目的

在教育中要使学生对自己的人生价值有清晰的认识，并鼓励学生通过自主创造活动来使自身的社会价值得以实现，同时也要使学生的个人价值不断拓展与提升。将此作为教育的最高目标，要求在素质教育理念下培养全面、自由及协调发展的人。

（二）明确教育的立足点是尊重和关爱学生

1. 对一切学生和学生的一切给予尊重

教育及教育管理的前提是对人的价值予以尊重。教育和教育管理都是以学生为对象，学生也是教育活动中的主体，教育和管理任务的完成都离不开学生主体性的发挥和学生的协同配合。在教育活动中对学生的尊重应该具有一定的广度与深度，如鼓励学生提出关于学校管理方面的建议，让学生有机会参与校内有关事务和决策的讨论，这样学生的主人翁意识和责任感会得到强化，从而使其更加理解学校教育，并给予极大的支持与配合。

2. 以培养学生成才为中心

学校应对“成才”的含义及内涵有明确的认识，树立全面育人观，围绕“培养全面发展的人才”这个目标开展教育活动，优化教育环境，改善教育条件，使学生在掌握课本内容的同时有效地提升与强化综合素质。

3. 主动为学生服务

学校应主动服务学生，在教育过程中端正服务态度，这样能够拉近学生与学校的距离，使学校教育工作得到学生的信赖与支持。学校教育管理不是为了管理而管理的，而是要在管理过程中承担育人的职责，在学校常规管理及对学生的日常服务中纳入教育的内容，使学校管理的教育功能得到最大化发挥。

（三）重视主体精神的培养与弘扬

时代发展与社会进步呼唤人类主体性的弘扬及对人类主体性的培育。教育的本质也要求弘扬与培养人的主体精神。因此，在教育中要重视对学生主体性的培养，注重个性教育，并使教育的主体性体现在教育过程和教育系统中，同时也要不断提高教师的素质。

1. 培养学生的主体性

现代人都有主体性，这是现代社会人类的基本特质。传统教育中不注重对人的精神的培养，尤其是自主精神与创造精神。我国一直强调要深化教育改革，而对教育思想的改革最能体现出改革的“深化”，这是最深层次的教育改革。在现代教育中应树立培养主体性的教育思想，在相关教育问题的处理上也应该将该思想作为导向，通过教育切切实实培养具有自主性、能动性以及创造性的现代人才，并鼓励学生在学习中充分发挥自己的主体性。

2. 加强个性教育

在教育中重视个性教育，就要对学生的主体地位表示认可并予以尊重，对学生的主体意识进行培养并不断强化，同时要对学生的主体能力进行培养。在现代教育中要结合社会需求和社会现实来开展个性教育，使学生充分发挥和舒展个性，发挥自主性和创造性，适应社会发展，成为满足现代社会需要的创造性和多元性人才。学校教育面对的是在兴趣、志向、知识与能力基础等方面都或多或少存在差异的广大学生，学校要顺应学生的身心发展特征与规律而进行个性化教育，而不是强行抹杀学生的差异，强制实施统一化教育。个性化教育要求在教育中贯彻因材施教的原则，尊重学生的个体差异，发现每个学生的潜力与优势，为学生提供施展个性与能力的机会与平台，使学生通过个性化教育进一步提高与发挥创造性。

（四）体现教育系统与教育过程的主体性

1. 教育系统的主体性

教育系统的主体性首先在宏观层面的教育管理中得到体现，这要求教育管理的主体在根据社会需求进行人才群体规划和培养的过程中展现出积极性、目的性、自主性和创新性。

教育系统的主动性还表现在教育系统要自觉认识教育的相对独立性。教育对社会的作用具有能动性，它不是消极被动地被社会所改变、规定和制约，不能完全依附于经济，表现出鲜明的商品化、产业化特征，而应遵循教育的规律，批判性、选择性地适应社会，为社会服务，发挥改变、教化和引导社会的作用。

2. 教育过程的主体性

学生的主体性需要通过教育实践来培育、弘扬、规范、定型，从而才能对社会发展产生能动作用。但是，并不是任何一种教育实践都能最大限度地培育和弘扬学生的主体性，只有具有主体意识的教育实践才能发挥这种功能。

教育活动过程是学生在教师的引导、帮助、规范下能动地认识世界、改变世界，从而使自己获得发展的活动。教师向学生传道、授业、解惑的活动过程也是学生掌握知识和规范，认识世界和自我，以获得自我发展的过程。在这个过程中，学生主体也不是简单地以知识或以教师为自己的认识对象，而是以教师为主体进行的引导性、示范性的操作知识、规范的整个动态过程为认识对象，并以此为参照，自主能动地，直至创造性地进行和完成掌握知识、规范以认识世界和自我、获得发展的活动。这样，教师主体和学生主体的活动便能维持在共同的目的与内容上，在教师主导和学生主动的合作下，教与学结合成为统一的教育活动，从而发挥育人功能。

（五）提高教师的素质

教师是教育活动中非常重要的组成因素，要培养有个性、有创造力的学生，就必须提高教师的素质。

第一，培养教师的道德素质，使教师热爱本职工作，对学生充满爱心，尊重学生，赢得学生的信任，这样学生才会接受教育，教育才会发挥效果。

第二，培养教师的创造性，教师必须改变以往不科学的教育方式，提高自身的自主创造性，使自己的知识与能力跟得上时代的发展，走在时代前列和教育前沿。

第三，教师要摆正自己的位置，尊重学生的主体地位，不能把自己放在“监督者”的位置上，要做学生的“引导者”“帮助者”，考虑学生的需要，给学生自主选择的权利。教师要平等地对待每一位学生，尊重学生的权利、个性，依照规章制度教育学生、管理学生，提高教育与管理的效率与效果。

（六）改进教学方式

“以人为本”的现代教育理念要求在教育活动中改变传统教育中灌输式的知识传授模式，重视激发学生潜能和培养学生能力。改进教学方式的方法如下。

第一，改进授课方法，改革注入式教学，注重启发式教学，调动学生的积极性、主动性，在教学过程中启发学生思考，使他们知其然，也知其所以然。

第二，精简课程门数，把学生从繁重的课业负担中解放出来，使学生每天有可供自己支配的时间，做自己喜欢的事情，这是培养和提高学生能力的重要前提条件。

第三，注重校园文化环境的创建，营造良好的校园文化氛围，使学生在丰富多彩的课外活动中丰富自己的生活，并不断完善自己。

第四，重视实践性教学，如实验课、见习课、讨论课，使学生通过实践性教学善于动手动脑，解决实际问题。

第二节　健康第一教育理念

一、健康

（一）健康的概念

世界卫生组织（WHO）对健康的定义是：健康不仅仅是免除疾病或虚弱，而是一种在生理、心理、社会适应以及道德层面的全面良好状态。随后，健康的定义得到了进一步的扩展，被细化为“身体健康、心理健全、社会适应优良以及道德健康”四个方面。

（二）常见健康观

1. 共存健康观

共存健康观认为，健康与疾病是人体内共存的两种状态。即便在生病的人体中，也存在着健康的元素；同样，在看似健康的人体中，也可能潜藏着疾病的因素。因此，健康与疾病并非绝对分离，而是存在一个连续谱。绝对的“健康”是不存在的，而死亡则是生命活动的完全终止，不等同于疾病本身。

2. 平衡健康观

平衡健康观认为人的健康包括多类平衡，如机体与生态环境的平衡、体液平衡、血浆渗透压平衡、血压调节平衡、营养平衡、代谢平衡、动作平衡等，这些平衡是动态的、不断变化发展的，某一平衡被破坏，就会出现疾病。

3. 完全健康观

“完全健康”指的是同时满足躯体健康、心理健康、社会适应良好和道德健康四个条件的全面健康。“完全健康”理念强调健康体系的结构要素相互之间密切联系，追求各个要素之间的平衡发展。

二、“健康第一”教育理念的内涵

“健康第一”的教育理念着重于健康与教育及学习之间的联系。一个健康的体魄是教育的根本，体育教育应当置于智育之前，正如古语所云：“身体强健，学问与道德的修为方能坚定而成效显著。”可见，健康与教育和学习之间存在着一种根基与进步的互动关系，这并非贬低教育和学习的重要性，而是强调教育和学习必须建立在健康的基础之上，否则缺乏健康支撑的教育和学习将失去其意义和价值。

“健康第一”的教育理念主张将健康置于教育工作的首位，其内涵主要包含以下两个层面：

首先，学校教育的整个过程应将学生的健康作为起点和归宿。

其次，学校教育必须承担起维护学生健康的责任，尤其是学校体育教育，应当义不容辞地肩负起促进学生健康的重要使命。

三、“健康第一”教育理念下学校教育的改革

（一）加强体育、卫生、美育的结合

体育运动的特殊性对参与者的营养补充提出了一定的要求。学生不管是参加什么类型的体育活动，都要注重对必要营养素的补充，营养均衡，保持健康的饮食习惯和卫生习惯。学生参与体育锻炼活动时，为了保证锻炼的科学性、安全性和实效性，也需要掌握一些基本的体育保健理论知识，在科学理论的指导下进行合理的锻炼，以提高锻炼效果，达到通过锻炼增强体质的目标。

为了提高学生的保健能力，开展健康教育已经是必要选择，提高学生的自我保健能力对全民健身、全民健康计划的实施也有重要意义。

此外，体育教学具有审美价值与功能，因此，将美育与体育融合起来，有助于促进体育教学审美价值的充分发挥，同时还能培养学生的审美素养。

（二）技术教育与健康教育相结合

体育教育是学校教育的重要组成部分，也是向学生传授健康知识与锻炼技能的重要途径。要对学生的健康生活习惯和运动锻炼习惯进行培养，就要注重体育教学活动的开展与优化。

体育教育与健康教育密不可分，技术教育是体育教育的主要内容，因此，技术教育与健康教育存在密切联系，将二者有机结合起来，有助于提高学生的健康意识、保健能力以及运动技能。

第三节　终身体育教育理念

一、“终身体育”与“终身教育”

（一）“终身体育”

（1）终身体育的概念

终身体育是指个体终身从事身体锻炼和接受体育教育的过程，其包含两方面的内容。

第一，人们在正确认识与理解终身体育锻炼后产生内在需求，形成强烈的锻炼意识，自觉参与体育锻炼，逐渐形成终身体育锻炼思想。

第二，人的一生会经历不同的发展阶段和历程，不管在哪个阶段，都会在新环境中坚持锻炼，将这一习惯终身保持下去。

（2）终身体育的目的

终身体育的目的在于引导人们主动参与体育锻炼，以促进身心健康的发展。为了培养人们坚持终身体育锻炼的良好习惯，首先需要增强人们的体育活动意识，激发其内在动力，在此基础上形成的锻炼习惯将更为稳固和长久。

（3）终身体育体系

终身体育体系由构成人群、构成空间、习惯养成及锻炼能力四个部分构成。

（二）“终身教育”

目前，终身教育还没有一个完整的、确切的权威性定义，但它包含两个层面的含义。

第一，教育贯穿人的一生。

第二，教育存在于社会生活的各个领域。

可以说，终身教育是包含人的生命发展的各个阶段和社会生活的各个方面的教育。现代终身教育所追求的是一个人的全面和谐发展，强调教育是连续不断的自我完善和自我发展的过程；所期望的是一个人在成长的各个阶段都能充分地发挥和表现自己的潜能。

了解终身体育与终身教育的含义后，可以对终身体育有一个基本的认识，即体育学习和锻炼贯穿人的一生，体育教育存在于各个社会领域。一个人在成长的各个阶段都要重视体育学习和体育锻炼，表现和发挥自己的运动能力，实现终身健康。

二、影响“终身体育”教育理念发展的因素

主要影响因素包括锻炼意识、体育理论知识、教学目标、教学方法、自我锻炼能力、体育认知、课堂氛围、锻炼兴趣、体育态度。这些因素分属观念因素、课程因素和主体因素三大范畴。因此，在学校体育教育中应从这三大因素着手来贯彻终身体育教育理念。

三、“终身体育”教育理念下学校体育教育的改革

（一）强化认知，更新理念

学校应从自身办学条件和办学特色出发，对素质教育的宗旨、目标有所明确，科学进行教学目标的明确定位，将“健康第一”“终身体育”作为基本指导思想，将体育的功利性、竞争性适度淡化与弱化，强调体育的教育性、健身性及终身性，全面开展健康的、终身的且具有特色的体育教育活动。需要注意的是，学校不能只在文字规范上搞体育教学改革的形式工程，而要在实践中切切实实进行改革，将尊重学生的主体性、培养学生的终身体育意识贯穿于整个体育教学活动的始终。在全面改革的同时强化学生的终身体育锻炼认识，引导教师树立全面育人和终身体育的教育理念，全方位培养学生主动参与体育锻炼的意识，提升学生的运动技能和社会适应能力，促进学生健康成长，为学生的全面发展奠定良好的身体与心理基础。

（二）健全课程，优选教材

1. 健全课程设置

第一，对每个学生的个性、特色及潜力有所了解，对集体的一般接受水平予以权衡，从而将体育课程的难度基本明确下来，技术难度不高、有十足趣味的课程更容易吸引学生参与，课程中所选的项目应突破时空限制，使学生随时随地都可以参与，以巩固学习成果。

第二，如果同时设有选修课与必修课，应该为这两类课安排适宜的课时，注重选修课的开展，加强学校体育与社会体育的衔接，为终身体育目标的达成提供良好的条件。

第三，适当增加理论课课时，使学生系统了解与掌握体育理论知识，包括终身体育锻炼的内涵、重要性及锻炼的原理等，使学生运用理论知识科学指导锻炼活动，并将体育锻炼从课堂拓展到课外。

2. 优选体育教材

在体育教材的遴选与编制过程中，学校应紧扣教学目标，科学整合内容资源，确保教材内容服务于学生核心素养的提升。教材设计需充分考虑学生在不同学龄阶段的身心发展特征、身体素质形成的关键敏感期以及其实际健康状况，体现循序渐进、因材施教的原则。

为增强学习吸引力与教学效果，教材应适度融入趣味性元素，如情境插图、富有教育意义的故事情节等，并与教学目标有机融合，提升学生的理解力与参与度，营造生动、可感的学习氛围。

同时，体育教材中应合理设置终身体育理念与相关理论知识，使学生在掌握运动技能的同时，理解体育对个人健康、生活方式与社会适应的长远价值，增强其自主健身意识和健康生活能力。理论性与实用性并重的教材编制策略，有助于实现体育教学从“教会”到“会用”的有效转化，推动体育教育向终身化、生活化目标迈进。

（三）优化教学内容，增加新项目

在体育教学中要严格把握体育教学内容的编排与选择，选择适宜的体育运动项目来充实体育教学内容体系。关于体育教学内容的优化改革，具体要从以下两方面来落实。

第一，学生对新事物有好奇心和新鲜感，而且青少年学生普遍容易接受新事物，喜欢参与具有一定刺激性与挑战性的运动项目。根据学生的这一心理特征，学校可从实际情况出发增加一些对学生来说比较新颖的、有一定挑战性的运动项目，如攀岩、橄榄球等，吸引学生参与，营造良好的校园体育锻炼氛围。

第二，设置一些具有地方色彩和民族民间特色的体育项目，开展特色化教学，这样不但能够使学生的终身体育认知得到深化，还有助于传承民族民间传统体育文化。

（四）优化考评方法，完善新体系

第一，对学生进行定量与定性相结合的综合评价。确保学生了解与掌握学习内容，通过评价对学生擅长的运动技能进行挖掘，给学生展示自己强项的机会，提升学生的满足感与成就感，使学生将体育锻炼作为终身性的活动。

第二，对学生学习过程与学习结果的评价可以由学生自己评价，也可以由他人评价，如同学和教师。要将由不同主体进行评价的几种评价方式结合起来运用，提高评价的客观性、真实性及全面性，通过评价使学生全面认识到自己的长处与不足之处，并在教师的指导下完善知识与技能。

第四节 个性化教育理念

一、个性与个性化教育

（一）个性

人的各种心理特征的总和，即人的全部心理面貌就是所谓的个性，这里所说的心理特征是有一定倾向性的。这是心理学理论对个性的定义。个性具有复杂性，它涵盖了人的多个层次、多个方面。

（二）个性化教育

下面从四方面来了解个性化教育。

第一，个性化教育是充满人道化、人性化的教育。

第二，个性化教育是个别化教育，应该基于对个人年龄、身心特征、兴趣爱好、天赋潜能以及志向等方面的考虑而进行教育。

第三，个性化教育是充满特色的教育，培养目标、教学内容、教学方法与手段都应该是有个性特色的。

第四，个性化教育的目的是培养人良好的个性素质，促进人综合素质的全面提升与发展。

个性化教育与模式化教育是相对的，个性化教育比模式化教育更进步，前者具有的优越性是后者不具备的，前者既有后者的优点，也弥补了后者的缺陷，因此，应该大力改革模式化教育，积极倡导个性化教育。

二、个性化教育的特征

传统的模式化教育主要是培养满足社会发展需要的人才，将社会发展需要放在首位，根据需要培养人才，人才的主体性、潜能以及个性不受重视。而个性教育不仅按社会发展需要培养人才，而且在教育过程中重视人的主体性、潜能和创造性，培养的人才既有健全的个性、独立的人格以及良好的创造性，又能满足社会需要，可见个性化教育充分发挥整合了教育功能和社会功能，并且将这两大功能发挥得非常好。

个性化教育具有以下几个特征。

（一）主体性

个性化教育对人的个体价值、个人需要、个人兴趣与潜能非常重视，在以教师为主导的教育中，学生是教育对象，在学生自我教育中，学生是教育者与教育对象的统一体，学生本身是个性化教育的内因。每个学生都是独立个体，都有独立人格，个性化教育特别强调这一点，对学生作为独立个体的地位、尊严及经验非常尊重，而且强调学生的主体地位。在个性化教育中，教师要注重对学生自觉积极性的培养与激发，重视对学生自我教育、自主学习与管理的能力进行培养，使学生的主体地位在教育中得以充分彰显，使学生的自主性品质如自律自强、自立自信等不断完善。

（二）针对性

不同个体之间的差异主要体现在个性上，每个人都有和他人相区别的地方，这就是他的个性所在。个体的特殊性决定了人与人之间的差异性，如果一个人没有独特性，就谈不上有个性。个性化教育不仅发挥社会功能，促进学生社会化发展，而且发挥“培养学生个性”的教育功能，促进学生个性化发展。这就要求在教育过程中不管是确定教育目标，还是选择教学内容或使用教学方法，都要将学生的个性作为重点考虑对象和参考依据，通过针对性教学来满足学生的个性化需要，促进学生个人兴趣爱好的满足及个人特长的发挥。此外，还要兼顾不同学生的差异，挖掘每个学生的特殊才能和各种潜能，通过差异化、针对性教育来促进所有学生进步与成长。

（三）未来性

个性化教育不仅注重基于学生的现状全面培养其个性品质，而且立足长远关注学生的长期发展，强调对学生自我学习能力及自我发展技能的培养，重视提升学生的认知与发现能力、信息加工与动手创造能力，从而使学生在未来社会发展中具有持续学习和终身学习的动力与能力，更好地适应不断变化与发展的现实社会。

（四）活动性

个性化教育最显著的特征就是通过活动途径来促进个性发展，学校开展个性化教育，要为学生提供参与实践活动的机会，使学生在真实的活动中完善个性品质。

（五）创造性

创造性是指人在产生新颖独特、有社会价值产品的活动中所表现出的各种心理要素有机整合而成的心理结构特征。人的主体性在创造性活动中能够得到充分的表现。创造意识强和有一定创造能力的人不拘泥于传统，不满足于现状，敢于提出质疑，敢于打破常规，奋力进取，挑战自己，以新的观念和良好的技能投入创造性的活动中，为美好的未来而战。具有创造性的人在创造性活动中往往有明确的活动目标、开阔的活动思路以及丰富的想象，他们主动完善自己的知识结构，开拓思维，大胆创新，应变能力极强，适应新环境也比较快。

（六）系统性

从系统论的观点看，个性是一个多层次、多维度的整体结构，包括动力结构、特征结构与调节结构，诸如需要、兴趣、动机、理想、信念、世界观、气质、性格、能力、自我意识等。这三个结构及具体内容彼此关联、相互制约，呈相互渗透的综合状态。个性教育并不是只重视智能的培养，而是要求三个结构要素的发展并重，以促进学生个性品质全面发展或整体发展。

三、个性化教育的意义

（一）培养学生良好的个性素质

学生不是天生就有良好的个性素质，他们的个性素质是在科学系统的教育活动中有计划地培养而形成的。个性化教育最重要的是具有培养学生良好个性素质的功能。在人的一生中，形成良好个性素质的关键时期是青少年时期，因此，在学校个性化教育中要重视对学生个性素质的培养，这方面的教育活动应该是有目的、有计划的，而且要明确培养的重点，培养学生良好个性素质的同时也能避免学生受外界不良因素影响而形成不好的个性素质。所以说，个性化教育既是培养学生良好个性素质的过程，也是预防学生形成不良个性素质的过程。学生接受个性化教育后，一旦形成良好的个性素质，该素质就具有了稳定性，但它是相对的稳定，而不是绝对的稳固不变，在学生未来的学习与生活中，因为环境或其他因素的影响，一些原本已经形成的个性素质也会有消失的可能，所以，在个性化教育中不仅要培养个性素质，还要不断强化学生已有的良好个性素质。

学生形成良好的个性是多方面因素相互作用的结果，包括学生主体活动因素、教育因素及环境因素等，这些因素本身是复杂的，所以在某种程度上而言人的意愿不足以使人的个性的形成发生转移。个性素质有好坏之分，既有良好的个性素质，也有不良的个性素质，它们可以同时出现在一个学生身上，在个性化教育中既要培养与强化学生的良好个性素质，又要改造不良个性素质。个性化教育既有培养的作用，也有改造的功能，要将培养和改造、强化与预防结合起来，在整个个性化教育活动的过程中充分发挥培养与强化的功能，同时发挥改造与预防的作用。在不同的教育阶段，面向不同的学生进行个性化教育时，要明确主要发挥哪方面的功能与作用，要有侧重点，不能盲目强调培养良好个性素质或预防不良个性素质。例如，在儿童期教育阶段，学生的个性处于形成期，要强调培养学生的良好个性素质；当学生的个性初步形成时，要强化学生的良好个性素质；当个别学生表现出不良个性素质时，要及时改造，并将此作为个性化教育的主要任务；当不良外界因素干扰学生时，要预防学生形成不良个性素质。

（二）培养学生理想的个性素质

理想的个性素质是由现实的个性素质转化而成的。现实的个性素质是指人作为教育的出发点而具有的个性素质。学生的个性丰富多彩，有的学生拥有丰满而鲜明的个性，有的学生是膨胀的个性，而有的学生是萎缩的个性，这些体现了个性状态的区别与差异。此外，有的学生是利己的个性，有的学生是利他的个性，这是个性性质的区别与差异。在个性化教育中，学生是教育的出发点，具体来说，学生的现实个性是教育的出发点，教育活动要以此为依据而展开，只有全面准确地认识学生的现实个性，才能有针对性地提出教学要求，选取教学内容与方法，才能体现教学的针对性和计划性。

人是教育的出发点，也是教育的归宿，作为教育的归宿的人的个性素质就是所谓的理想个性素质，个性全面和谐发展是理想个性素质的表现。个性化教育所要实现的理想目标就是使所有学生都拥有理想的个性素质，这个理想目标也是个性化教育的方向和引导。个性化教育要立足学生的现实个性素质而向培养理想个性素质努力，个性化教育的过程也可以看作是使学生的个性素质从现实状态转变为理想状态的动态过程，在这个渐进的、动态的过程中，学生的良好个性素质不断强化，不良个性素质被改造，从而达到全面发展的理想目标。

（三）促进学生个性化与社会化的统一

个性化教育理念下，学生个性化与社会化之间的关系可以用两点来描述，一是非同一性，二是统一性，下面具体说明。

首先是非同一性，个性化与社会化的含义不同、功能各异。在个性化教育活动中，学生的个性化过程指的是其自身独特性不断形成的过程，学生从自身的独特性出发而自主选择自己比较适合的社会角色。学生的社会化过程指的是学生在教育中对社会规范与文化予以接受与认可，并不断吸收与内化，社会意识逐渐形成与强化，并发展成为合格的满足社会需要的人才的过程。在这个过程中，学生为顺利进入社会并适应社会角色而主动改造自己或被动接受改造。

其次是统一性，个性化是社会的个性化，社会化是个性的社会化，不存在脱离社会的个性化和脱离个性的社会化。培养学生的个性，要依托社会，并将学生置于一定的社会关系中，培养学生的社会性首先要遵循不同学生的个体差异。个性化的培养离不开社会文化范式，高度的个性化是由高度的社会化所决定的。严格意义上来说，社会化应该是能够将个性化充分体现出来的，如若不能体现个性化，那么就不是真正的社会化。个性化教育所倡导的个性化素质首先要符合社会文化范式，否则将是无意义的，而且也是不可能达成的培养目标。总的来说，个性化与社会化具有统一性，二者不可分割。

（四）促进他教育与自我教育的统一

1. 他教育

培养学生的良好个性素质，首先需要开展“他教育”活动。也就是说，在个性化教育中，教师作为教育者，作为重要的外部环境因素而影响学生，为学生形成良好的个性素质提供良好的外在条件。事物因为外因的影响而处于变化发展中，所以学生的发展离不开外因，也就是离不开教育。

2. 自我教育

事物的发展变化都是以内因作为根据的，如果没有内因，外因也起不了作用。因此，学生要形成良好的个性素质，除了需要他教育，需要外因外，更需要内因，即自我教育。学生作为教育者对自己展开教育，自己同时也是教育对象，在自我教育中依据自身实际情况、社会需要、教育目标而发挥教育主导作用，发挥主体性，自主学习，逐渐形成自我意识，提高自我学习与塑造能力，掌握必要的知识与技能，满足社会发展需要。

学生自我教育对学生自身的发展具有极其重要的作用和巨大的现实意义。在学校教育中，学生自我教育也是一个非常重要的组成部分，要注重培养学生的自主教育意识与能力，将自我教育与他教育结合起来，如果割裂二者或者完全忽视自我教育，那么学生很难进步与发展。在个性化教育中，自我教育是一个非常有效的教育方式与手段。学生在自我教育中既是教育的主导者，也是教育的主体，整个教育过程中学生都是积极的教育者，而不是被动接受知识的教育对象。学生的能动性、自主性在自我教育中得到充分发挥。他教育对学生的外部影响及作用如果离开学生的内部活动是无法起作用的，可见自我教育极其重要。

3. 两种教育的统一

在个性化教育活动中，他教育与自我教育作为两个重要的教育手段缺一不可，在教育中应将二者有机结合起来，相互促进、相互补充、相得益彰、共同发挥作用，以提高个性化教育的效果，最大化地培养与强化学生的良好个性素质，促进学生全面发展。甚至在特殊情况下，自我教育会占据主导地位，其重要性会超过其他教育。提倡自我教育与他教育的结合与统一，但也要根据实际情况而有所侧重。

四、学校开展个性化教育的策略

（一）调整课程结构，增设选修课

传统的课程只是把重要的知识加以梳理、整合，让学生在理论上达到相应水平，但这容易割裂学科之间的联系，无法使学生通过学习形成系统的知识网。所以要调整课程结构，加强学科知识之间的统筹性。

（二）改革教学内容

在课程内容的改革中，要设置形式丰富的课程，让理论联系实际，加强学以致用，关注学生对基础知识的掌握及其专业技能的提高。此外，课程内容不是独立于社会和时代发展而存在的，所以应与时代发展、社会生活紧密相连，突出课程内容的社会性和时代性，让学生更接近现实生活，更容易进入学习状态，与时代、社会接轨，促进全面协调发展。

（三）转变管理模式

教师可以鼓励学生自主制订学习计划，使学生掌握学习的主动性，为学生的自主学习和自我学习管理提供选择的余地，这有利于调动学生的积极性。鼓励学生自主制订学习计划和自我管理体现了学校尊重学生个体差异，是教育个性化的表现。我国的教育发展应该为学生自主性的发挥提供基础，改变统一的课程设置，发掘学生的潜能，发展其个性。

在管理方面还应倡导更有灵活性和弹性的学分制，要求学生在校期间修够一定的学分才能顺利毕业或升级，打破传统教育以学年作为学生所达到水平的标准及统一的课程管理制度。

第五节　全面发展教育理念

一、全面发展观

马克思认为，人的全面发展，就是“人以一种全面的方式，也就是说，作为一个完整的人，占有自己的全面的本质”。而人的本质并不是单个人所固有的抽象物，在其现实基础上，它是一切社会关系的总和。

全面发展观包括以下三个层面的内涵。

（一）人的活动的全面发展

人的全面发展其实就是人的感性活动或实践活动的全面发展。活动的全面发展表现为活动的内容和形式达到丰富性、完整性和可变动性。

（二）人的社会关系的全面丰富

个人的全面性不是想象的或设想的全面性，而是其现实关系和观念关系的全面性。社会关系的全面性意味着个人与他人，不仅是作为群体中某一成员的身份，而且还作为个人与他人发生相互关系，人们之间的各种关系全面生成，由贫乏、封闭、片面变得丰富、开放、全面，并且得以和谐发展。

（三）人的素质的全面提高和个性的自由发展

人的全面发展集中表现为人的素质的全面提高和个性的自由发展。人的素质的普遍提高，表现为人的身体素质、心理素质的发展和完善，以及两者之间的均衡协调发展。人的个性的发展表现为个人主体性水平的全面提高以及个人独特性的增加和丰富。

二、“全面发展”教育理念的概念与内涵

（一）“全面发展”教育理念的概念

“全面发展”教育是指教育工作者遵循社会主义社会的政治经济需求以及人的身心成长规律与个性特征，以目的性、计划性和组织性的方式对受教育者进行培养，旨在推进个体素质结构的全方位、协调性和充分性发展。全面发展的教育体系涵盖了道德教育、智力教育、体育教育、美学教育以及劳动技能教育等多个教育领域。

（二）“全面发展”教育理念的内涵

了解全面发展观和全面发展教育理念的概念后，可以从下面三个方面来理解“全面发展”教育理念的内涵。

1. 学校为学生实现全面发展的目标奠定基础

就人的活动的全面发展而言，学校应为学生将来实现改造自然、改造社会、改造人自身活动的全面而丰富的目标奠定良好的基础。特别是高校的专业教育，要实现由过度的专业化教育向厚基础、宽专业教育转换，因为专业划分过细会使学生毕业后的社会活动失去丰富性和可变动性。

2. 个体与外界的广度与深度结合

就人的社会关系的全面丰富而言，全面发展的大教育应当追求个体与外界的既有广度、又有深度的有机结合。

第一，拓展教育外延，促进教育的全社会化，形成学校、家庭、社区、社会四位一体的教育网络。

第二，学校课程设置应面向变化与发展的现实世界，着眼于培养主体的实践精神和实践能力，开设创业教育、伦理教育、心理卫生教育、环境教育、公关教育等课程。

3. 人的自然属性、社会属性和精神属性的全面发展

就人的素质的全面提高和个性自由发展而言，是要促进个体自然属性、社会属性和精神属性的全面发展。

第一，通过德育、智育和美育，追求道德、智力和情感的全面和谐发展，塑造真善美的理想个性。

第二，注意生理素质和心理素质的和谐统一，追求个体身心的全面发展。

第三，改变僵化的教学模式，扩大学生根据自身情况和社会需求对自身知识结构、能力结构构建的自主权，尊重学生的兴趣爱好，为学生创造充满“人本情怀”“人文关怀”的成长环境，消除个性的模式化、同步化、标准化，使每个学生都保持自己的独特性，呈现出与众不同的差异性。

三、全面发展视域下学校全面发展教育的实施

（一）思想政治教育的实施

树立全面发展教育理念是学校办好思想政治教育的第一任务。全面发展教育理念要求以促进学生的全面发展为中心，围绕该中心来开展教学活动，将思想政治教育的内容和方式确定下来，并在思想政治教育教学过程中时刻体现以学生为本，促进学生自主性与能动性的发挥，脚踏实地促进学生进步与发展。

传统的思想政治教育方式不符合全面发展的教育理念，在今后的思想政治教育中应认清教育的本质，在新的教学理念下改革教学方式，突破传统限制，加强引导与启发，并将多种创新性的教学方法结合起来运用到对学生思想政治素质的培育中。

（二）道德教育的实施

在教育实践中应融入道德教育的内容，切实通过实践性的教育方式培养与提高学生的道德素质。在道德教育中应为学生提供参与社会实践活动的机会，使其在社会实践中接近最真实的人民群众，加强同基层的联系，与广大人民培养感情，并在实践中对中华民族优秀的文化成果及传统美德加以学习、深入理解，树立勤俭节约的意识，培养艰苦奋斗的毅力，并强化为人民服务的思想观念。

学校组织社会实践活动的过程中，要使学生了解不同阶层的真实生活，深入体验人民群众的真实世界，了解中国的真实现状，发现并总结社会上的普遍性问题，细致分析问题，并提出解决问题的思路或策略，尤其要客观分析社会上的热点道德现象，客观评价社会思潮，去除不良道德之风。

环境在德育过程中非常重要，在道德教育中创设和谐舒适的教育环境，使学生的能动性、主体性得以充分发挥，使其在良好的环境与氛围中准确分析与评价社会道德现象，认识与理解良好道德行为的标准，实现自我的内在提升。在道德教育中尤其要创建民主平等的环境，充分发挥良好教育环境的育人功能，使学生认识到自己的主体地位，并行使平等的权利，在民主教育中发挥自己的能力，实现道德教育目标。

（三）身心健康教育的实施

身体健康是全面发展的基础条件，因此，在全面发展视域下应重视对学生健康身体素质的培养，加强健康教育。体育教育与健康教育的结合是培养学生健康身体素质的重要保障，将体育教育和健康教育融为一体，还有助于培养学生的优良品质，如团结友爱、积极进取、拼搏向上、坚持不懈等。此外，体育教育在培养学生社交能力、促进学生社会化发展方面也具有重要意义。总之，实施健康教育，要注重发挥体育教育手段的作用，通过体育教育与健康教育的有机整合来促进学生的全面健康。

全面发展视域下还要重视对学生健康心理素质的培养，心理健康和身体健康都很重要，而且二者是相互影响的，学生是否有健康、健全的心理，也直接影响其他素质的培养与发展。因此，要特别重视培养学生的健康心理素质，完善学生的个性特征，健全学生的人格，进而提升学生的适应能力、社交能力，为其全面发展奠定基础。

（四）人文科学教育的实施

现代社会发展对人才培养的要求越来越高，既有丰富知识，又有良好的人文素养是现代人才培养的基本要求，因此，要重视科学教育与人文教育的整合，二者缺一不可。通过整合科学教育与人文教育，培养学生的科学文化素养与人文素质，使学生成为适应现代社会并满足社会发展之需的全面型人才。

（五）创新和实践教育的实施

现代社会需要全面发展的人才、多元化发展的人才以及创新型人才。创新型人才拥有自由独立的思想、发散性思维和良好的想象力，而且他们的实践动手能力也很强，通过创新与实践教育，可以培养创新型人才，培养拥有实践能力的人才，使学生开放思维，强化能动意识，善于想象和创新，主动探索，敢于质疑，勇敢突破和挑战自己，在实践创造中证明自己和检验自己。通过创新与实践教育可以培养学生的创新精神与实践能力，提高学生的社会适应能力及改造能力。

第六节　素质教育理念

一、素质教育的内涵

素质教育旨在促进人的身心健康成长，增强个体的独立自主、积极进取、自我管理和创新实践等主体性特质，确保个体在道德、智力、体质、美感、劳动等维度上实现均衡且全面的发展。

（一）素质教育是充分发挥个人潜能的教育

人类社会政治、经济、文化的高速发展需要人类发挥巨大潜能。这是“发挥人的潜能的教育”受到众多教育家、思想家重视的主要原因之一。基于这一思想，素质教育理念应运而生，这一指导思想注重对学生人格的培养及潜能的激发，把挖掘学生潜能、发挥学生潜能作为教育的主要目标。

（二）素质教育是注重学生个性发展的教育

素质教育理念主张对学生主体性的尊重及培养，强调促进学生个性的健全与完善，使学生充分发挥个性，快乐成长。素质教育对学生高尚人格的形成及创新精神的强化具有重要指导意义。素质教育理念下应该以培养与提升学生的素质为核心而构建课程体系。另外，素质教育对人和社会的发展需要都非常重视，并倡导促进人与社会的协同发展，通过人的发展促进社会发展，通过社会发展积极影响人的发展。

（三）素质教育是落实全面发展教育方针的教育

素质教育是提高人类德智体美劳综合素质的全面教育，素质教育是落实全面发展教育方针的重要路径，因此，在素质教育中要树立全面发展的教育目标，构建全方位的课程体系，完善教育方法与手段，建立多元全面的评估机制，从而发挥全面育人的功能。

（四）素质教育是培养学生创新精神和实践能力的教育

对具有民族创新精神及高水平创造力的人才进行培养是素质教育的特殊使命。面向全体学生实施素质教育，要考虑学生的个性发展需要，贯彻因材施教原则，对学生的创造意识及创造能力进行培养。此外，要面向高层次创新人才开展素质教育，使其以高度的民族创新精神及高超的创新能力攀登科学高峰，为民族繁荣发展及国家富强贡献自己的力量。

（五）素质教育是使人的素质综合发展的教育

人的各项素质之间存在着密切的关系，它们既相互依赖和促进，也相互影响与制约，基于素质的整体性特征，要注重素质教育的综合性，全方位培养学生的综合素质，并根据社会发展需求而促进学生的个性化发展。有机整合各项素质既满足学生的个性发展需要，也满足社会发展对全面发展型人才的要求。

（六）素质教育是着眼于人的可持续发展的教育

通过实施素质教育，要使学生拥有可终身获益的素质，使学生拥有良好的素质而为其未来生存与发展打好基础。终身性的素质对学生的持续性学习及持久发展非常有益，这些素质产生的影响贯穿整个人生。素质教育不仅着眼于人类的可持续发展，还注重人类可持续发展与社会可持续发展的统一性。

二、素质教育与应试教育的辨析

在辨析素质教育与应试教育的区别之前，先要明确一点，应试教育不是非正常教育，其并没有与教育规律背道而驰，而是与教育规律相符的、一种正常的教育模式。认清这一点后，下面从三个方面来辨析素质教育与“应试教育”的不同。

（一）素质教育是复杂教育，应试教育是简单教育

素质教育涵盖范围非常广阔，对不同教育内容的协同配合和严谨控制提出了较高的要求。而应试教育涵盖的面并不广，操作起来较为容易，也不难控制，其侧重于提高学生的学习成绩和升学率。可见，素质教育较为复杂且有难度，应试教育较为简单且难度低。素质教育理念的推广意味着要倡导复杂教育，改革简单教育，提高教育的水平，这其中必然要经历漫长而曲折的过程，需要广大教育工作者付出努力，也需要广大家长与社会各界的支持与配合。

（二）素质教育注重长远发展，应试教育注重短期发展

应试教育视角下，学生通过短时间的突击学习也可能实现学习成绩的提升，但是基础教育绝对不倡导短期的学习行为。学生短时间突击学习尽管可以提升某次考试的成绩，但是对解决终身发展的问题是没有实际意义的。因此说应试教育理念与基础教育的要求是不符的。

素质教育倡导对全面发展的人才进行培养，在基础教育阶段就要注重素质培养，为学生的可持续发展打好基础，使学生在各个教育阶段学习与掌握的内容都能够使其终身获益。素质教育提倡的是全面发展教育，既要培养学生的综合素质，也要提高学生的学习成绩。

（三）素质教育注重全面发展，应试教育注重局部发展

应试教育的教学内容通常仅限于学业本身，而素质教育的教学内容则涵盖了广泛领域，包含了所有对学生终身成长、全面进步、个性发展有益的教育元素。实际上，无论是应试教育还是素质教育，学生学习的地位都是核心，其差异在于应试教育的内容更为直接，逻辑结构较为简单，显而易见地与学业紧密相关；而素质教育的内容既有直观上与学习有关的内容，也有一眼看上去与学习无关，实则对学生发展有益的教育内容。也就是说，直接与学习相关及间接与学习相关的教育内容都是素质教育的内容。所以，从学习的视角来看，素质教育更有助于提高学生的学习水平与综合能力。

三、学校推进素质教育的策略研究

（一）树立并强化素质教育理念

现代教育理念与现代社会经济发展的需要是相符的，也能满足人的全面发展的需要。现代教育理念集中体现在国家出台的教育方针、教育政策及相关教育法律文件中。学校要转变应试教育理念，树立素质教育理念，并在实践中践行与不断强化素质教育理念，随着社会的发展，也要不断丰富与完善素质教育理念，更新理念，以正确的教育思想来指导教育行为。

（二）整合力量，创造和谐教育环境

素质教育这项工程庞大而且复杂，除了需要在学校深入开展与落实之外，还需要家庭、社会的参与和配合，各方面要团结一致，集中力量创造良好的素质教育环境与氛围。

1. 学校与相关政府部门的推进

素质教育在学校的实施应该得到全社会的关心与重视，学校应定期组织教师开展关于如何推进素质教育的学习活动，提高广大教育工作者对素质教育的认知能力和实践能力。各地素质教育在各个学校的组织实施应由地方教育部门负责协调，各地教育行政管理部门应专门针对素质教育设置一个组织，即素质教育实施协调处，明确提出学校如何开展素质教育，提出具体要求，有关部门及学校共同承担起推进素质教育的重任。另外，各地有必要成立素质教育工作小组，主要负责对当地学校素质教育工作的部署与监管。

2. 家庭教育的支持

素质教育的开展离不开广大家长的支持与配合，因此，也要重视学校素质教育在家庭领域的拓展与延伸，搞好家庭素质教育，使家庭在普及素质教育及培养学生综合素质、促进学生全面发展等方面的作用得到充分发挥。

3. 社区力量的协助

学校素质教育的空间还应向社会拓展，在学校与社会之间搭建素质教育资源共享

的平台，构建协同机制来鼓励学生参与社会实践活动，并将相关社会服务引进学校，以不断优化与完善素质教育的环境。在素质教育的实施中，社区也应该成为主要阵地之一，学校教育改革需要社区的积极参与和配合，学校教育的发展是社区发展的重要内容。社区应向本辖区学生开放社区体育、教育、文化等资源，学校也要适当对外开放图书馆、运动场，从而在学校与社区之间建设“双通道”，真正实现资源共享，为素质教育的全面开展提供优良的环境。

（三）倡导教育的均衡与公平

现代教育呈现出均衡发展的特点，这也是社会主义现代化教育发展的基本要求。贯彻科学发展观，树立素质教育理念，统筹城乡教育资源，为乡村教育发展提供契机与保障，有助于推动教育的均衡发展，提高教育质量。

目前，我国教育事业发展存在城乡差距，短期内很难完全消除这种差距，但要努力将城市教育与乡村教育的差距缩小，要科学构建城乡教育统筹发展的一体化机制，对学校布局合理规划与调整，为各地配置比例适宜的优质教育资源，重点扶持教育资源落后的地区，鼓励教育资源丰厚的学校对教育落后地区提供人力或物力支持，使经济落后地区的教育资源有所保障，提高落后地区的教育水平。此外，还要缩小同一区域内同级学校的教育水平差距，使学生在各个学段都能接受公平的教育。

（四）加强师资建设，提高教师素质

培养与建设优质师资队伍是开展素质教育的关键一步，教师素质高，才能对同样高素质的学生进行培养。教师对学生能够产生巨大的、终身性的影响，这种影响可以是有形的，也可以是无形的，总之，教师的影响是无处不在的。因此，要特别重视壮大师资力量，培养教师的综合素质，培养其爱岗敬业的精神、良好的思想道德素养，提高教师的业务能力和科学文化水平，使教师的育人价值得到最大化的发挥。

教师综合素质的提升是培养全面发展人才的基础，因此，要在素质教育理念下加强对潜在教师资源的培养及对在职教师的培训，有效提高教师资源的综合素质，提高教师队伍的综合水平。

第四章　高校体育教学方法

第一节　体育教学方法概述

一、体育教学方法的概念

关于体育教学方法，国内外学者很早就开始进行研究，在研究过程中，诸多专家和学者对体育教学方法概念界定有以下共识。

第一，体育教学方法是体育教学系统的重要组成部分。

第二，体育教学方法与体育教学系统其他要素之间具有非常密切的关系。体育教学方法服务于体育教学目标和体育教学任务，应能够促进体育教学目标和任务的实现。同时，体育教学方法又受体育教学内容的制约。

第三，体育教学方法是“教”与“学”的统一，可有效促进师生的双边互动。

第四，体育教学方法受到特定的教学理论的指导。

第五，与其他科目教学方法相比，体育教学方法在注重教学语言要素的同时，更加注重动作要素。

综合我国学者对体育教学方法的研究，一般认为，体育教学方法具体指为实现体育教学目的而采用的手段、方式、措施和途径等的总和。

二、体育教学方法的分类

从体育教学活动双边关系和参与主体来看，体育教学方法可以从“教”和“学”的角度进行教法和学练法的划分，具体分析如下。

（一）教法

教法是体育教学过程中的教师层面的教学方法，可以具体理解为教师的授课方法。

1. 知识技能教法

知识技能教法包括基本知识的教法和运动技能的教学方法。

2. 基本知识的教法

基本知识主要是指体育运动项目的基本理论知识，基本知识的教法就是针对这些理论知识展开教学所使用到的教学方法。

一般来说，体育基础知识的学习主要是抽象知识的学习，具有一定的难度，不像体育运动技术那样可以直观地、生动形象地展现，这就需要教师在体育教学过程中深入了解学生的知识基础、思维能力，选择相应的教学方法。教学方法应尽量具有操作性，并注意与体育运动实践的结合。

3. 运动技能的教法

运动技能的教法不难理解，是通过相应的教学方法来很好地向学生呈现技术动作，帮助学生很好地理解运动技能的概念、构成、完成过程，这对于学生提高体育运动技能具有重要的作用，教学方法应便于运动技能规律与特点的揭示，便于具体的技术动作的形象化、生动化展示。

运动技能的教法应用特点如下：

第一，教师通过教学方法的科学选择与实施，促进学生对具体的运动技能的理解。

第二，充分考虑与教学体系中其他要素，如教学内容的关系，结合教学内容分析，运用相应方法帮助教师完成教学任务。

第三，结合实际教学情况，充分发挥教学方法灵活多变的特点，随机应变，在体育教学活动中灵活处理各种教学要素。

4. 思想教育法

思想教育法是为展现体育思想教学内容的教学方法，开展相应的思想教育时，教学方法选择应注意体育思想、体育道德内容展示的特点，促进学生的体育价值观念、体育精神、体育道德、体育意志品质等的发展与提高。

（二）学练法

1. 学法

学法，主体为学生，在体育教学中，学法就是学生了解和掌握体育相关知识的方法，通过具体学法的选择与应用，促进学生对体育知识、技能的掌握。

在体育运动教学实践中，学法应用要求如下：

第一，确保学生能掌握教学目标所要求的基本知识与技能，并结合个人情况有所发展。

第二，在体育学习中，应重视体育知识、经验，自身体能与新知识、技能的有机结合，使体育技能学练符合自身身心发展规律、特点。

2. 练法

练法，具体是指学生的运动训练方法，是实现体育教学目的的重要方法和途径，指导学生进行体育锻炼的方法是体育教学中最具本质特征的方法。

体育教学是一项身体实践性非常强的学科教学，各种体育知识、技能都需要学生的体育活动实践才能理解、掌握，并在之后的体育活动参与过程中表现出来，这就需要学生在体育学习过程中结合具体的学习任务、目标、自身实际情况科学、循序渐进地参与体育运动训练，不断提高自己的体质、体能、运动心理水平，并进一步促进自我体育运动专项体能、技能和心理能力的发展。

三、体育教学方法的特点

（一）实践操作性

与其他学科不同，体育学科的学习更多时候需要学生进行各种各样的身体练习，因此，在体育教学过程中，教师选择教学方法应充分考虑到学生具体的身体活动开展的可操作性，同时教学方法应考虑客观的体育教学条件能否为教学方法的体育教学活动组织提供必要的物质支持。

体育教学方法的实践操作性受体育身体活动的基本性质影响，同时，也受到学生的体育活动参与形式的影响，教师应结合具体教学实际对教学方法进行必要的修正，如果教学方法中的某一个环节和形式安排可能在接下来的教学活动开展中受阻，教师应该灵活变通，不能让教学方法停留在理论层面，应落到教学实践中，符合教学实践。

（二）多感官参与性

体育活动的开展过程是师生的身体活动参与过程，教师与学生进行各种体育技术动作示范、练习，都需要充分调动身体各部分的组织和系统的功能，整个有机体各个器官和组织、系统都要充分调动起来。例如，教师通过动作示范教授学生某一项具体的体育运动项目的技术动作，学生要用眼睛去看动作、用耳朵去听讲解、用肢体去感受动作感觉，因此说，体育学练的过程，也是学生机体多感官共同参与的过程。

在体育教学中，为了获得良好的体育教学效果，体育教师在选择和运用教学方法时应注意教学方法是否能充分调动学生的多种感官的积极参与，优化教学效果。

体育教学方法对学生的多感官的体育调动与参与主要表现如下：

第一，在体育运动参与和学习中，需要学生动用思维、感知、记忆和想象，需要学生的眼睛、耳朵以及触觉和动觉等感受器官对运动的方向、用力的大小和动作的幅度等方面进行感知，形成正确的动作定式。

第二，在形成正确的体育动作的基础上，学生将所接收到的教学信息进行整理、分析，通过大脑思维活动，指挥身体的各器官完成相应的动作；通过不断重复技术动作，最终达到动作技术的正确和精细。

（三）时空功效性

根据学生的学习认知规律和动作技能形成规律，体育教学方法的各教学实施阶段都表现出体育活动的时空性特点以及教学的时空特点。

体育教学开始阶段，教师作为教学主导者，指导学生进行相应的学习活动，进行相应的分析、示范和指导。

体育教学期间，教学活动的主体发生了相应的变化，学生的主体作用也在不断增强，学生通过认知、分析和练习，掌握相应的知识和技能。

体育教学结束阶段，教师进行相应的总结和分析，对学生的学习过程、学习效果进行客观、全面的评价与分析，并预告下次教学内容，实现本次课与下次课的有效衔接。

（四）动静交替性

体育运动教学与训练应保持动静结合，这主要是受运动者个体运动负荷承受范围的影响，是体育教学的基本规律和特点。

体育教学方法的“动”即指技能学练，体育运动技能的学习与掌握必须通过实实在在的身体练习来进行，体育教学过程中的各种体育教学方法都是为了促进学生更积极、更好地去参与各种身体活动，通过体育活动实践来掌握体育技能。

体育教学方法的“静”即指合理休息。学生在体育学习过程中，生理方面和心理方面都要持续地不断受到刺激，并承受一定的负荷，时间长了会导致疲劳从而影响学习效果与质量，这时需要安排学生进行合理休息，包括积极性的休息和消极性休息。安排休息时，应注重积极性休息和消极性休息的结合。

（五）师生互动性

体育教学活动的开展，需要教师和师生共同参与，教学方法的选择不应该只是组织活动让学生参与，还要在体育教学活动中，教师能适时地融入学生的学练、发现、探索活动中去，及时给予学生正确的教学指导。教学方法的应用应有助于教师、学生的体育教学活动的积极参与，并促进师生互动。

（六）继承发展性

新时期，教师继续发展创新，教学方法及其应用也在不断丰富与创新，教师和学生的师生关系、课堂体验以及体育教学效果都在不断优化。

第二节　传统体育教学方法及应用

一、传统体育教法及应用

（一）语言教学法

语言教学法，就是教师通过语言表达，来阐述体育教学知识、文化、规律、特点、技术构成、教学活动安排与过程实施的方法，学生通过对教师的语言来了解教学过程、参与到学习过程中去，掌握必要的教学知识点。

常用语言教学法举例如下。

1. 讲解教学法

讲解教学法是指教师通过语言讲解来开展教学。讲解法通常用于体育理论教学，在讲解过程中，教师应充分考虑学生的理解能力与认知能力的特点与水平。

讲解法使用要点如下：

（1）讲解要明确，突出教学内容重点、难点、特点

在体育教学中，教师对于教学内容的讲解必须有明确的目的，不能漫无目的地讲解，这样会使学生抓不住重点，不能理解教师的用意，导致学习效率低下。

（2）讲解要正确

注重讲解内容（历史文化、动作术语、技能方法等）的准确描述。

（3）讲解要生动、简明、有重点

讲解应便于学生更好地理解教学内容，如生动形象化的讲解可加深学生的认知，教师应重视对技术动作的形象化描绘，可以适当加入肢体语言帮助学生理解。再如，关于概念、技能难点的讲解应有重点，把握关键技术讲解，更便于学生掌握动作要领。

（4）讲解要通俗易懂、深入浅出

教师要善于运用对比、类比、提问等方式进行启发性教学，这有利于学生积极思维，使学生举一反三，触类旁通，学以致用。

2. 口头评价法

口头评价法是体育教学中非常重要的教学方法，可以在课堂上及时、快速给予学生最直接的评价、提醒，也可以在教学结束之后，对学生的课堂表现进行口头点评。根据评价性质，口头评价有如下两种：

（1）积极评价

教师对学生的评价是鼓励性的、表扬性的、肯定性的。

（2）消极评价

教师对学生的评价是负面的，以批评为主，这显然会让学生感觉到不舒服和沮丧，对此教师应掌握必要的语言沟通技巧，注意措辞，要就事论事，不能过分打击学生，更不能进行语言方面的人身攻击。

3. 口令、指示法

口令、指示具有简短的特点高度概括性，在体育教学中，借助简短的字词给予学生必要的提示，如体育时间教学中的动作学练。

口令、指示法应用要求如下：

第一，教师应发音清晰、声音洪亮。

第二，教师对学生的口令、指示应尽量使用正面引导、积极性的词汇，并注意提示的时机。

第三，合理把握口令和指示的节奏。

在体育教学实践中，教师采用口令、指示法时，应尽量做到语言精练、言简意赅。

（二）预防教学法

体育教学的开放性使得体育学习同样是一个开放的过程，可受到各种因素的影响与干扰。就学生的个体差异性来说，不同学生的认知能力、理解能力、肢体协调能力等不同，因此有的学生不可能做到一下子就准确掌握知识要点、动作要领，学习过程中难免会犯各种各样的错误，教师针对学生的学习错误，应及时预防和纠正。

预防教学法是对学生的错误认知、错误动作提前采取阻断措施的教学方法。预防教学法应用要求如下：

第一，体育教学中，教师应在讲解过程中不断强化正确认知，避免学生错误认知。

第二，教师在备课时可结合自己的教学经验对学生可能会犯的错误做好预防预案。

第三，可结合口头评价、提示、指示帮助学生及时预防错误。

（三）纠错教学法

纠错教学法是学生在体育教学中出现认知、动作错误后，及时予以纠正错误的教学法。

在体育教学过程中，教师应正确对待学生由于对各种动作技术理解不清或对动作掌握不标准的错误，注意进行有意识的引导和纠正。

纠错教学法应用要求如下：

第一，纠错时，应注意正确技术动作的讲解，使学生明确产生错误的原因，及时改正。

第二，结合外力帮助学生明确正确技术动作的本体感觉。

预防和纠错相辅相成，和预防相比，纠错的针对性更强，要求教师认真分析学生错误的原因，并有针对性地结合错误的原因采取相应的纠正措施，并给出改正方向与方法。

（四）游戏教学法

游戏教学法是指教师利用组织游戏的方法使学生完成预定教学任务的教学方法。这种教学法的应用比较广泛，在体育教学的初期和其他各时期都经常被使用到，在调动学生的体育学习积极性与主动性方面具有良好的作用。

游戏教学法应用要求如下：

第一，所开展的各项游戏应与具体的体育教学内容相适应，应与教学内容相关。

第二，游戏内容应选择学生感兴趣的内容、方式。

第三，游戏开始前，注意游戏规则、目的的讲解。

第四，游戏过程中，强调学生的积极努力、同伴的协同配合。

第五，游戏过程中，教师应监督学生在游戏中的行为，避免学生破坏规则，如有发生应实施“惩罚”。

第六，游戏结束后，教师应做客观、全面的评价。

第七，注意教学安全。

（五）竞赛教学法

竞赛教学法是通过教学竞赛的组织来开展体育教学的方法，竞赛教学法重视学生的体育运动技能的实践检验，也重视学生在运动中的角色体验以及学会如何处理与队友的关系，并可以促进学生运动心理的调适与完善。竞赛教学法是体育教学不同于其他学科教学的一种重要教学方法，对于学生的身体运动素质、竞技能力、心理素质、社会性关系处理等都具有重要发展促进价值。

竞赛教学法应用要求如下。

1. 明确竞赛目的

通过运动竞赛切实提高学生的运动技能水平。

2. 合理分组

各对抗队的实力应相当。

3. 客观评价

对竞赛过程中学生完成动作的质量予以客观的评价，并指出改进的方向和方法。

在体育教学实践中，教师不应只专注于使用一种教学方法，也不能毫不顾忌教学实际多个教学方法交叉和叠加使用。上述各种体育教学方法的应用应结合具体的教学实际情况和学生情况科学选择，以选择最佳的教学方法或者教学方法组合，进而促进体育教学质量和教学效果的不断提高。

二、传统体育学法及应用

（一）自主学习法

所谓自主学习法，即学生积极主动独立自主进行体育学习的方法，在学习过程中，主动发现、分析、探索、实践。当然，整个学习过程需要教师的必要指导。

在高校体育教学中，教师指导学生进行自主学习，应做好以下几方面的工作：

第一，教师应针对学生的水平、特点，为学生安排难度适当的体育教学内容。

第二，教师可帮助学生制订学习目标，指出学生通过自我探索应该达到什么水平、解决哪些问题，学生应根据自身的知识储备和能力水平，明确学习目标。

第三，学生应根据自身情况，对照学习目标，进行积极的自我调控，并及时改进教学方法和教学策略。

第四，教师必须认识到，即使组织学生进行自主学习，教师仍要间接参与学生的整个学习过程，自主学习并非意味着教师放任不管，教学中，教师应时刻关注学生的学习进度，以及其是否遇到了一些问题。如果学生的学习偏离预期，应及时引导。

（二）合作学习法

合作学习法是在教师的指导下，学生进行合作互助，通过责任分工承担不同学习探索任务，并最终解决问题，达到教师所设定的学习目标，完成教师布置的学习任务。合作学习能够提高学生的学习能力、合作能力。教学中，具体的学习操作方法如下：

第一，教师根据教学内容确定相应的教学目标。

第二，教师引导学生结成学习小组。

第三，全体学生在教师的指导下，根据教学内容确定相应的教学目标。

第四，确定各小组研究的课题，引导学生自己进行小组内的具体分工。

第五，小组成员合作完成小组学习任务与目标。

第六，不同小组进行学习和交流，分享研究成果，发现问题，取长补短。

第七，教师关注、监督学生学习，推动各小组活动顺利开展。

第八，教师评价，帮助学生总结。

第三节 符合现代教育理念的体育教学方法

在“以人为本”“健康第一”“终身体育”等新的教学理念的指导下，教学方法的选择和应用越来越重视体育教学中学生的体育学习体验，并越来越重视学生的学习积极性与主动性的发挥。对于学生来说，符合现代新教学理念的体育教学方法的应用，大大提高了学生的体育学习兴趣，同时，体育教学环境更加优化，学习体验更加丰富多彩与生动、形象。

一、现代创新体育教法

（一）探究教学法

探究教学法也称指导发现教学法，是一种充分发挥学生能动性的教学方法。在教师有意识的体育教学中，让学生经历教师所设计的各种教学环节，引导学生逐渐发现问题，讨论问题，并处理和解决问题。

探究教学法符合现代教育教学理论对学生的要求，也是新体育课程强调学生主体性理念的重要表现，因此在体育教学实践中日益受到重视，该教学方法在体育运动教学中得到了尝试并收到了良好的教学效果。

探究教学法的体育教学应用有机结合了教师的“教”和学生的“学”两个方面。指导发现教学法主要适用于战术、攻防关系、技术要点教学中，具体应用程序如下：

第一，学生预习教师所要教授的教学内容，发现问题。

第二，教师以指导语的方式改造所授教学内容，并且将一些相关的观察结果和分析的直观感知材料提供给学生，使学生自行解决学习中遇到的困难和问题。

第三，体育教学中，重视对特定教学环境的建设，使学生在积极探索、研究的过程中获得知识和掌握技能。

第四，教师进行教学分析归纳总结。

（二）合作学习教学法

合作学习教学法是通过对学生进行分组，让学生以小组形式完成学习任务的教学方法。合作学习教学法有利于学生养成合作和竞争的意识，对于在团队体育运动中发挥集体协作作用具有重要的促进作用。

在现代体育运动项目教学中，许多教学活动都需要学生的共同参与，即便是以个人运动技能展示为主的体育运动项目，在运动技能练习过程中，也需要其他同伴的陪练，离不开各参与者的相互配合，因此，通过合作学习不仅能增加学生之间的默契配合，提高学生的合作意识和合作能力，还有助于良好的教学环境和氛围的形成。

（三）多元反馈教学法

多元反馈教学法是强调教师与学生之间在学习过程中融洽合作关系的教学方法，该方法更加突出师生之间、学生与学生之间进行信息的交流与反馈的及时性。教学过程中，重视通过对学生的积极性、主动性和创造性的激发和调动，促使教学信息的多向传递，促进学生通过系统的知识学习实现自我发展。

多元反馈教学法在高校体育教学中是一种新的尝试。在教学中，科学运用反馈教学法应注意以下几点：

第一，以信息的相互反馈作为主要的线路，并在教学过程中，教师与学生之间，学生之间，学生与教材、媒体之间都要做到信息及时、有效地反馈，这也是提高体育教学效果的关键所在。

第二，教师要善于及时、准确地捕捉各种反馈信息，并进行整理分析，做出准确的判断，修正教学过程。

第三，教师应对所反馈信息的正、负影响做出准确的判断，及时地向学生进行反馈，使学生更好地了解自身存在的问题和不足，有针对性地进行改正，有效控制教学过程与结果。

（四）多媒体技术教学法

多媒体技术即 CAI 技术，是伴随着计算机信息技术的发展而获得发展的，多媒体技术应用于教学已经有较长的一段时间，且因其具有可嵌入度以及良好的交互性能深受师生欢迎。多媒体技术的发展使得体育的教学手段更加丰富。多媒体技术纳入体育教学更多地应用于体育理论课教学。

相比于传统的教学手段，多媒体技术将体育运动相关录像、图片、flash 等引入课堂教学，综合了学生视觉、听觉、视听觉内容，在包括体育运动在内的体育教学中得到了广泛应用，教学效果良好。

目前，各种教学的多媒体设备、软件日益增多，越来越便携的输出设备使得学生在需要时观看视频或图片，手机、笔记本电脑、平板电脑的出现使得更多的课件可以此为设备核心展开体育教学。

多媒体教学替代了传统意义的收录机、播音机、手鼓、节拍器等教学手段，体育教学更加智能，并表现出集成性、便捷、生动、立体、交互、实时、长久储存等特点。

（五）计算机网络教学法

计算机网络教学依托于计算机技术和网络通信技术，可以实现体育教学更加生动、互动与高度交互。计算机网络教学改变了传统课堂教学的范畴，计算机网络教学大大拓展了教学的时间与空间。

现阶段，计算机网络教学在高校体育教学中的运用，主要体现在校园教学学习网络的建立。早期的 BBS 由教育机构或研究机构管理，当前许多著名高校的校园网站上都建立了自己的 BBS 系统，通过互联网介入教学。借助于校园计算机网络建设和学生的网络设备利用，可形成多元化的综合性校园体育网络课程教学体系。

和传统体育教学方法相比，在新的依托计算机网络的“教”与“学”的交互平台上，师生之间、学生之间可以利用在线交流、邮件、留言等形式互动，不仅有助于突破教学时间与空间的限制，还能提高教学维度，优化教学效果。

和多媒体技术教学相比，计算机网络教学更加智能化，教师所使用的教学资料和教学工具都是数字化、集成化的，课程内容以电子教材的形式呈现，网络课程教学过程中，可以实现网络即时模拟讲课、批改作业，在课内教学的基础上很好地解决了教学的延续性问题，师生的交互性更强，充分互动，并突出了针对性、实用性、趣味性，寓教于乐，可以促进学生体育运动学习和教师体育教学的教学相长的良性循环。

当前，我国高校体育网络课程建设尚处于起步阶段，表现出以下教学特点：

第一，网络课程设计水平普遍较低，教学功能单一。

第二，在高校体育教学网络课程建设中，凸显出“重开发，轻应用，漏管理”等问题。

第三，校园网络的学校体育教学专区建设不完善，信息不全、更新不及时。

第四，高校体育网络教学课程课件数量少、质量不高，制作粗糙。

第五，网络课程教室的教学活动缺乏有序组织管理，缺乏线上活动与线下活动的有机结合，师生互动还需要更进一步落实。

二、现代创新体育训练法

（一）模式训练法

模式训练法是根据规范式模型进行的训练。和其他训练方法相比，模式训练法主要有以下两个特点：

（1）信息化。必须先收集到有关该情景、环境、条件的信息，才能进行针对性的训练。

（2）定量化。训练内容、方法、步骤等应进行定量控制，以便随时调整、完善训练。

（二）动作组合训练法

动作组合训练是对多个技术动作的综合融合训练，适用于操类运动、球类运动基础技术动作练习。这种训练方法可令训练内容更加丰富、多变。

1. 动作递加法

动作递加法是通过两个和多个动作连接进行练习的方法。在学习了一个动作或动作组合之后，应立即将其与之前的动作或组合相衔接，以便进行连贯的练习。训练操作如下：

（1）学练 A，学习 B，连接 A+B。
（2）学练 C，连接 A+B+C。
（3）学练 D，连接 A+B+C+D。

2. 过渡动作法

在新动作之前或组合与组合之间加入一个或一段简单易学的过渡动作的练习，操作示意如下：

（1）学练 A，学习 B，连接 A+B。
（2）学练 B，学习 B+N。
（3）学练 A+B+N。
（4）学练 C，连接 A+B+C+N。
（5）学练 D，连接 A+B+C+D。

3. 逐级递变法

逐级递变法是在原有动作序列的基础上，依次对单个动作进行修改，以此实现向新的动作组合平稳转换的技术。操作示意如下：

（1）学练动作 A、动作 B、动作 C。
（2）改变动作 A 后，学练动作新 A、动作 B、动作 C。
（3）改变动作 B 后，学练动作新 A、动作新 B、动作 C。
（4）改变动作 C 后，学练动作新 A、动作新 B、动作新 C。

（三）信息化虚拟训练

信息化虚拟训练具体是指通过信息技术创新虚拟训练环境，注重运用现代生物力学技术与计算机技术模拟视觉效果，在虚拟的情境中进行体育训练活动。例如，在篮球战术训练中，模拟 CBA 或国际比赛环境，运用 3D 或 4D 游戏场景引导学生在 VR 眼镜下进行战术感知；在蹦床训练中，在虚拟蹦床比赛场景下促进学生进行高精度的蹦床训练，实现多维判断。

第四节　高校体育教学方法的创新与发展

一、高校体育教学方法发展趋势

（一）多元化

体育教学的复杂性决定了体育教学方法的多元化发展。体育教学发展至今，已经有了许多教学方法，随着体育教学在未来的不断发展，也必然会出现更多的体育教学方法。体育理论知识体系和运动技能内容丰富，技战术复杂、体育教学系统的多元化都在客观上要求体育教学方法的多样化与多元化，单一的教学方法是无法实现教学目标的，新课程改革的开展与深化也要求必须创新教学思路与方法，体育教学课上不能只用几种教学方法。体育教学方法的多元化能为体育教师的体育教学提供多种选择，进而实现体育教学更加科学的组织与开展。

在现代体育教学中，随着新课程改革的开展与深化，综合考虑多方面影响因素，争取教学方法的多元化优化创新是体育教学发展的必然趋势。

（二）现代化

科学技术的发展为人们的生活提供了便利，在教育领域，新技术的应用对新的教学模式、教学方法的创新也提供了技术支持。教学设备的现代化是体育教学的重要表现之一。随着体育教学的各项技术逐渐发展，其教学方法也必然呈现出现代化的发展趋势。

传统高校体育教学理念与方式已经表现出局限性与落后性，传统课堂板书、单纯体能训练（苦练）的教学方法已经与现代社会和学生的发展需求严重不符，不能充分调动学生的学习积极性，加快高校体育教学方法创新是高校体育教学改革的必然，而且创新意义重大。

新时期，随着现代体育教学的发展，现代化的教学设备、技术在体育教学中应用。通过先进的现代化设备，教师能够对学生的身体素质进行更加深刻的了解，并能够更好地制定运动训练的负荷量。在教学管理方面，能够对学生的学习和生活提供更加便捷的服务。而体育理论教学中，多媒体、计算机软件等的运用，使得体育教学更加生动形象。

在科技迅速发展的大环境下，科学技术的进步对其教学方法的影响是极其深远的。多媒体技术教学、移动通信教学、网络教学等诸多新的具有现代时代特点的体育教学方法的优化创新，充分吸收了现代的先进科技，为学生的体育学习提供了更加快捷、生动、形象和立体化的教学情境，符合当下学生的学习习惯与需要，也经过教学实践证明确实优化了教学效果。

（三）民主化

民主化教学是现代体育教学改革中所提倡的一种新的体育教学思想，民主化的体育教育有两个方面的要求：其一，体育教育面向全体学生，每一个学生的体育参与都是民主的；其二，在体育呼吁体育教学中的师生民主，体育教学的民主化是大势所趋。

随着体育教学过程中民主意识的崛起，民主化的体育教学方法也逐渐得到快速的发展。在体育教学方法的选择过程中，也应关注到体育教学中的民主化条件、氛围的创设，让学生在良好的教学环境中学习、参与体育。

（四）合作化

在现代体育教学实践中，只运用一种教学方法不可能完成整个教学，这就需要对多个教学方法进行综合使用，这就是体育教学的合作化。

体育教学方法的合作化，是体育教学方法的重要创新策略，目前，自主学习、合作学习等推崇民主教学的教学方法已经在我国高校得到广泛应用，极大地促进了教学目标的完成和学生的全面发展。

一方面，注重学生合作的教学方法选择，有助于培养学生的体育合作意识，是实现对学生的体育学习的社会性能力培养与发展的科学有效途径，能更好地通过教学活动组织实现体育的社会性教育功能。

另一方面，多种各具特点的体育教学方法的综合运用，可以最大限度地发挥不同体育教学方法的优势。多种不同特点教学方法的优化合作，不仅能够有效地提高学生的技战术水平和知识，还能够在学生的品德方面有着更着重的培养，更有利于促进学生技战术的学习和提高，能培养学生的合作意识和良好意志品质。这是对多元体育教学方法的一种“优势放大”，有利于体育教学效果的完善和教学质量的提高。

（五）个性化

体育教学中的教学方法面向的是全体学生，但不同的学生之间存在各种差异，这就需要体育教学方法在选用过程中也突出个性化，体育教学的方法应随着学生各方面的变化而进行适当的调整。个性化的教学方法改革和创新对于学生和社会的发展均具有重要的意义，能真正实现每一个学生都能有所发展和进步。

传统体育教学过分强调教师对教学的指导，教师的教学活动忽视了学生个体之间的差异性，学生的体育学习比较被动。

新时期，随着现代高校体育教学改革的不断深入与发展，再加上现代社会越来越注重学生个性的发展，学生的个性发展得到学校教育的重视，同时，随着新的体育教学理念的推动、新的科学技术在体育教学中的应用，现代体育教学中的体育教学方法的个性化发展成为可能，并具有了科学化的操作路径，能促进体育教学中的学生个性化教学。学生的个性发展要求教师根据学生的具体情况，采用不同的体育教学方法。这对于提高学生的体育学习兴趣，充分调动学生的体育学习积极性与主动性具有重要的意义和作用。体育教学方法的发展也必然呈现个性化发展趋势。

（六）心理学化

体育具有多元教育功能，促进学生的心理健康发育是体育教育的重要教育功能之一，体育教学中的教学方法选择应为体育的心理教育功能的实现服务，体育教师在体育教学方法中应重视学生的心理塑造，正确引导学生，培养学生体育健身意识，促进学生的良好体育道德、体育意志品质、体育精神和体育行为的养成。

心理学理论在体育教学中的应用对于实现体育教育教学、促进学生身心健康发展具有重要意义，为体育教学方法重视学生心理建设、发展提供了启发，通过科学的心理学理论指导，教学方法选用开始更多地关注学生心理，能使体育教学方法更符合学生的心理发育特点和心理活动特点，有助于有针对性地选择合适的体育教学方法，更好地激发学生的体育学习积极性与主动性。通过影响学生心理来组织和实施体育教学，能更好地实现体育教育教学，更进一步促进学生身心健康发展。

（七）最优化

不同教学方法各有优点，针对具体教学内容、教学对象特点，教师应善于甄选出最佳的教学方法。

具体来说，最佳的教学方法应充分考虑两个方面：教学方法创新发展必须重视教学方法优化策略中的系统性和操作性；体育教学方法的优化发展应充分考虑教学方法的实操性和实效性。

二、高校体育教学方法的科学选择

高校体育教学方法丰富多样，不同的教学方法各有其优点与特点，要真正发挥教学方法在高校体育教学中的作用就必须重视教学方法的科学选择，具体来说，高校体育教学方法的科学选择依据主要有以下几个。

（一）依据教育理念选择

教学理念对教学方法选择有重要指导作用，教学方法的选择应以最新体育教学理念为指导，具体要求如下：

第一，现代体育教学强调素质教育，强调学生的身心健康全面发展。体育教学方法选择应体现“以人为本”，促进学生体育参与与学习过程中的“健康第一”，并有利于提高学生的体育学习与参与积极性，促进学生的“终身体育”参与。

第二，体育教学方法的选择应体现出学生在体育教学中的主体地位，激发学生的积极性与主动性。

第三，体育教学方法的选择应重视教学活动中对学生的体育意识、体育能力的培养，为学生走出校门、走向社会继续参与体育奠定知识与技能基础。

（二）依据教学目标选择

教学目标、任务不同，教学方法的选择不同。体育教学目标是科学选择体育教学方法的重要依据。

依据体育教学目标选择体育教学方法，要求如下：

第一，从体育教学的总体目标要求出发，保障每次课的教学目标和总体教学目标都能实现。

第二，充分考虑教学媒体的选用能否实现本次课的教学目标，结合目标应用不同教学媒体，选择不同方法。

第三，教学方法要充分考虑具体教学活动安排所要实现的每一个小的教学目标，如为让学生巩固技能，教师应多采用练习法、比赛法等；为了教会学生学习新技能，教师应多采用讲解、示范、分解、模仿练习等教学方法。

第四，现代体育教学总目标是“促进学生体魄强健、身心健康”，所有教学方法的选择都应该以此为标准，不能偏离这个标准而只考虑短期的教学目标实现，短期教学目标的实现也是为长期教学目标的实现服务的。

（三）根据教学内容选择

体育教学内容丰富，向学生展示不同的教学内容，需要使用到不同的教学方法才能呈现出最好的教学效果。在体育教育教学系统中，教学内容、教学方法是两个重要的系统构成要素，二者之间具有密切的关系。因此来说，教学方法选择必须充分考虑教学内容。操作要求如下：

第一，选择体育教学方法，应充分考虑体育教学内容的方便实施，如技术动作教学，应采用主观的示范法；原理教学，应采用语言讲解教学法。

第二，选择体育教学方法，应充分考虑教学内容的表现方式，通过哪种教学技术能更好将教学内容呈现给学生，最大限度地激发学生的学习兴趣，就选择哪种最适宜的教学方法。如图片展示更直观便捷，还是多媒体教学展示更生动细致，这些都需要教师综合考虑教学内容与表现形式。

（四）依据学生特点选择

学生是体育教学的对象，教学活动开展不能离开学生，否则教学就没有任何意义。对于体育教师来说，体育教学方法的科学选用是为更好地促进学生体育学习服务的，所以在具体的教学方法选择中应重点考虑学生的特点。

在体育教学中，科学选择体育教学方法，既要考虑学生群体特点，也要考虑学生个体特点。具体来说，根据教学对象特点选择教学方法，应重点关注以下几个方面的工作：

第一，科学选择教学方法，就学生群体特点来说，要抓住某一学生群体的共性，科学选择能涵盖学生这些共性的、有针对性的体育教学方法。如低年级学生应多采用游戏方法教学，高年级学生多采用探究、发现法教学。

第二，就学生个体特点来说，关注不同学生的个体差异，针对不同学生采用不同的教学方法。

（五）依据教师条件选择

体育教师是体育教学的组织者、指导者，是体育教学活动的安排者，也是体育教学方法的选择者、实施者，因此，教学方法选择应充分考虑教师相关条件，要求如下：

第一，体育教学方法选择，应考虑该教学方法是否能使得具有一定素质水平、知识结构、教学能力与经验的教师能科学、有效实施，充分发挥出教学方法的优点。

第二，体育教学方法选择，应充分考虑是否符合教师的教学风格、性格特征。

第三，体育教学方法选择，教师应考虑本次课教学目的与课堂控制。

总之，体育教学方法的选择过程中，教师应认真审视自己，根据自己的实际特点来选择合适的教学方法，以便于扬长避短，使教学方法选择更具针对性。

（六）依据教学环境与条件选择

在整个体育教学活动开展过程中，体育教学方法的选择应考虑到整个教学活动所涉及的教学因素，其中，客观教学环境与条件是应重点考虑的因素，教学方法的科学选择应该能够以这些必要的教学要素为依据去选择。

具体来说，教学环境包括场地器材、班级人数、课时数等，同时，外界的社会文化环境也对教学环境具有重要的影响。体育教学条件则涉及体育教学的硬件条件、软件条件等。

在体育教学活动开展过程中，体育教学环境与条件是不以人的主观意志为转移的，对教学方法的选择具有重要影响。体育教师要选择哪一种教学方法，应关注这些客观教学环境因素的影响，充分考虑如果选择和实施某一种教学方法，有没有实施这种教学方法的必要的客观环境和条件的支持。

三、高校体育教学方法的优化创新

（一）教学方法的优化策略

随着现代体育的不断发展，不断有新的体育教学方法被提出并应用到体育教学中去，体育教学方法体系内容不断得到丰富。体育教学中，教师在体育教学方法优化创新应用方面的意识越来越强，但也不乏会出现为了创新而创新的现象，这种现象违背了体育教学的客观规律，忽视了体育教学中的学生、教师、教学条件等客观实际，是一种不科学的创新。

科学的体育教学方法优化创新，应注重教学方法和教学现实的深入分析，充分了解不同教学方法各自的优点，针对具体教学内容、教学对象特点，教师应善于甄选出最佳的教学方法。对教学方法的合理运用是科学组织与实施体育教学的重要前提，也是体育教学方法优化创新的前提。

体育教学方法的科学优化操作，具体要求如下：

第一，在实际的体育教学方法优化创新过程中，必须重视教学方法优化策略中的系统性和操作性。

第二，严谨的系统性能使教师对教学有着非常好的整体把握，更强的操作性则能够帮助教师更加方便地执行教学方法。

第三，教学方法将优化应用于具体教学实践，体育教师应重视对教学方法产生的效果进行跟踪了解，可通过学生的学习反馈收集、整理、分析教学方法使用效果的反馈信息，并对教学方法做出优化调整。

（二）教学方法的组合创新

教学方法的组合创新是现代体育教学方法优化组合的必然趋势和要求，具体是指以合作学习法为基础来进行教学方法的优化创新。从本质上讲，教学方法的组合也是对原有教学方法的一种优化措施。

随着社会的飞速发展，体育教学方法不断创新，传统教学方法不断完善，新的体育教学方法不断出现，在高校体育教学中，体育教师应对教学方法当中的各优势要素进行组合创新运用，以最大限度发挥不同体育教学方法对体育教学的促进作用。

第五章　高校体育教学模式

第一节　高校体育自主教学模式

一、自主教学概述

（一）自主教学内涵

针对体育自主教学的概念，目前学术界尚未形成一致的界定，众多学者从各自不同的视角和维度对体育自主教学的含义及其应用范围进行了阐释。体育自主教学视学生为教学活动的核心参与者，教学目标、模式、内容以及方法都应紧密围绕学生需求来设定，并与教师角色共同构筑体育自主教学体系。同时，应当将健康、快乐、轻松等正面因素视为推动教学进程的关键动力。

（二）自主教学模式的特点

目前，学术界对“自主教学”尚无统一定义，普遍认为它是一种通过多样化的教学手段激发学生学习动机，进而促使其开展自发性、持续性探索和练习的教学方式。具体到我国高校体育教学，自主教学可界定为：学生在教师基本指导框架下，根据自身特点与需求制定个性化的学习方案，并在此过程中实施自我监控、自我调节与自我评价，从而实现体育教学目标的一种教学模式。结合此定义，自主教学模式主要具备以下五个核心特征。

1. 主观能动性强

主观能动性不仅是素质教育的核心内容之一，也是高校构建体育自主学习体系的基础特征。在传统教学中，教师始终占据教学主导地位，学生按照教师预设的节奏、内容和方式被动接受知识与技能，个体差异难以得到充分关注，学习兴趣与自主性亦受到限制。而在自主教学模式下，学生被置于教学的核心地位，教学设计须围绕学生需求展开。学生可依据自身兴趣、能力和发展目标，在教师的指导下选择适合的内容与方法，主动参与并推动教学进程，逐步由被动接受者转变为知识技能的构建者和主动学习的实践者，从而充分发挥其主观能动性。

2. 提升教学有效性

教学效果往往取决于学生的学习方式。在相同的教学内容下，学生的学习成效差异显著，其中自主学习能力强的学生往往具有更高的成绩与综合素质。这一现象印证了自主教学在提升教学质量中的重要作用。通过自主教学，学生能够自主发现问题、分析问题并提出解决策略，逐步形成独立思考和自主学习的能力，实现从“被动接受”到“主动建构”的转变。可见，自主教学模式不仅提高了学习效率，也促进了学生学习方式的转型，为高校体育教学质量的提升提供了新路径。

3. 相对独立性突出

尽管自主教学与传统自学都强调学生的主观能动性与学习独立性，但两者在教学组织上存在显著区别。自主教学在强调学生自主学习的同时，更强调系统性与协作性，教师的指导与同伴的支持始终贯穿其中。因此，其“独立性”是建立在协同互动基础上的“相对独立”。从宏观层面看，学生无法完全脱离教师的教学目标、课程设置与教学安排；从微观层面看，教学过程中的内容设计、技能掌握、问题反馈等环节，均需教师和同伴的支持与资源共享。因此，构建高校体育自主教学体系时，必须厘清学生在哪些方面可以独立、在哪些方面需要协同支持，从而设计出更切实可行的教学机制。

4. 情感表达更为丰富

情感因素在现代教育中占据重要地位。积极的情绪体验能够有效促进学习动机的激发和学习效果的提升。与传统教学相比，自主教学模式更能激发学生的情绪表达和情感投入。在自主教学过程中，学生的主动性与参与感增强，获得更多表达自我、展示能力、与他人合作交流的机会，课堂氛围因此更加轻松、互动、积极。教学平台的开放性与资源的共享性，使学生在愉悦的情感体验中获得成长，从而进一步强化学习的内在动机，推动良性学习循环的形成。

5. 适用范围具有有限性

尽管自主教学模式具有显著优势，但并非适用于所有教学场景与内容。对于技术难度高、资源依赖性强或教学环境要求严格的“高精尖”项目，自主教学的实施可能受限。此外，在某些教学资源不足或管理机制不健全的高校，自主教学也难以全面推广。因此，高校体育教学在借鉴与运用自主教学模式时，应结合实际情况灵活处理，可采取“模块化渗透”或“局部融合”等策略，将自主教学理念融入课程部分环节，实现“传统教学+自主学习”的协同发展。高校体育课程的主要目标在于提升学生体育素养、强化体育习惯、增强身心健康，因此具备较高的教学灵活性，完全可以依据教学目标调整教学方式，以此实现因材施教、因需施教的育人目标。

二、高校体育自主教学模式的构建

（一）高校体育自主学习模式的构建策略

1. 强化学生自主学习的理念

为了有效提升高校学生的体育自主学习能力，首先应强化其对自主学习理念的认识。许多学生对体育课程仍停留在“打球、跑步、拿学分”的表层认知，缺乏对体育教育价值的深入理解。因此，需引导学生转变观念，明确体育课程不仅能增强身体素质，还能提升交际能力与问题解决能力，从而更好地适应未来社会发展的需求。同时，学生应学会正确认识自身身体状况，依据个体差异设定切实可行的学习目标和锻炼计划。此外，教师还应重视学生自我监控与调节能力的培养，通过自我评估、反思调整等方式，使学生能够灵活调整学习策略，有效提升学习效果，增强信心与主动性，进而全面推动其自主学习能力的发展。

2. 打造“自主选择”的体育学习模式

在高校体育教学中，为切实提升学生的参与热情与学习实效，构建“自主选择”型学习模式尤为关键。该模式强调尊重学生的个体差异，充分赋予其在学习时间、内容和方法等方面的自主权，真正实现体育教学由“教师主导”向“学生中心”的转变。首先，在学习时间的安排上，依托高校实行的学分制管理体系，学生可以根据个人作息与课业安排自主选择体育课的上课时段。学校还应进一步优化课程资源配置，在制度允许的范围内为学生提供更灵活的时间选项，从而激发其参与体育学习的积极性。其次，在学习内容的选择上，学校需不断拓展课程内容，丰富运动项目类型，使学生能够依据兴趣和身体条件进行针对性的选择。教师应在此基础上科学引导，既确保学生有足够的选择空间，又通过合理分层教学、加强过程监督与成果评价，保障学习质量。最后，在学习方法方面，应引导学生依据自身体能与认知特点选择合适的练习方式，鼓励多样化的训练形式与团队合作模式，营造开放包容的学习氛围。通过灵活设置练习路径与多元评估机制，不仅增强了学生的学习主动性，也为其构建终身体育意识和自主锻炼能力奠定了良好基础。

（二）建立并完善科学合理的自主教学模式

构建科学合理的高校体育自主教学模式，是实现学生自主学习能力培养的基础路径，首先需要彻底摒弃传统教师中心主义，真正确立“以学生为本”的教学理念，使教学全过程围绕学生的兴趣、需求与发展进行系统设计。为实现这一目标，应从组织引导、学习系统与过程控制三个方面着手。首先，组织引导系统作为整个模式的基础和起点，关键在于通过教师有效的教学设计与教学引入，宣传和普及自主学习理念，激发学生参与兴趣。例如，通过引入奥运赛事、潮流运动等与课程相关的趣味内容营造课堂氛围，有助于增强学生的代入感与主动性。其次，学习系统作为核心部分，需明确教学内容与学习方式的双重维度。内容上应结合学生身体素质与兴趣偏好，由教师引导学生自主选择适宜项目；方式上可采取小组协作、自主训练等灵活组织形式，并配套考评机制以促进内部合作与小组间良性竞争。同时，建议在考核体系中融入学生自主选择项目的评价权重，增强其学习的责任感与目标感。最后，过程控制系统作为监督与支持机制，分为“帮助”与“监管”两个子模块。前者旨在为学生提供专业解答渠道，解决其在技术、规则、训练方法等方面的困惑，后者则通过教师定期调研、小组讨论、学习反馈等方式及时掌握学生学习状态，动态调整教学节奏与内容安排。三者协同作用，共同构建起一个结构清晰、运行高效、富有活力的高校体育自主教学体系。

第二节　高校快乐体育教学模式

一、快乐体育的概述

随着教育理念的不断更新，“快乐体育”逐渐成为新时代体育教学的重要方向。其核心思想在于将“育体”与“育心”有机融合，在体育活动中激发学生的情感、唤起学生学习动机，使其在轻松愉快的氛围中主动参与、乐于锻炼，从而实现体育教学的全面发展目标。

（一）快乐体育的基本要素

快乐体育是一个多维度、多因素协同作用的教学体系，其构建离不开一系列关键要素的协调配合。

1. 环境优化

优化体育教学环境是实现快乐体育的前提条件。所谓“硬环境”，指的是场馆设施、器材配置、视觉美化等物理条件，应注重安全性、功能性与美观性的统一。而“软环境”则涵盖教师的教学态度、人际关系、课堂氛围等人文因素，应致力于构建尊重、理解、关怀、协作的教学文化，从而营造一个既安全舒适又富有人文关怀的体育学习空间。

2. 情感驱动

情感因素是激发学生积极参与的重要动力。教师应注重情感教育的融入，通过自身对体育教学的热爱和对学生的关注，引发学生的情绪共鸣。在教学中创设成功体验情境，使学生产生满足感、自豪感和认同感，进而内化为持续学习的动机。构建平等、民主、互助的师生关系，是情感驱动机制有效运转的重要保障。

3. 协同教学

协同教学是指教师与学生、学生与学生之间在体育教学过程中的动态协作，通过要素之间的有机整合与优化配置，提升教学效率与互动质量。基于协同理论，快乐体育教学应采用启发式与创造性相结合的教学方法，在内容设计上强调“发现式学习”，在过程组织中鼓励“自主式生成”，以实现教学系统中各参与方之间的良性联动。

4. 增力评价

增力评价是一种重视即时反馈、情感激励和个体差异的综合性评价方式，主要通过口头表扬、即时点评、激励机制等形式进行。有效的增力评价应坚持及时性、针对性与多样性的原则，既要准确反馈学生的学习状况，又要注重增强其自信心和进取心，避免负面评价造成情绪压抑或参与意愿下降。

5. 快乐体验

快乐体验是快乐体育的核心体现，指学生在参与体育活动过程中心理获得的愉悦感和成就感。这种体验不仅来自运动本身的趣味性，也来自在合作、竞争、挑战与成长中的情感满足。教材内容应贴近学生实际，满足其运动兴趣与个性需求；教学方式应强调启发与指导结合，让学生“想学”“会学”；教学进度应体现个性差异，做到分层推进、因材施教，使每个学生都能在体育学习中获得自我实现的机会。

（二）快乐体育教学模式的基本内涵

快乐体育不仅是一种教学理念，也是一种具有完整结构与实践导向的教学模式，其内涵主要体现在以下几个方面。

1. 突出学生的主体地位

快乐体育强调“以学生为中心”的教学思想，认为学生是体育学习的主导力量。教学活动应充分尊重学生的兴趣爱好、发展需求与个性特征，鼓励其在选择项目、设定目标、调整策略中实现自我驱动、自我超越。兴趣与动机被视为推动学习的内在动力，教师需通过情境创设、鼓励引导等方式持续唤醒和维持学生的学习热情。

2. 构建和谐的师生关系

体育教学的有效性依赖于师生之间良好的互动关系。快乐体育强调教师不仅是知识与技能的传授者，更是情感的引导者、人格的塑造者。教师应通过民主沟通、积极倾听、合理引导等方式，与学生建立平等信任的关系。同时，也要营造良好的生生关系，使学生在合作与交流中增强集体意识与社会适应能力。

3. 推动学生个性的和谐发展

快乐体育不仅关注学生身体素质的提高，更重视学生独立性、自主性、创造力等心理品质的塑造。它通过多样化的教学内容与丰富的表达方式，为学生提供展示个性、挖掘潜能的空间。学生在参与体育学习中，不仅提升运动技能，还在智力发展、情绪调节、美育熏陶等方面获得全方位成长，实现个性的整体与协调发展。

4. 确保教学过程富有吸引力与愉悦感

体育教学必须摆脱强制灌输与机械训练的模式，转向以趣味性、探索性、参与性为特征的教学活动。课堂设计应注重教学内容逻辑性与趣味性的结合，通过情境教学、游戏教学、竞赛化设计等方式激发学生的好奇心与挑战欲。教学方法应不断创新，使课堂充满活力与张力，真正实现“在玩中学、在乐中练”的教学效果。

5. 兼顾思想品德教育与运动技能提升

体育教学应肩负“育体”与“育人”的双重职责。在快乐体育理念引导下，教学不仅致力于提高学生的基本运动技能，更注重通过集体活动、规则意识与团队协作等环节，培养学生良好的道德品质与社会行为习惯。同时，鼓励学生建立积极健康的生活方式与终身锻炼意识，为未来人生发展打下坚实的基础。

二、体育游戏与快乐体育教学模式重构

（一）体育游戏的内涵

体育游戏作为一种独特的社会文化现象，伴随着人类社会的形成和演进不断发

展。在历史的长河中，它从最初的自然萌生逐步走向体系化和科学化，成为体育教学与群众体育活动中不可或缺的组成部分。关于体育游戏的定义，学术界存在多种表述。一般认为，体育游戏是一种以身体练习为基本手段，以增强体质、调节心理、陶冶情操为主要目的的游戏活动。它在组织上具有明确的目标和规则，是一种富有主动性、创造性和意识性的体育活动，其本质特征包括广泛的大众参与性、良好的普及性以及显著的娱乐性。

也有研究指出，体育游戏是在游戏这一活动形式的基础上，融合身体练习内容并服务于德、智、体、美、劳全面发展的教育目标。它既是一种带有浓厚娱乐氛围的体育训练方式，又是一种促进学生认知、情感与社会行为协调发展的综合活动。体育游戏能够有效提升参与者的基本运动能力、身心适应能力与社会交往能力，在提高体能的同时，塑造健康心理，激发运动兴趣，具有重要的教育与发展功能。

综合“游戏”与“体育”两个概念，可以将体育游戏界定为：一种在特定目标与规则指导下开展的、以身体练习为核心手段，融合智力活动与体力活动，具有较强娱乐性和教育功能的自主体育活动形式。其作为游戏理论的分支，在结构上拥有完整的理论体系和清晰的逻辑架构，是连接体育教学与学生全面发展的重要桥梁。

（二）体育游戏的特征

1. 趣味性

趣味性是体育游戏最本质也最直观的特征。正如《辞源》所言：“游戏乃玩物适情之事也”，游戏的本质在于引发参与者的快乐情绪与愉悦体验。体育游戏通过趣味性的设置，使学生在参与中感受到放松和快乐，满足其对娱乐、挑战和社交的心理需求，从而激发内在参与动机。无论是规则新颖、形式灵活的小型游戏，还是竞技性强、配合度高的团队游戏，均以“好玩”作为吸引参与的前提。可以说，缺乏趣味性难以称之为体育游戏，仅可归为一般的体能练习。

2. 竞争性

竞争性是体育游戏的重要功能属性之一。多数体育游戏以达成某一目标或完成某项任务为基础，参与者在规则范围内进行个人或团队间的较量，胜负通常依据完成任务的质量、数量或时间来判断。这种设定不仅体现了体育运动“竞争—合作—成长”的核心精神，也有助于在游戏中锻炼学生的意志品质、应变能力与团队协作能力。在公平竞争中，学生既体验到成就感，也在集体荣誉感的引导下形成团结协作的良好价值观。

3. 科学性

科学性是体育游戏区别于随意娱乐活动的重要特征。在组织与实施过程中，体育游戏需根据学生的年龄、性别、身体素质和已有技能水平，遵循循序渐进、因材施教的原则，科学安排游戏的强度、密度和难度。教师应根据教学目标选择与设计游戏，合理控制运动负荷，确保学生在愉快参与的同时实现体能提升与技能发展。此外，在游戏进行的过程中，还应密切关注学生的身体反馈与心理状态，及时调整游戏节奏与方式，以保证教学活动的安全性与有效性。

（三）基于体育游戏的快乐体育教学模式重构措施

1. 坚持“安全、健康、娱乐”三位一体的教学理念

在体育教学中，安全始终是首要前提。由于体育活动具有一定的身体风险，确保学生在安全环境下进行运动是教学开展的基本保障。在此基础上，教学应以促进学生身心健康为核心目标，结合体育锻炼的功能实现学生德、智、体等方面的协调发展。同时，娱乐性作为激发学生兴趣、活跃课堂氛围的重要因素，是健康成长不可或缺的路径。因此，快乐体育教学应将“安全”“健康”“娱乐”三者有机融合，形成统一、协调的教学指导思想。其中，安全是课程实施的基础，健康是课程目标的核心，而娱乐则是达成目标的有效途径。三者相辅相成、缺一不可，构成了快乐体育教学的基本价值体系。

2. 确立“增强体质、促进人格发展”的教学目标定位

科学合理的体育活动不仅能够提升学生的身体素质，还能在长期参与中激发其思维活力和创新意识，推动个性和认知能力的发展。在多样化体育环境的熏陶下，学生的社会适应能力和人格完善程度也随之提高。因此，在当前强调能力导向和素质教育的背景下，高校体育教学应从增强体质延伸至提升综合素养，建立以“促进个体全面发展”为核心的目标体系。通过将快乐体育理念融入课程实践，既满足学生运动需求，又实现认知、情感与社会行为的多维度提升，为学生塑造积极健康的人格奠定基础。

3. 构建“因人而异”的教学体系与“因材施教”的教学策略

教学内容与教学方法是课堂改革的关键环节。鉴于学生在身体素质、兴趣爱好、运动基础等方面存在显著差异，教师在教学设计时应体现高度的灵活性和个性化。通过精准分析学生个体特点，合理设置教学目标、内容难度与练习形式，确保每位学生都能在适合自身发展的路径中获得积极体验与成长成效。以人为本的教学理念应贯穿于体育课程的各个环节，真正做到在尊重差异中实现共同提升，从而充分体现快乐体育“参与即成功”的价值追求。

4. 以游戏理论为支撑，优化教学内容设计与实践形式

传统体育课程往往侧重技术技能的传授，忽视学生对运动本身的情感体验与参与动机。而游戏作为一种富有趣味性和启发性的教学形式，能够有效打破单一化教学模式，激发学生的探索热情和运动积极性。在教学内容设计中，应适度融入游戏元素，强化课堂的趣味性与参与感，使学生在轻松愉悦的氛围中掌握运动知识与技能。但应明确区分“教学中的游戏”与“游戏化教学”的边界，确保体育游戏在服务教学目标的前提下融入课堂，避免将体育课简化为“纯娱乐”形式。教师应基于游戏理论合理引导，使娱乐性、知识性与实践性相互融合，构建出富有张力与教育价值的课堂生态。

5. 构建“教师主导—师生共建”的教学共同体结构

尽管学生是体育学习的主体，但教师在教学过程中的主导作用不可替代。从内容选择、技能指导到情感引导、习惯养成，教师在各个层面都需发挥引领功能。同时，教师亦应转变角色定位，从传统的“知识传授者”转向“学习促进者”，在课堂中与学生共同参与、体验、反思与成长，构建教学过程中的协同互动关系。通过打造“教师引导、学生参与、集体协作”的教学共同体，有效实现信息的即时反馈与资源的共享互补，增强教学的开放性与活力。

6. 强化情感投入，培养学生的自主与合作学习能力

体育教学不仅是知识技能的传递过程，更是情感、态度与价值观潜移默化形成的重要载体。在教学过程中，教师应高度重视情感交流，通过关注学生情绪反应、激发学习动机、尊重个体差异等方式，营造积极、包容、合作的课堂氛围。情感投入能够有效打破学生的心理防线，转化被动学习为主动参与，激发其自主学习与合作学习的内在动力。同时，在情境体验与团队协作中，学生也能建立良好的人际关系与集体意识，为终身体育素养的形成提供情感支撑与心理基础。

三、高校快乐体育教学模式的应用

（一）理论基础与实践相结合

每种教学模式的创新都需要扎实的理论基础作为支撑，在不断的摸索实践中进一步完善。快乐体育教学想要实现模式创新，不仅要在教学内容、教学方式、教学评价方式等方面下足功夫，还要注意调整在实际运用中某些因素导致的教学模式的不间断变动。结合不同的时期、不同的教师、不同的学生顺序等多方面的因素，实现灵活性、多样化的教学。

（二）情绪感染，调动学生的学习热情

在快乐体育教学过程中，教师的热身设置非常重要。在这样的过程中如果加入情绪预热，可以帮助学生在最短的时间内参与互动。由于传统体育教学中，教师在传授运动技能或是体育课上的活动内容时，“说教”占据了相当大的部分，体育教师与大学生之间侧重的是“教育”，体育教师在肢体语言运用技能上的缺失，导致情绪感染严重不足，很难调动学生的学习热情。加上难懂的各种技术动作相关术语，学生与教师交流的主动性与互动性丧失，最终导致快乐体育的教学目标难以完全实现。

（三）强调学生的主体性

快乐体育教学在实施上采用的组织形式应以学生为主体，在各个环节中体现并带动学生的主观意愿。但要杜绝盲目地以学生为先。例如，在设计掌握技能教学模式中，教师可以让学生选择自己的强项体育技能，并同步录入教学系统，然后根据学生的自身特点制定健身运动的方式。此外，还可以在目标教学中，让学生自己选择符合自身能力的学习目标。

（四）体育教学手段要丰富多元化

快乐体育教学包括了教材内容、教学方法、教学形式以及教学评价等内容。因此，快乐体育教学模式的创新就需要在这些环节中体现出来。例如，在对增强大学生体能教学的过程中，可以引入我国竞技体育领域中发展较快的体能训练方法，提高核心力量训练等。抑或将拓展训练的形式与体育教学结合起来，并引入健康周期理论，做好运动技能评价等教学内容。

（五）体育游戏让学生收获快乐

大多数学生潜意识里认为体育课应以“玩”为主，因此教师就应该抓住学生这个“玩”的心理，同时结合教材来进行体育游戏练习。体育游戏具有组织形式生动活泼、内容丰富多彩、操作简单易行等特点，能够在给予学生充分的愉悦体验的同时，将体育教学的目标充分渗透进去。

（六）利用现代科技发展促进体育课程改革

伴随着科技革命的不断深入发展，学科之间的渗透与交叉、分化与综合、知识结构的变化，推动体育课运用新的教学手段、组织形式、教学方法，最大限度地调动学生的积极性和主动性。快乐体育强调体育教学中应注意满足学生的动机需要，让学生愉快自主地从事体育学习与锻炼，充分发挥学生现有的能力去从事、创造、享受体育运动，并在运动过程中自觉积极地发展体能和提高运动技能。

（七）培养学生对体育运动的兴趣

遵循运动技能的形成规律，以系统传授运动技能为核心的一种体育教学活动体系，注重对技能掌握效果的评价，也称为“三段制”教学过程。在体育的教学过程中，要重视对学生体育能力的培养，使学生从体育锻炼中体验到乐趣，激发长期参加体育锻炼的欲望和兴趣，为其今后的终身体育锻炼奠定坚实的基础。

第三节　高校体育混合教学模式

一、混合教育模式的内涵与类型

（一）混合教育模式的内涵

混合教育模式是一种融合了传统面授教学与现代信息技术的教育模式，强调在课堂教学的基础上，利用互联网技术及数字化工具为学生提供更广泛的学习资源和更灵活的学习方式。简单来说，混合教育结合了线下与线上学习的优势，旨在通过线上学习的自适应性与线下教学的互动性，实现教学效果的最大化。

在体育教学中，混合教育模式具有独特的重要性。体育教育不仅仅是理论知识的传授，还涉及大量的身体技能训练与实践操作。传统体育教学主要依赖面授教学和现场实操，而现代科技的进步使得运动生理学、运动心理学等理论知识以及个性化的训练计划能够通过在线平台进行传播和学习。因此，混合教育模式为体育教学提供了新的契机，能够充分利用线上学习的灵活性与线下训练的实效性，打破了时间与空间的限制，提升了教学效率与质量。

（二）混合教育模式的主要类型

1. 线上理论+线下实践

这种模式强调将理论知识的线上学习与实践技能的线下训练相结合。在线平台可以为学生提供运动生理、运动营养、健康管理、体育文化等理论课程，学生可以在任何时间、地点根据自己的节奏进行学习。同时，线下的体育实践课程则更加注重技能的培养和体能的训练，教师可以通过现场指导和示范来帮助学生掌握运动技巧。

例如，学生可以通过观看视频教程或参加线上讲座了解如何进行体能训练或恢复训练，然后通过线下的实地锻炼，将这些知识与技巧付诸实践。这样，学生不仅能理解运动背后的科学原理，还能够通过实践深化对理论的理解，从而达到更好的学习效果。

2. 课堂教学+自主学习+虚拟实境训练

随着虚拟现实（VR）与增强现实（AR）技术的快速发展，虚拟实境训练成为现代体育教育中的一个新兴趋势。在这种模式下，学生可以在线上课程和课堂讲授的基础上，借助 VR 或 AR 技术进行虚拟场景中的运动训练。这种训练方式不仅可以模拟复杂的运动场景，还能实时反馈学员的表现，有效提升学生的运动技能。

虚拟实境训练可以为学生提供一种沉浸式的学习体验，尤其适用于那些高风险或对场地要求较高的运动项目。例如，在篮球、足球等运动中，学生可以通过虚拟实境体验场景中的技术动作和比赛策略，增强运动中的决策能力与反应速度。此外，学生可以通过自主学习部分，深入研究运动技巧或学习新的运动项目，以便在虚拟训练中应用和调整所学知识。

3. 项目式学习+多平台融合教学

项目式学习是近年来教育领域中的一种重要教学方法，尤其在体育教学中被广泛应用。项目式学习强调通过实际问题的解决来驱动学习，学生在这个过程中不仅要进行理论学习，还要通过合作与实践来解决实际问题。这种方式适用于跨学科知识的整合，可以促使学生学会如何在多变的环境中进行知识应用。

在体育教学中，项目式学习的应用可以体现在学生通过线上和线下结合的方式，完成一个关于运动健康、运动管理等主题的项目。例如，学生可以在线上平台获取运动健康相关的理论知识，在小组讨论中设计一份运动计划，最后通过实地操作来验证方案的效果。在这个过程中，学生不仅能获取理论知识，还能够通过实际操作和团队协作，提升其批判性思维和解决实际问题的能力。

此外，多平台融合教学指的是通过多种教学平台和工具的结合来增强学生的学习体验。除了传统的教学平台外，还可以通过运动追踪设备（如智能手环、运动 App 等）来实时记录学生的运动数据，通过数据分析为学生提供个性化的训练建议。各平台的内容互为补充、相辅相成，有效提升了体育教学的针对性与个性化水平。

高校体育混合教育模式不仅打破了传统教学方式的局限，还为学生提供了更灵活的学习环境和更多样化的学习工具。从线上理论到线下实践，从课堂教学到自主学习，再到虚拟实境和项目式学习的创新应用，每一种混合教育模式都为学生的体育学习和技能提升提供了新的可能性。随着技术的不断发展，未来高校体育教学将更加智能化、个性化，混合教育模式的优势也将进一步凸显。

二、高校体育混合教学模式的设计

（一）教学目标设定：注重“健康素养+专项技能”双重目标

在混合教学模式中，教学目标的设定必须关注两个核心方向：健康素养和专项技能的培养。健康素养强调学生对运动健康的全面认识，包括运动对身体、心理和社会健康的积极影响；而专项技能则注重学生在特定运动项目上的技术掌握和能力提升。

具体来说，健康素养目标包括提高学生的运动意识、增强其体质、改善其运动习惯，以及掌握运动伤害的预防和运动营养等知识。而专项技能目标则要求学生在某项运动技能上进行深入学习，能够独立进行自我训练，掌握基本的技术动作和战术配合。通过线上和线下结合的方式，学生可以在课外时间利用平台进行理论学习和技能练习，课堂上则侧重于专项技能的实际应用和现场指导。

（二）教学内容安排

混合教学模式中的教学内容安排应涵盖理论与实践两个部分，确保学生在学习过程中能够兼顾知识与技能的提升。

1. 理论部分：体育文化、运动生理、营养知识等

理论部分主要通过在线学习的方式进行。学生可以在课堂外通过 MOOC 平台、学校自建平台等在线资源，学习体育文化、运动生理学、营养学等相关课程。例如，在体育文化部分，学生将了解体育的历史、价值及其对个人和社会的影响；在运动生理学中，学生学习运动对身体的作用机制，如何通过运动促进身体的健康发展；而运动营养学则帮助学生掌握如何通过合理的饮食和营养补充来支持运动和恢复。

这些理论知识通过线上学习平台为学生提供了更大的学习空间，可以随时随地进行复习与自我测试，确保学生能够在自己的节奏下全面掌握体育学科的基础理论。

2. 实践部分：专项技能训练、锻炼计划制订、在线打卡系统等

实践部分的设计更加注重学生的个性化训练和实际操作。传统的体育课中，教师

通常会根据大纲统一安排训练内容，但在混合教学模式中，实践部分应更加灵活，以满足不同学生的需求。例如，学生可以通过线上平台制订个性化的锻炼计划，根据自己的目标（如增肌、减脂、提高柔韧性等）进行针对性的训练。

通过在线打卡系统，学生可以在平台上记录自己的日常锻炼情况，教师根据数据对学生的锻炼效果进行反馈与指导，确保训练的连贯性和持续性。此外，学生也可以在平台上传视频或音频记录，进行自我分析或参与同学间的相互评价，从而增强学习的互动性与积极性。

3. 线上与线下实践相结合

在线学习与线下实训相结合，是混合教学模式的核心优势之一。学生在课堂上学习了基础知识和技能后，可以通过线上平台复习和补充相关内容，在课外时间进行自主实践或通过虚拟实境进行模拟训练。课外的实践活动如体育竞赛、运动会、课外锻炼等，将成为学生应用所学技能的实际场景。

（三）教学平台选择与建设

教学平台的选择是混合教育模式成功实施的关键之一。理想的教学平台不仅能够提供在线课程和资源，还能有效地追踪学生的学习进度和运动表现。

1. MOOC、SPOC、学校自建平台

大规模在线开放课程（MOOC）和小规模封闭课程（SPOC）是两种常见的线上学习平台类型。MOOC 适用于大规模的体育理论课程，学生可以通过自主学习视频、阅读资料等方式获取知识；而 SPOC 则更加注重班级内学生的互动和讨论，适合用于专题课程和项目式学习。

此外，许多高校还会建立自己的自建平台，通过平台进行课程管理、学习资源分享、学生进度追踪等。自建平台能根据学校的具体情况进行个性化设计，使教学更加贴合学校的需求，提升教学效果。

2. 数据追踪与反馈机制

数据追踪和反馈机制是混合教学模式中的重要组成部分。借助智能设备和运动追踪技术，学生的运动表现、训练效果可以实时记录并反馈到平台上。教师通过分析学生的数据，能够提供个性化的教学建议和指导，帮助学生及时调整训练计划，达到最佳的学习效果。

例如，利用智能手环、运动 App 等工具，教师可以实时查看学生的心率、运动强度、卡路里消耗等数据，并据此调整学生的运动量和训练强度，确保学生不会因过度训练而受伤，亦可避免训练不足导致效果不佳。

（四）教师角色转变：从知识传递者向学习引导者转变

在混合教育模式中，教师的角色将发生重要转变。从传统的“知识传递者”转变为“学习引导者”，教师不仅需要传授理论知识，还要根据学生的学习进度和需求进

行个性化的指导。在线上学习过程中，教师将更多扮演监督者和资源提供者的角色，而在课堂教学和实践环节，教师则通过实际指导、示范和个性化反馈来帮助学生提高运动技能。

教师还应积极促进学生自主学习和团队合作，通过引导学生参与项目式学习、开展小组讨论等活动，帮助学生深化对体育知识的理解和应用。此外，教师还应关注学生的心理状态，适时调整教学方式，帮助学生克服学习中的困难和挑战。

混合教学模式的设计在高校体育教学中为学生提供了更灵活的学习环境和更多样化的学习手段。从明确的教学目标设定、科学合理的教学内容安排，到教学平台的选择与教师角色的转变，每个环节的设计都紧密围绕着提高学生的健康素养和专项技能水平。通过线上与线下的深度融合，高校体育教学的效果将得到显著提升，学生的综合素质也将得到全方位的发展。

三、高校体育混合教学的实施策略

随着信息技术的迅猛发展以及教育理念的不断更新，传统高校体育教学模式正逐步向多元、灵活、个性化方向转变。混合教学作为融合线上与线下教学优势的新型教学模式，已逐渐成为高校体育课程改革的重要方向。其在提升教学效率、激发学生学习兴趣和增强实践效果等方面展现出独特优势。为实现混合教学在高校体育教育中的高效实施，需从课程结构、教学互动、技术支持与评估机制四个核心方面进行系统性设计与深度优化，以构建科学、高效、可持续发展的教学模式。

（一）课程结构设计

科学合理的课程结构是混合教学成功的基础。高校体育混合教学应基于体育课程的实践特性与知识理论的双重需求，将线上资源与线下教学有效融合。课程结构的安排应突出“理论引导—技能训练—实战应用”的递进逻辑，构建多维度的学习路径。

具体而言，线上教学应利用教学平台提供的视频讲解、动画演示、理论资料等，帮助学生构建运动技能与健康知识的理论框架；而线下教学则着重开展实地训练、技能操作、身体素质测试与小组合作项目，强调运动过程中的身体感知、团队配合与实战能力。

在时间比例设置方面，一般建议线上与线下教学时间控制在4：6或3：7的合理范围内，以保证线上理论学习的系统性与灵活性，同时兼顾线下体育实践的必要性和不可替代性。在任务分配方面，教师可依据教学目标与学期进度，阶段性设置学习任务，如每月一次线上理论测试、每周技能动作打卡、小组合作任务等，使学生在目标导向下循序渐进地提升综合素养。

（二）教学互动机制

互动机制是提升学生参与度和学习深度的重要保障。在混合教学环境中，教师应注重构建线上与线下相结合的立体化互动体系，以增强学生的归属感与主动性。在线上教学方面，可依托教学平台中的互动模块设计多样化交流活动，如开设“每周运动打卡分享”专栏、设立“技术难点问答专区”以及组织“课后挑战赛”等，激励学生积极表达观点、展示运动成果、相互学习借鉴。同时，教师应及时在线回应学生问题，营造积极、平等的交流氛围，增强线上学习的温度与互动感。

在线下教学中，应注重实战互动与团队协作的组织。例如，安排小组设计与执行健身训练计划、开展校内运动项目策划竞赛、组织技术演示与讲评等活动，既提升了学生的运动实操能力，又促进了其协作能力与领导力的培养。线上与线下的互动应互为补充，形成闭环式的教学支持系统，避免“线上线下两张皮”的情况。

（三）技术工具支持

现代技术工具的融合为混合教学的高效实施提供了坚实支撑。高校在推进体育混合教学过程中，应充分利用各类数字化工具与智能设备，提升教学管理的便捷性与教学过程的精准性。常用的技术工具包括：运动类 App（如 Keep、悦动圈）可用于学生日常锻炼的计划制订与打卡记录；可穿戴设备（如智能手环、智能手表）可实时监测运动心率、步数、卡路里消耗等关键生理数据；在线评测系统与成绩分析平台则有助于教师跟踪学生的学习情况、运动表现与体能提升趋势。教师可基于收集到的多维数据，进行个性化的运动建议与差异化指导，从而提升教学的科学性和个体适应性。例如，通过分析某一学生的心率变化和训练频率，教师可以判断其锻炼是否达到目标强度，并给予针对性反馈与鼓励。此外，教学平台还可用于任务布置、资源推送、在线测验与成绩反馈，显著提高了教学的组织效率与延续性。

（四）评估方式的多元化

评价机制的优化是混合教学体系的重要环节。高校体育混合教学的评估应从单一的终结性评价向形成性、过程性与综合性评价转变，以更全面地反映学生的学习过程与能力提升。在理论层面，教师可通过在线测验、课后作业等方式考查学生对体育相关知识、运动原理、健康理念等内容的掌握程度。在实践层面，应结合学生平时的技能训练、体能测试、项目参与等情况进行量化评估，如通过视频提交动作完成情况、线下技能测试成绩、小组合作表现等进行综合判断。同时，应注重学生学习行为的过程性记录，如锻炼任务的完成频率、参与线上讨论的活跃程度、自主学习时间与内容等。基于此类数据，教师可构建学习档案并进行阶段性反馈，使学生明确自身优势与待提升之处。引入动态追踪与形成性评价机制，有助于激发学生持续投入学习过程，并提高其自我监控与调节能力。

此外，评估结果应注重发展性与反馈性，不仅用于打分，更应用于指导学生改进学习方法与提升锻炼成效，从而真正实现“以评促学、以评促练”的教学目标。

第六章　运动训练的原理与方法

第一节　运动训练的理念及发展创新

一、运动训练理念

（一）教育性训练理念

1. 教育性训练理念的内涵

在运动训练过程中，教师要重视对学生的文化教育和素质培养，并注意强调这一方面的重要性，从而使训练和教育紧密地融合在一起，达到训练与教育相结合、相协调、相促进的效果，这对于促进运动训练效果的提高具有积极的作用。

2. 教育性训练理念的理论基础

教育性训练理念的理论基础是多方面的，为了对这一理念有一个更加深入、全面的了解，从以下两个方面来介绍其理论基础。

（1）运动员的健康成长与自身文化教育水平有密切的关系

运动训练是一种社会活动，这一社会活动能否顺利进行，主要取决于教练员、运动员、管理人员和科技人员等相关人员是否能够积极参与运动训练活动，并在活动过程中密切配合。由此可以看出，教师与学生这两个运动训练中的主体的知识水平是影响竞技运动发展的重要因素。现阶段，在运动训练过程中，学生主体性难以得到充分的发挥，而且学生文化素质的培养也没有得到应有的重视，所以导致了以往运动训练中的一系列的不科学现象，具体表现为以下几个方面：训练方法与手段单一，过分强调身体素质、技战术修养、心理素质等的训练，轻视对学生文化和人文素质的培养，使得大部分学生在激烈竞争的训练和比赛中显得力不从心。这就在很大程度上制约了运动的发展，并且导致运动出现滞缓现象。

（2）学生运动水平的提高与其自身的文化素质水平相关联

现代运动的较量，主要表现在体能、技能、心智能力等几个方面的较量。在某些条件下，心智能力要比体能、技能更重要，尤其是随着学生年龄的增长，心智因素的影响就显得更为明显。一般情况下，具有较高运动智能的学生，之所以能够大幅度提高自身的竞技能力，除了由于能够较为深刻地把握运动的特点和规律，并且能够更准确地认识运动训练理论和方法外，还因为能够对教师的训练意图有更正确的理解，在高质量地完成预定的训练计划中能够与教练员完美配合。与此同时，更准确地把握运动战术的精髓和实质、在比赛中灵活机动地运用战术、动员和控制自己的心理活动等也是高智能学生竞技能力水平较高的重要因素。

（二）人文操作性训练理念

1. 人文操作性训练理念的内涵

在运动训练中，人文操作性训练理念的内涵主要从以下四个方面体现：①强调对运动员的尊严与独立的重视；②对运动员思想与道德的关注；③对运动员权利的关注；④对运动员生存状况与前途命运的关注等。

2. 人文操作性理念的理论基础

人文操作性训练理念的理论基础同样是多方面的，下面主要从三个方面来介绍人文操作性训练理念的理论基础。

（1）人的行为的实施在一定程度上受到其自身感知或信念体系的指导

人的行为受其自身感知或信念体系的影响。从人文主义、感知经验主义的角度来说，人之所以能够有行为，主要是因为有人的感知或信念体系的指导。从人本主义的角度来说，所谓的人文操纵的方法，就是教练员或领导者必须按照他们的信念体系和他们要领导的运动员或人员的信念体系来认识领导工作。

（2）运动水平的提高，基础性的要求是与自然规律和价值规律相符合

运动是自然规律和价值规律的双重存在。现代运动训练要求讲求科学性，并且符合该项目运动的客观规律。因此，为了取得理想的训练效果，在进行运动训练时，不仅要符合科学规律，而且还要在追求目标与实现目标的过程中符合人类正常的价值规律。除此之外，不仅要体现人文特征，而且还要将科学性与人文特征相结合、相统一，从而达到真与善的统一。

（3）人的主体性是人文的重点，人与技术的关系因此更加明确

人文不仅凸显了技术的灵动，而且也摆脱了“技术”对“人”的控制，这就明确了人的主体性以及人与技术的关系。运动训练的过程就是教育的过程，教育重视的是发展内在动力，行动力是由内在动力引导而来的。

（三）技术实践性训练理念

1. 技术实践性训练理念的内涵

在运动训练过程中，学生的训练不仅要符合运动训练的一般规律，而且还要符合竞技项目的本质特征及规律。学生本身具有双重性，他们不仅是技术的主体，同时也是技术的客体。技术的物质手段作为客体，与作为主体的主观精神因素是统一的。

2. 技术实践性训练理念的理论基础

下面主要从两个方面来介绍技术实践性理念的理论基础，同时这两个方面也是运动员在运动训练中要注意的两个要点。

（1）技术实践性训练理念要与事物的客观规律相符

技术实践性的基本要求就是求真。具体来说，运动的技术实践性的训练要符合事

物的客观规律，也就是说运动要与运动项目的本质特征及规律相符。所谓的求真，就是在运动训练过程中，要以运动的本质特点和规律为主要依据，科学指导运动训练过程，力争做到结合实际，并且与事物的客观规律相符合。

（2）技术实践性理念要遵循从实际出发的原则

在现代运动训练中，一切都要以符合实战为主，从实际出发和结合实战是对技战术进行训练最有效的方法。运动员只有通过不断的练习，才能够在比赛中有轻松、熟练和优秀的表现。要想取得理想的比赛成绩，一定要做到积极训练，并且训练要与比赛的情况尽可能一致，最大限度地包括比赛过程中出现的所有因素，这样才能取得良好的训练效果。

二、运动训练理念的发展创新

（一）运动训练理念亟须引入创新思维

回顾运动训练理念的演进历程不难发现，其发展始终是在科学理论与实践经验的持续碰撞与互动中不断丰富和深化的。正是这种理论与实践之间的张力，激发了竞技体育领域源源不断的创新思维。在训练实践中，研究者往往通过突破常规认知模式，对训练对象的结构、顺序、属性、强度等进行重新理解和组织，从而催生出新的理念和方法。例如，力量训练中“正金字塔”与“倒金字塔”训练结构的互换组合，以及速度与耐力训练中组数与次数的逆向调整，均体现了逆向思维在训练中的运用。田赛项目轮次规则的变革，也体现了运动理念的逆变特性。

此外，在具体训练实践中，不乏典型案例印证创新思维的价值。如徐福生在足球训练中打破传统教材的顺序安排，从相对复杂的运球技术入手，并以过人技术为核心构建教学体系，使学生的技术掌握效率显著提高。类似地，球类运动中所采用的“扬长避短”“以奇制胜”“黑马奇兵”等战术变化，实际上都是在重新排列或融合技战术因素中形成的创新实践，推动了竞技项目技术与理念的迭代更新。这些实例表明，创新思维已成为现代运动训练理念发展中的关键动力。

（二）运动训练理念的动态演化

运动训练作为一种开放性的实践活动，其本质并非对既有行为模式的简单重复，而是在不断适应变化、拓展边界中持续演进。因此，作为其指导思想的训练理念也不可能保持静止状态。随着训练实践中新情况、新问题的不断出现，原有理念在解释力和指导力上的局限性也日益凸显，进而促使训练理念进行更新与重构。

训练理念的变化不仅反映了项目发展阶段、运动员个体差异和训练环境的多样性，更体现了人们主观认知对客观现实不断趋近的过程。然而，这种“理念—现实”的统一并非绝对，而是相对的，因为人的认识总是处于不断接近而永不能完全覆盖客观实际的状态。当原有理念与实践之间的偏差逐渐显现并扩大，理念的革新便成为必然。

在当代科技飞速发展、技术手段深度渗透竞技训练的背景下，运动训练活动发生了深刻的结构性转变，这也对教练员的训练理念提出了更新与重构的要求。大量实践已表明，运动员成绩的显著提升乃至整个项目水平的跨越发展，往往与训练理念的优化密不可分。科技进步、经济提升与社会发展为训练理念的演化提供了丰厚土壤。在这一过程中，传统理念并未如某些观点所言“自然衰亡”，而是经历调整、吸收、融合与再创造的过程，借助跨学科资源实现理论的自我更新与再生，展现出新的生命力与发展潜能。

第二节 运动训练的基本原理及原则

一、运动训练的基本原理

（一）运动训练的运动学基础

运动学基础主要指的是运动技能的基础。所谓的运动技能是指人体在运动中掌握和有效地完成专门动作的能力，也就是在准确的时间和空间里大脑精确支配肌肉收缩的能力。提高运动技能依靠人们对人体机能客观规律的深刻认识和自觉运用。

1. 人体运动系统的构成

（1）肌肉

肌肉组织主要由肌细胞组成，肌细胞为细长的细胞，故亦称肌纤维，是肌肉的基本结构和功能单位。每条肌纤维外面皆由一层薄的结缔组织膜包裹，称为肌内膜。数条肌纤维构成肌束，一个个的肌束表面也由肌束膜包裹。肌束再合成从外表看到的一块块肌肉，外面包以结缔组织膜，称为肌外膜。肌肉中，水分约占 3/4，另外 1/4 为固体物质（如能量物质、蛋白质、酶等）。

人在参加运动的过程中，其动力是由骨骼肌不断地运动来提供的，骨骼肌在神经系统的支配下，收缩牵动骨骼，维持人体处于某种姿势，或产生人体局部运动，最终促进机体完成运动所需的各种动作。人体内脏器官的活动也离不开相应的平滑肌和心肌的作用。

骨骼肌是指附着于骨骼上的肌肉，是肌肉的一种。骨骼肌在人体内分布广、数量多，是运动系统的主体部分。人体内约有 400 块大小不一的骨骼肌，约占体重的 36%c ~40%c。成年男性约占 40%c，成年女性约占 35%c。可分为中间庞大的肌腹和两端没有收缩功能的肌腱，肌腱直接附着在骨骼上。骨骼肌收缩时通过肌腱牵动骨骼而产生运动。肌腱由排列紧密的胶原纤维束构成，肌腱内胶原纤维互相交织成辫子状的腱纤维束。肌腱的一端与肌内膜、肌束膜和肌外膜相连接；另一端与骨膜紧密结合。肌腱本身虽无收缩能力，但能承受很大的拉伸载荷，而肌腹的抗张力强度远远不及肌腱。

（2）骨骼

骨骼是由骨膜、骨质、骨髓及血管、神经所构成的，它以骨质为基础，表面被骨膜包裹，内部充满骨髓。骨是人体运动系统的重要组成部分，对运动员的运动训练起着至关重要的作用。但是骨的功能不仅仅体现在它的运动功能上，它还有支撑身体的功能、保护脏器的功能、造血的功能、运动的杠杆功能、储备微量元素的功能。

（3）关节

关节是骨与骨之间借助于结缔组织、软骨或骨的一种连接。借助它连接起全身的骨骼，从而对整个人体起到支撑和保护的作用，特别是人体的运动更加依赖关节的活动是否顺畅。

关节主要是由关节面、关节囊和关节腔所组成的，辅助以韧带、关节内软骨和关节唇等结构。根据关节运动轴的多少和关节面的形状等因素，可以将关节分为单轴关节、双轴关节和多轴关节三种形式。也可以根据两骨间连接组织的不同，将关节分为纤维性关节、软骨关节和滑膜关节。

2. 运动过程中人体机能的变化

（1）比赛前后身体机能变化的基本过程

在运动训练的过程中，多重刺激源作用于运动员机体，引起各器官系统的机能发生一系列变化。依据机能表现形式，大致可分为赛前状态、进入工作状态、稳定状态、运动性疲劳和恢复过程五个阶段。

①赛前状态

运动员在训练前，某些器官、系统产生的一系列条件反射性变化称为赛前状态，赛前状态可出现在比赛前数天、数小时或数分钟。

②进入工作状态

在训练活动开始后，虽然经过了一定的准备活动适应，但是人体并不能立刻达到最高的水平，而是一个逐步提高和适应的过程，这一过程被称为进入工作状态，其实质就是人体机能的动员。

③稳定状态

当机体逐渐适应比赛时，则进入稳定状态，这时，人体的机能活动在一段时间内保持在一个较高的变动范围。

④运动性疲劳

机体在运动过程中会产生一定的运动能力暂时下降的现象，一般称之为运动性疲劳。该现象是由运动训练负荷引起的一种正常的生理现象。适度的疲劳可以刺激机能水平不断提高，但发展到一定程度时就会出现过度疲劳，可能会造成机体损伤以致损害健康。

⑤恢复过程

恢复是指人体在运动之后，人体的各项生理功能恢复、能源物质补充、代谢物排出等一系列变化。运动时体内代谢过程加强，不间断地代谢以满足运动时能源的补充需要，在运动中及运动停止后能源物质都在不断进行补充和恢复，只不过运动中的能量消耗大于补充，运动后的体内能量消耗慢而小于补充。

（2）一次训练中身体机能变化的基本过程

人在运动的过程中，运动训练负荷作为一种刺激，必然会引起各器官系统机能发生一系列应激性反应。在运动训练前后，这些反应可表现为耐受、疲劳、恢复和消退等不同阶段。

①耐受阶段

在运动训练开始阶段，人体的各项机能会在一定的水平上维持一段时间，并不会马上表现出衰减或降低，这一阶段称为“耐受阶段”。在这段时间内，由于机体已经从上次训练课中得到不同程度的恢复，会表现出比较稳定的工作能力，能高质量地完成各项训练任务。训练的主要任务正是在这个阶段完成的。

②疲劳阶段

经过一定时间的运动训练负荷的刺激，人体会产生一定的疲劳状况，机能能力和效率都会逐渐下降。达到何种程度的疲劳深度，正是训练安排所要达到的目的。只有机体达到一定程度的疲劳，机体在恢复期才能发生结构与机能的重建，运动能力才能不断提高。

③恢复阶段

训练结束后，即进入了恢复阶段，机体开始补充所消耗的能源物质、修复和重建所受到的损伤并恢复紊乱的内环境。机体在恢复阶段恢复的速率主要受两方面影响：一方面，身体的耐受阶段持续时间的长短，耐受阶段持续时间越长，则疲劳程度越深，恢复需要的时间就越长；另一方面，运动结束后能量的补充是否及时，能量补充越及时到位，则恢复的速度越快。

④消退阶段

超量恢复不会一直持续，它会随着时间的进行而逐渐消失，而如果不及时在超量恢复的基础上施加新的刺激，已经形成的训练效果就可能会逐渐消退。

运动效果保持的时间和消退速率主要取决于超量恢复的程度，所出现的超量恢复现象越明显，保持的时间相对越长。因此，在安排运动训练的内容时，不仅应重视训练负荷安排的合理性，而且必须重视运动训练后的恢复，并在出现超量恢复后及时安排下一次训练。

（3）运动训练对人体运动系统的影响

经常参加运动训练对人体运动系统有着重要的影响，其影响主要表现在以下几个方面。

①运动训练对肌肉的影响

参加运动训练能够充分地发展骨骼肌，使其肌纤维增粗，肌肉的体积增大，肌肉力量增加。该项运动能够使肌纤维中线粒体数目增多，肌肉中脂肪减少，从而减少肌肉收缩时的摩擦，即肌内膜、肌束膜、肌腱和韧带中的细胞增殖、增厚、坚实、粗壮；肌肉内化学成分发生变化，如肌糖原、肌球蛋白、肌动蛋白和水分等含量都有增加，从而使 ATP 加速分解，与氧的结合能力增强，有利于肌肉收缩，表现出更大的力量；可使肌肉中毛细血管增多，改善骨骼肌的供血功能。因此，经常参加运动训练的人的肌肉会显得发达、结实、健壮、匀称有力，收缩力强，运动持续时间更长。

②运动训练对骨骼的影响

青少年新陈代谢旺盛，在这一时期进行合理的运动训练，对骨的生长和发育有着良好的作用。经常参加运动训练，可使骨表面的隆起更为显著，骨密质增厚，管状骨增粗。这一系列骨形态结构的改变，使骨的抗压、抗弯、抗折断和抗扭转等机械性能得到提高。

骨的这种良好变化，与肌肉的牵拉作用有密切关系。肌肉力量的增加与骨量的增加有着显著相关性，且骨量增加部位与肌肉训练部位有关。当肌肉力量增大，肌肉收缩对骨骼产生的应力刺激可有效提高成骨细胞的活性。

③运动训练对关节的影响

定期适量的运动训练可以使骨关节面的密度增加、骨密质增厚，从而越发能够承受更大的运动训练负荷。由于运动训练项目不同，它对关节柔韧性所起到的作用也就不同。如乒乓球、羽毛球、篮球等项目，对于参与者的急转、急停能力的要求极高，这就需要参与者拥有良好的关节柔韧性。同时，关节的稳固性和灵活性又是一对矛盾，因为肌肉力量大，韧带、肌腱、关节囊就会增厚，这对关节稳固性和防止关节损伤有很大好处，但这样又势必会影响关节的灵活性。所以，在进行运动训练时，运动者要处理好关节的这对矛盾。

（二）运动训练的生理学基础

1. 物质代谢

食物中包含多种营养素，人体从食物中摄取各种营养物质，经血液循环输送到各个人体器官，通过相应的代谢为人体提供能量。糖、脂肪和蛋白质等营养物质经人体吸收后，人体的组织、细胞一方面通过合成、代谢构建和更新自身储存的能源物质，另一方面通过分解代谢（氧化分解）产生能量。物质代谢又主要包括以下几种。

（1）脂肪代谢

脂肪分解代谢产生的能量是长时间中低强度运动的主要供能物质。人体的肌肉组织中储存着少量的脂肪，在运动时产生一定的能量。当脂肪的动用（氧化）增加时，血浆中的游离脂肪酸即透过肌细胞膜进入肌细胞被氧化，而脂肪组织则水解成甘油和脂肪酸进入血浆中，以补充被消耗的游离脂肪酸。因此，脂肪首先是在酶作用下水解成脂肪酸和甘油来释放能量的。

（2）糖类代谢

食物中的葡萄糖经消化吸收后，汇集于门静脉，经肝进入血液循环，其中大部分运到各组织合成为糖原和含糖化合物，其中最主要的是到肝中合成肝糖原储存，一部分转变为脂肪和氨基酸，血液中保留的一部分糖称为“血糖”，另一部分直接供组织氧化利用放出能量，同时产生 CO_2 和 H_2O 并将其排出体外。糖的氧化分解是供应人体活动所需能量的主要来源，全身各组织都能进行这一反应。糖的氧化分解包括无氧分解和有氧氧化两种主要方式，从本质上来讲，这两种形式是同一过程在两种情况下（缺氧与氧供应充足）的不同反应方式，其反应过程在前一阶段是完全相同的，差别是在丙酮酸产生以后。糖的无氧氧化产生乳酸；氧供应充足时，丙酮酸继续氧化生成 CO_2 和 H_2O，并释放出蕴藏在分子中的能量。

（3）蛋白质代谢

蛋白质是人体生命活动的重要组成部分，也是人体重要的能源物质之一，与机体运动之间存在着非常紧密的联系。它在调节机体各种生理功能中起着不可替代的作用。一般来说，蛋白质不能直接提供人体运动所需的能量，为人体提供能量只是蛋白质的次要功能，只有在某些特殊情况下，如长期饥饿、疾病或体力极度消耗时，人体才会依靠蛋白质氧化供能。但蛋白质分解代谢过程中能产生许多物质，对糖和脂肪的供能有着重要的作用，同时，蛋白质的分解代谢和合成代谢平衡是维持人体生命活动的基础。蛋白质主要参与实现人体代谢更新，由于其主要由氨基酸组成，因此，其代谢过程是以氨基酸代谢为基础的。蛋白质的代谢需要很多激素参与调节，如肾上腺素和甲状腺素能促进蛋白质的分解，表现为甲亢时，甲状腺素分泌增加，人体蛋白质分解增加，人体逐渐消瘦；当生长激素分泌增加时，人体蛋白质合成增加，肌肉健壮。

2. 能量代谢

（1）人体物质能量储备

人体通过消化系统摄取必要的能量物质，这些物质在人体中通过生物氧化反应，分解成一些代谢物，同时释放出大量的能量，这些能量通常大部分以热能的形式释放于体外，还有一部分则转化为化学能，储存在一种称之为三磷酸腺苷（ATP）的高能磷酸键中，人体活动的直接能量就来源于三磷酸腺苷的分解，肌肉收缩需要 ATP 供能，消化管道的消化和吸收都需要 ATP 供能。ATP 的重新合成需要糖、脂肪和蛋白质的氧化分解供能。ATP 的再合成有多种途径，就其供能系统而言，主要有以下三种。

第一，磷酸原系统（三磷酸腺苷-磷酸肌酸，ATP-CP）。它是由细胞内的 ATP 和 CP 这两种高能磷化物构成，具有供能绝对值不大、持续时间很短的特点。但是，它供能快速，因为 ATP 是体内唯一的直接能源，所以其能量输出功率最高。

第二，有氧氧化系统。它是指在氧供应充分的条件下，糖和脂肪完全分解生成二氧化碳和水，同时生成大量的能量，使 ADP 再合成 ATP。有氧氧化系统能生成丰富的 ATP，不生成乳酸之类导致疲劳的副产品，它是人进行长时间体力活动的主要供能系统。

第三，乳酸能系统。乳酸能系统又称为无氧糖酵解系统。它的能量产生是靠肌糖原的无氧酵解，最后产生乳酸，而放出的能量由二磷酸腺苷（ADP）接收，再合成 ATP，它是在机体处于缺氧的情况下的主要能量来源。乳酸能系统对人体进行能量供应，它的作用与磷酸原系统一样，能在暂时缺氧的情况下迅速供能。

在进行不同项目的训练时，运动者应根据自身的年龄、身体条件以及个人需要来选择适合的能量系统作为主导作用的运动项目，同时还要注意所选择的运动手段和项目的科学化。运动者除了选择有氧氧化系统的项目外，还可以适当选择乳酸能系统供能的项目，发展身体的无氧耐力。

（2）运动中三大供能系统活动的关系

在人体运动过程中，人体运动形式不同，则其不同的能量代谢系统提供能量的能力和速率也会不同。磷酸原系统和乳酸能系统都供应能量，但 ATP 和磷酸肌酸的最终合成以及糖酵解产物乳酸的消除却要通过有氧氧化来实现。所以，肌肉活动所需能量的最终来源是糖和脂肪的有氧氧化。人体中磷酸原系统供能的绝对值不大，在运动中维持的时间也很短，但是能在短时间内快速作用。

总体来说，人体在运动过程中，各供能系统之间的关系与运动训练负荷的强度和持续时间密切相关。在0~180 s最大运动时，各供能代谢系统的基本活动主要表现为如下特点：在1~3 s的全力运动中，基本上由ATP提供能量；在完成10 s以内的全力运动时，磷酸原系统起主要供能作用；30~90 s最大运动时，以糖酵解供能为主；2~3 min的运动，糖有氧氧化提供能量的比例增大；而超过3 min以上的运动，则基本上是有氧氧化供能。

随着人体运动时间的延长，供能物质由以糖有氧氧化为主逐渐过渡到以脂肪氧化为主。总之，人体在运动中，并不是由一个供能系统完成供能的，在有一个主要的供能系统基础上，其他的供能系统也会参与其中，共同完成人体运动所需要的能量供应。

每个供能系统都有其独特的特点和供能能力，供能系统不同，所需要的能源物质也不同，运动中的输出功率和供能时间也会有明显的差异。

3. 运动与呼吸

运动员在运动训练的过程中，机体与外界环境之间的气体交换称为呼吸。呼吸系统包括呼吸道和肺，而呼吸道是一系列呼吸器官的总称，这些器官包括鼻、咽喉、气管、支气管。人体的呼吸过程由外呼吸、内呼吸和气体运输三个环节构成。

呼吸系统是氧运输系统的重要组成部分，其主要机能是实现机体与外界环境的气体交换，以使血液中的氧分压、二氧化碳分压、酸碱度维持在正常生命活动所允许的范围之内。人体通过肺实现与外界气体的交换，通过血液实现气体的输送和排出。人体在运动时，机体代谢旺盛，所需氧量及二氧化碳排出量明显增加，呼吸系统加强，所以运动训练（特别是耐力训练）必将使呼吸系统的形态、机能产生适应性变化。

呼吸肌主要是膈肌和肋间外肌。当膈肌收缩时腹部随之起伏，肋间外肌收缩时胸壁随之起伏。因此，以膈肌运动为主的呼吸形式称腹式呼吸，以肋间外肌运动为主的呼吸运动称胸式呼吸。成人的呼吸一般都是混合式的。呼吸形式与年龄、生理状态、运动专项等因素有关。在进行运动训练时，要根据动作的特点灵活转变呼吸方式。

4. 运动与心率

心率是运动生理学中最常用而又简单易测的一项生理指标。在运动实践中常用心率来反映运动强度和运动训练对人体的影响，并用于运动员的自我监督或医务监督中。成年人静息时心率在60~100次/min，平均为75次/min，但随着年龄、性别、体能水平、训练水平和生理状况的不同而有所不同。

一般来说，人的心率会随着年龄的增长而有所减慢，至青春期时接近成年人的频率。在成年人中，女性心率比男性快3~5次/min。有良好训练经历或体能较好者心率较慢，尤其是优秀耐力运动员静息时心率常在50次/min以下。在运动的过程中，人的心率会逐渐加快，随着运动强度的增加，心率也会相应地增快，因此，心率也是判断运动训练负荷的一项简易指标，能够在一定程度上反映运动员的体能水平以及运动训练的水平。

二、运动训练的原则

运动训练的原则是运动员参加运动训练需要遵循的基本准则。这些原则是在长期的运动训练实践中积累起来的具有普遍意义的概念总结和有关科学研究的成果，反映了运动训练的客观规律。运动训练中运动员如不遵循这些基本原则，盲目地进行训练，不仅不能促进身心全面发展，获得良好的训练效果，反而易引起运动损伤或者运动性疾病，损害健康。下面对运动训练的基本原则进行具体介绍。

（一）竞技需要原则

竞技需要原则即指根据提高运动员竞技能力及运动成绩的需要，从实战出发，科学安排训练的阶段划分及训练的内容、方法、手段和负荷等因素的训练原则。贯彻这一原则可使训练更好地结合专项的特点和专项竞技比赛的需要，提高运动训练的专项针对性、实战性和实效性，争取获得满意的竞技比赛成绩。

贯彻竞技需要原则，需要注意以下几个方面。

第一，要围绕运动训练的基本目标，全面安排好训练和比赛。

第二，正确分析专项竞技能力的结构特点。每个运动项目由于其专项的特异性，决定了其竞技能力构成因素的差异性。对不同专项竞技特点和运动员竞技能力结构特点的分析，正是确定不同项目训练负荷内容的重要基础。

第三，依据竞技需要原则的要求，负荷内容和手段的选择是由不同专项竞技能力的主要因素与运动员自身的具体情况决定的。

第四，注意负荷内容的合理结构，因此，训练过程中，在熟练掌握合理动作的基础上，应将主要精力放在如何更有效地提高体能水平上，以获得更大的力量、更快的速度和更强的耐力，从而实现竞技水平的不断提高。同时，对同一项目的不同运动员，还要根据运动员自身竞技能力的特点和对手的特点，安排好心理训练的内容和手段。

（二）动机激励原则

所谓动机激励原则，指的是在运动员以个体为主的运动训练过程中，更好地激励其培养具备良好的运动训练动机和行为，在完成训练任务的过程中更加积极主动的训练原则。在运动训练中，要通过各种合理的途径和方法激励运动员主动从事训练。

遵循动机激励原则就是要不断激励运动员的运动训练积极性和主动性，培养其自我调控能力、独立思考能力以及创造能力。其有如下几个方面的具体要求。

第一，要满足运动员的基本生活需求。实践证明，人们只有在基本的物质得到一定的保障之后，才会进行更高层面的追求。所以，在运动训练中，运动员的物质生活需求要得到一定的保障，同时还要注意其人身安全等。只有这样，才能更好地引导其形成实现自我价值的更高层次的目标和追求，从而才能产生良好的运动训练动机。

第二，要对运动训练的目的性和运动员正确的价值观进行培养，使其逐步形成自觉从事运动训练的态度和动机，引导其从不同的角度和层次认识参与运动训练的意义和价值，培养其正确的价值观。

第三，在运动训练中，要以运动员为主体。这就要求教练员在对运动员进行运动训练时，必须注意以下几个方面：一是明确运动员的主体地位；二是要注意有意识地培养运动员独立思考的能力，三是要引导运动员提高和加强自我反馈的能力，培养运动员进行自我分析和评价的能力。

第四，在运动训练中，要选择科学的训练方式。对于过去那种简单、粗暴的“从严”训练方式，教练员要在正确认识和理解“从严”含义的同时，结合现代科学合理的方式对其进行调整和改变。

（三）适宜负荷原则

在训练过程中，要根据训练任务、对象水平与要求，科学合理地在各个训练环节中提高运动训练负荷量，直至达到最大负荷要求，这就是所谓的适宜负荷原则。因此，首先要以训练任务和对象水平及每个练习的目的、要求、负荷为主要依据来对运动训练负荷进行科学合理的安排。在训练过程中，运动训练负荷要经过加大、适应、再加大、再适应这样一个逐步提高的过程。

在球类运动的训练中，加大运动训练负荷，直至最大限度，首先要从训练任务和运动员身体状况、身体机能和训练水平出发，考虑运动训练负荷安排的合理性。训练过程的不同时期、周期、阶段及每一节训练课的任务都有所不同，运动员承受运动训练负荷的能力也不同，这主要反映在运动员承受负荷能力的大小和恢复的快慢上，以及对负荷强度和负荷量的承受能力上。因此，只有根据训练的不同任务和运动员的训练水平安排运动训练负荷，才是合理的。同时，在运动训练过程中，运动训练负荷的加大必须循序渐进。在加大运动训练负荷过程中要处理好负荷量和负荷强度的关系，掌握好负荷与恢复的关系。除此之外，需要注意的是，运动训练负荷的增加必须达到极限。因为只有极限负荷的刺激，才能将运动员机体的机能潜力充分挖掘出来，并且经过不断的训练形成超量恢复，才能够提高运动员的身体素质和运动水平，才能够达到参加激烈比赛、创造优异运动成绩的要求。

（四）区别对待原则

区别对待原则是指在运动训练中要根据运动员各方面条件及不同训练条件和不同训练任务等，有区别地确定训练任务，对训练方法、内容、手段和负荷有相应的安排。运动员在身体条件、心理品质和个性特征等方面都表现出明显的差异，因此在训练中要始终遵循和贯彻区别对待的原则。贯彻区别对待原则，有利于发掘运动员的潜力，防止训练中个别人脱离整体现象，只有进行正确的区别对待，有的放矢地进行训练，才能取得良好的训练效果。

（五）直观训练原则

直观训练原则是一种非常重要的运动训练原则，它是依据直观性与动作技能形成的教学论原理所确立的大学生运动员必须遵循的准则。其主要目的是使这些大学生运动员能更有效地完成技术、战术和智力训练的任务。在教学过程中，直观性教学有很多种手段和方法，而且现代运动训练更加强调直观性原则的运用。

在运动训练中，尤其是训练初期，遵循和突出教学训练的直观性十分重要，具体来说，应注意以下几点。

1. 合理地选用直观手段

选用各种直观手段时要注意选择那些目的性最强、最有成效的手段，并必须明确所选的各直观训练手段所能解决的主要功能，并根据不同对象、不同运动项目和训练内容的特点，选择和应用有针对性的直观手段。

2. 根据运动员的个体特征选择直观手段

选择和运用符合运动员个体特点及训练水平的直观手段，且不同训练水平的运动员在训练时，应采用不同的直观方法和手段，同时，还要注意采用不同的训练强度。

3. 运动训练中，应先进行直接示范

运动员掌握到一定的水平后，再通过录像、图解、直接观摩优秀运动员的表演和比赛等手段，同时结合清晰、准确、形象的讲解，以及教练员对运动员技术动作的观察分析，经过研究讨论，来启发训练者进行积极思维活动，并逐步找出体育运动的规律性。

4. 注意掌握运用直观手段的时机和方法

要根据不同年龄阶段运动员的感觉器官发育的敏感发展期的不同，合理地选择和运用直观手段。教师可用语言信号、固定的身体姿势或慢速动作，来加深运动员对空中的方位、肌肉用力情况进行体会等。

（六）系统训练原则

在现代运动训练中，只有坚持多年不间断地系统训练，才能对所要掌握的运动技能进行不断重复和巩固，才能完成运动技能系统化积累。另外，这种多年的系统性训练也是在现代竞技运动中获得优异运动成绩所不可或缺的一环。多年的系统训练和周期性训练是贯彻系统性原则的重要手段。

第三节　运动训练的方法及创新性探索

一、运动训练的方法

运动训练采用的方法有很多，具体要根据实际情况和需要进行有针对性的选用，以达到最佳的训练效果，下面介绍几种常见的训练方法。

（一）分解训练法

分解训练法是将一个完整的技术动作或战术配合过程科学合理地拆分成若干环节或步骤，然后针对每一环节进行有针对性的专门训练。这种方法特别适用于技术结构较复杂、难以通过整体训练直接掌握的动作，或者某些关键动作环节需要精细强化的情况。通过将复杂内容拆解，分阶段解决训练难点，可有效降低学习难度、增强动作掌握的精度与稳定性，从而提高整体训练效率。常见的分解训练法包括：单纯分解法

（逐个环节训练，后期整合）、递进分解法（从简单到复杂逐步过渡）、顺进分解法（按动作顺序依次训练）以及逆进分解法（从完成环节倒推训练过程）。这种方法强调“分中求整”，是掌握复杂技术动作的重要策略。

（二）完整训练法

完整训练法是指在不加拆解的前提下，运动员直接对某一技术动作或战术配合进行从头到尾的完整练习。这种训练方法能够帮助运动员建立对动作整体结构的全面理解，强化动作各部分之间的衔接与协调性，是提高技能稳定性和形成技术自动化的重要手段。完整训练法适用于动作结构较为简单、运动员已有一定技术基础或训练目标要求整体连贯性的情形。无论是单个技能动作、多动作组合，还是团队配合类项目，完整训练都可作为强化整体表现的重要方式，但其效果依赖于运动员已有的感知能力与运动经验，因此在运用时应注重与其他训练法的结合，避免盲目套用。

（三）变换训练法

变换训练法强调打破训练的单一性与重复性，通过变换训练内容、形式、强度和条件等多个维度，提升运动员的应变能力、适应能力和训练兴趣。该方法的提出基于竞技体育比赛的不确定性与多变性，旨在让运动员在不同条件和刺激下保持技术的稳定性和战术的灵活性。常见的变换方式包括：形式变换（改变练习结构与方法，如个人变集体、小场变全场）、内容变换（调整训练项目与任务，如从跑步转为变速跑或专项结合训练）、负荷变换（通过增减运动强度、时间、频率实现体能与心理挑战）。这一方法特别适用于中高水平运动员的综合能力训练，有助于实现从量变到质变的突破。

（四）循环训练法

循环训练法是一种有组织、有节奏地完成多个练习任务的综合训练方式。它将训练内容划分为若干个“站点”或“段落”，运动员按照既定顺序依次完成每个任务，从而在一个训练周期内实现对多个能力目标的全方位刺激。此法的优势在于可提高训练密度，增强训练趣味性，并避免训练过于单一而引起的疲劳积累或兴趣下降。循环训练可根据训练负荷间歇设置的不同，分为循环重复法（每个站点重复进行，强调专项强度）、循环间歇法（训练与休息交替安排，注重恢复与适应）、循环持续法（无明显间歇，强调耐力与意志品质）。此外，“站”代表单个练习点，而若干站点组合成的“段”可强化训练连续性与挑战性，适合进行综合性体能或专项模拟训练。

（五）比赛训练法

比赛训练法是在接近真实比赛条件下进行的一种高仿真训练方式。它依照正式竞赛的规则、场地设置和心理情境，组织运动员进行对抗性演练，目的是增强实战能力、调节心理状态、提升综合竞技水平。该法建立在人类天生的竞争欲望、表现动机和竞技能力形成规律的基础上，是连接日常训练与正式比赛的重要桥梁。根据训练目标的不同，比赛训练法可分为教学性比赛法（以掌握规则和技能为目的）、模拟性比赛法（营造实战环境，提升应变能力）、检查性比赛法（检验训练效果、发现问题）、适应性比赛法（帮助运动员熟悉比赛节奏、应对临场压力）。它适用于训练周期的后期阶段或比赛前的临战准备期，有助于提升运动员的技战术综合应用能力和心理抗压能力。

（六）综合训练法

综合训练法是指把重复训练、循环训练、变换训练等各种训练法结合起来运用，或者在一组训练中安排各种技术训练、灵敏训练、力量训练等多种内容的训练方法。

在训练实践中，以上各种训练方法并不是单一的存在和使用的，因此，需要通过综合训练来灵活地调节运动员的训练负荷与休息，使其更圆满地达到训练要求，从而促进运动员运动素质和运动水平的全面提高。

综合训练法变化很多、组合多样，具体可以根据不同性别、年龄、身体状况、锻炼水平的运动员的需求进行适当的变化、调整，以期取得理想的训练效果。

随着现代科学技术的进步，运动训练方法从理论到实践不断推陈出新、日新月异。目前，社会各界有识之士非常重视改变传统经验的训练法，借助新的科学理论，运用新的模式的训练方法正在不断被尝试和创新。

当前，随着竞技体育运动的发展、科学技术的进步以及人们认知的不断提升，运动训练的方法正在向多样化方向发展，训练方法日益多样化主要得益于运动员和教练员在运动训练方面积累了丰富的经验，因此，他们总结了多种多样的训练方法来指导训练实践。现代运动训练更加注重实效性和技术完善。传统的训练方法在运动训练中得到了保存，同时由于高科技手段的引进，新的训练方法在运动训练中不断得到应用，新的训练方法与传统的训练方法相结合，使得运动训练更加科学、有效，正因如此，才促使运动员不断突破极限，在比赛中不断刷新纪录。

二、运动训练方法的创新性探索

（一）破旧立新：打破定式，建立新范式

所谓“破旧立新”，意指打破传统固有的训练模式与思维框架，主动寻求训练理念与方法的革新与重构。教练员应定期反思和审视自身的训练体系，判断其是否陷入机械化、陈旧化，是否难以适应运动员技能发展的新需求，或是否已滞后于竞技体育的发展趋势。当原有方法不再奏效或无法推动运动表现的持续进步时，就需要通过创造性思维探索新的解决路径。这一过程不仅要求更新技术手段，更需从训练理念、组织形式、评估机制等多方面入手，积极构建具有前瞻性和实践价值的新型训练体系。

（二）逆向思维：颠覆传统，激发创新路径

传统的训练方案往往受制于经验、权威和既定观念，容易形成思维惯性，从而限制创新的发生。为应对快速变化的竞技环境，必须善于运用逆向思维方式，即跳出常规思维路径，从相反方向思考问题，发现潜在规律。通过对训练目标、方法、计划等

内容进行“反向推演”或“倒置审视”，能够有效突破思维壁垒，打破僵化模式，启发全新的认知角度与实践策略，推动训练理念向多维、多元、更具适应性的方向转化。

（三）克弱转强：直面短板，转化为优势

在训练过程中，运动员及教练应积极识别并正视自身存在的技术短板、能力瓶颈与方法漏洞，并将其作为创新与突破的切入点。通过系统化分析问题根源，针对性地改进训练方法、优化操作细节或重构训练结构，有可能将劣势因素转化为潜在优势，实现“弱项突破—系统优化—能力重构”的提升链条。例如，当既有方法未达预期，应从微观层面对训练内容进行剖析调整，甚至发展出具有自主创新性质的训练方法，从而实现质量跃升。

（四）移花接木：跨界融合，激发训练新动能

现代训练理念强调知识的跨界整合与方法的复合运用。在此背景下，教练员应具备较强的“跨学科迁移”能力，善于将其他学科（如系统论、控制论、信息论、心理学、生物力学等）中的有效理论与技术有机嫁接至体育训练实践中，提升训练科学性与系统性。例如，利用“控制论”优化训练反馈机制，借助“信息论”改进战术分析手段，或将“系统论”应用于训练计划的全过程设计，均可取得显著成效。通过科学原理的迁移应用，可持续拓展训练的理论深度与实践广度，推动训练体系从经验性向科学化转型。

第四节　运动训练负荷的科学安排

一、运动训练负荷的基本知识

（一）运动训练负荷原理

运动训练负荷原理是实现竞技水平提升的核心机制之一，其本质在于通过科学设计和调控外部训练刺激，引导运动员机体产生适应性反应，从而不断提高身体素质和专项能力。在整个训练过程中，运动员所承受的负荷不仅包括体力上的外部练习刺激，还涵盖心理上的压力与挑战，两者共同构成机体的训练应激。运动训练负荷具有显著的目的性和选择性，不同的负荷安排对应不同的训练目标，如力量、耐力、速度或灵敏性发展。同时，负荷还体现出渐进性（逐步加大刺激）、极限性（触及生理承受边界）与应激性（激发适应机制），这些特点要求教练员在制订训练计划时必须考虑训练负荷与运动员生理心理状态之间的动态平衡。更为重要的是，负荷与运动成绩之间呈现出较强的对应性与延迟效应，即负荷的科学安排不仅决定训练适应的方向，还影响最终竞技表现的时间节点。由于训练负荷的类型多样、形式复杂，必须根据个体差异进行个性化设计，强调其综合性（全面发展）、实战性（贴近比赛需求）与动态性

（随时调整）。因此，只有全面掌握负荷概念，科学分级、精准定量、动态监控，才能确保训练负荷在强度与恢复之间实现最佳匹配，从而最大限度地提升训练效果。

（二）运动训练负荷刺激及机体机能的变化

运动训练负荷刺激主要是指运动训练负荷对机体的刺激，人体活动时所表现出来的力量、耐力、速度、柔韧和灵敏素质等不是根本原因（本质），而是运动的结果（表象）。在运动训练中，机体对训练负荷刺激所做出的反应表现在两个方面，即生理反应和心理反应，通常所说的运动训练负荷指的是生理负荷，就是指机体在生理方面所承受的运动训练刺激。

运动训练的过程也可以看作一个不断对人体施加运动训练负荷刺激的过程，在这一过程中，人体各器官系统将发生一系列反应。这些反应特征主要表现为耐受、疲劳、恢复、超量恢复和消退等机能变化。

在运动训练过程中，机体的负荷刺激变化主要会经历以下几个阶段。

1. 耐受阶段

耐受是运动训练初级阶段机体对运动训练负荷的刺激反应，是机体接受运动训练负荷刺激后身体机能变化和反应的第一个阶段。运动训练负荷强度和运动员训练水平会影响这种耐受能力的强弱和保持时间的长短。这一阶段，应以体能训练为主。

2. 疲劳阶段

在承受一定时间的运动训练负荷刺激之后，机体机能和工作效率会逐渐降低，即出现疲劳现象。具体来说，运动员训练到何种疲劳程度以及耐受多长时间以后疲劳取决于训练课的目的。实践表明，在训练过程中，运动员只有达到一定程度的疲劳，才能提高运动能力，才能在恢复期获得预期的超量恢复效果，从而促进机体机能的增强。

3. 恢复阶段

训练结束后，在补充和恢复阶段，机体主要是补充训练过程中所消耗的能源物质，修复所受到的损伤并恢复紊乱的内环境，使机体各器官系统的机能恢复到运动前水平，以完成机体结构与机能的重建。机体疲劳的程度决定了恢复所需时间的长短。

4. 超量恢复阶段

超量恢复，又称“超量代偿”，是关于运动时和运动后休息期间能量物质消耗和恢复过程的超量恢复学说。超量恢复指的是在运动结束后，运动过程中所消耗的能源物质以及降低的身体机能不仅可以得以恢复，而且会超过原有水平。通常来说，运动训练负荷量越大，强度越大，疲劳程度越深，超量恢复越明显，但切忌过度训练。

5. 消退阶段

一次训练结束后，如果不及时在已获得的超量恢复的基础上继续施加新的刺激，那么已经产生的训练效果在保持一段时间后就会逐渐消退，机体机能又下降到原有水平。因此，要想保持长久的运动训练效果，就要求运动员必须在上一次训练出现超量恢复的基础上对下次运动训练做出及时的安排。

二、运动训练负荷的科学安排与调控

（一）运动训练负荷的定性与定量

1. 运动训练负荷的定性

（1）训练负荷的专项性

训练负荷的专项性指训练负荷要与运动员的训练水平和比赛要求相符。在运动训练过程中，训练负荷的练习分为运动专项练习与运动非专项练习。其中，运动专项练习是提高运动员专项运动技战术水平的直接因素，只有加强运动专项训练，才能为运动员运动实战水平的提高奠定良好的基础。

（2）训练动作的复杂程度

训练动作的复杂程度是专项运动训练中客观存在的内容，是运动训练中运动训练负荷定性的一个重要方面。在运动训练实践中，动作复杂程度决定着训练负荷的大小。区分训练动作的复杂程度是控制运动训练负荷的依据和需要。

需要提出的是，由于运动训练中，运动员的许多技能动作并不能预定，必须根据场上对手的表现临时做出选择性反应，因此，目前对此要做出量化评定具有较大的难度。

（3）训练负荷的生理改善

确定运动员运动训练时机体工作的供能系统是为训练负荷定性的内容之一。研究表明，系统的运动训练中，ATP-CP 和糖酵解供能约占 80%，糖酵解和有氧代谢约占 20%。因此，运动员应结合运动专项的训练要求和特点，选择采用无氧代谢，或是有氧代谢，或二者的协调配合来进行训练，也就是以实际情况为依据合理安排训练。

2. 运动训练负荷的定量

（1）内部负荷指标

内部负荷指标指由于运动员在训练过程中进行各种身体、技战术训练，训练的负荷使运动员有机体内发生一系列生理和生化变化，内部负荷的指标能比较科学、准确地反映有机体在负荷时产生的各种变化，有利于教练员根据这种变化去掌握和控制训练过程，安排训练负荷。

（2）外部负荷指标

外部负荷指标又称“负荷的外部指标”或“外部负荷”，包括负荷量和负荷强度两个指标。在运动训练中，负荷量的各个指标测定的方法比较简单。机体对负荷强度刺激所引起的反应比较强烈，能较快地提高机体各器官系统的机能水平，所产生的适应性影响较深刻，消退较快。在运动训练中，测量负荷强度的各个指标比较复杂，所以难度也比较大。

（二）不同负荷的判别

运动训练期间，当运动员的运动训练内容、训练手段的特点相当稳定时，有机体机能能力表现出来的动态变化就能够被明显地观察到。因此，可根据训练实践中运动员有机体机能活动性的动态变化来对训练负荷的大小进行判别。

运动训练负荷的大、中、小可以客观地按照机体恢复的时间进行判别。研究表明，训练负荷的大、中、小与有机体内环境的稳定性的变化紧密相关，并且能具体反映到恢复过程的时间上。通常，小负荷与中等负荷后，机体恢复时间通常是几十分钟或几个小时；大负荷后，一般需要较长的时间才能实现机体的恢复。

在运动训练中，应结合实际情况来对运动员的训练负荷大小进行判定，具体可以根据生理学和生物学的指标来判别，也可以采用其他相对间接且客观的指标进行判别，不管使用哪种方法，都要保证准确地判定训练负荷。

（三）运动训练负荷的特点与注意事项

1. 科学安排运动训练负荷的特点

科学安排与调控运动训练负荷就是以更科学、更合理的方法安排运动训练负荷，从而实现运动训练水平和运动成绩不断提高的目的。对训练负荷的科学安排需要遵循负荷、应激与恢复原理，竞技状态的形成与科学调控原理，周期性与节奏性原理，以及竞技能力的训练适应原理等。简单来说，科学调控运动训练负荷就是在训练过程中，教练员根据训练的任务及运动员的个体情况，按照人体机能的训练适应规律，以大负荷为核心，坚持长期、系统和有节奏地安排运动训练负荷。

2. 科学安排与调控负荷的注意事项

（1）不同训练阶段采取不同的调控方法

根据负荷因素的基本特征，在训练初期，为了使运动员尽快进入运动状态，通常以增加负荷量的方法来尽快实现运动员机体的适应。在专项训练阶段，以提高负荷强度刺激的方法来加深运动员的机体适应过程。

（2）选择合理的负荷的内容和手段

教练员应按照不同运动项目、训练内容、训练手段的负荷特征和不同训练任务选择相对应的训练内容、手段和方法。对运动员而言，其参与的具体竞技运动项目不同、训练目的不同，所安排的训练负荷应有所区别。

（3）对负荷方案进行最佳综合设计

在运动训练过程中，教练员要根据各对应性负荷结构的特征及相互间的关系，进行负荷方案的最佳综合设计。特别是要注意负荷量、负荷强度与总负荷，内部负荷与外部负荷，生理、心理与智力性负荷，以及训练负荷与比赛负荷的综合设计。

（4）按照运动员个体特点确定运动训练负荷

教练员要通过科学的训练诊断，对运动员的个体特点加以了解，对符合他们个体特点的个体负荷模型进行科学确立。

（5）注意负荷安排的长期性、系统性

在进行运动训练时，要根据连续负荷中疲劳的正常积累与过度疲劳之间的关系，对多年、年度、周及每一次课的训练过程的负荷进行对应的安排，使不同训练阶段的运动训练负荷能够连贯起来，促进运动员运动水平的逐步提高。

（6）重视运动训练负荷的节奏性

教练员要把大负荷训练与减量训练结合起来，使之形成最佳的负荷节奏，进而促使运动员取得最佳的运动成绩。

（7）合理增加运动训练负荷

根据训练任务和训练对象，逐步、有节奏地加大运动训练负荷，直至最大限度，但在竞走运动训练过程中，运动训练负荷的安排不宜过大，应以提高单位训练时间里最大的效益为准则。运动训练负荷的增加应当在运动员适应了原有负荷的基础上进行，只有这样才能取得较好的训练效果。

第七章　高校体育训练方法

第一节　日常跑、跳、投训练方法

人天生就拥有一些运动能力，具体是以跑、跳、投等运动形式来展现。如果能够在生长发育的过程当中使用正确的锻炼方法，那么人们的这些运动能力就能得到一定的提高。人们能够在正式的各种田径运动项目中表现出自己的跑、跳、投等运动能力；而人们平时在健身的时候，也会采用跑、跳、投的运动方式。在学生时期，上述所说的这些运动方式也能够使学生的体能得到一定的提高，让学生的各方面身体素质如耐力、速度、力量等得到全面而均衡的发展。

一、跑的锻炼方法

在人们的日常生活当中，最常见的一种锻炼方式就是跑步。由于跑步几乎对技术没什么要求，也不需要特殊的场地或者器械，因此成为最方便的一种锻炼方式。跑步主要包括短跑、中跑、长跑、越野跑和跨越障碍跑等。练习短跑能够提高人体的反应速度及肌肉力量等身体素质，神经系统的灵活性在练习的过程中逐渐提升；长跑主要能够锻炼耐力，还能够改善心肺功能。大学生坚持长跑锻炼，在这一过程中能够培养毅力和良好的意志品质。在学会跑步之前还需要学会竞走，下面对从走的锻炼逐渐过渡到跑的锻炼方法进行阐述。

（一）竞走的热身锻炼

在正式的田径运动比赛中，少不了竞走这一项目的身影，同样，在人们的日常生活中，各种方式的健身走也是大家所采取的锻炼方式之一，大步向前走、倒退走、足尖走等。短距离的快步走使腿部动作的协调性、肌肉的柔韧性和平衡能力都得到一定的提高；而长距离的行走锻炼则跟长跑一样可以改善人体的心肺功能、锻炼耐力，更重要的是激发运动者的参与动机，让运动者能够充分享受运动的乐趣，养成长久的锻炼习惯。

健身走有各种各样的方式，采取不同方式进行健身走会带来不同的好处。因此，在健身走的锻炼过程中，不必拘泥于同一种动作，将几种方式结合起来锻炼，能对身体的各个部位起到锻炼的作用，以下是几种常用的健身走方式。

1. 大步向前走

动作要领：挺胸抬头，眼睛直视前方，两臂以放松的姿态前后摆动，与双脚迈步的频率形成一定的协调配合，大腿稍高抬，小腿自然放松，膝关节与脚尖正对前进方向，脚跟先着地并过渡到全脚掌，支撑末期前脚掌积极发力。

2. 倒退走

动作要领：眼睛直视前方，偶尔向侧边转头，挺胸立腰，两臂放松靠在体侧前后摆动，髋关节与大腿处于放松状态，膝关节积极弯曲抬腿，前脚掌先着地并过渡到全脚掌。

3. 足尖走

动作要领：头部动作按照正和直的标准，目视前方，挺胸立腰，两臂放松并前后摆动，膝关节与脚尖正对前进方向，脚跟离地，保持前脚掌着地。

4. 足跟走

动作要领：头部动作按照正和直的标准，目视前方，挺胸立腰，上体略向前倾，两臂自然前后摆动，膝关节与脚尖正对前进方向，前脚掌离地，保持脚跟着地。

5. 弓箭步走

动作要领：抬头挺胸，眼睛直视前方，双手呈叉腰状态，两腿前后呈弓步站立，膝关节与脚尖正对前进方向，上体直立不左右或前后倾斜，身体重心保持平稳状态，双腿交替走成弓步。

6. 侧身交叉步走

动作要领：以左侧对行进方向为例，右腿经左腿前向左侧迈进，左腿跟着左侧跨一步，右腿再经左腿后向左侧迈进，左腿再左侧跨一步，如此交替进行，双臂在体侧保持放松状态并自然摆动。

7. 半（全）蹲走

动作要领：降低身体重心，成半蹲或全蹲姿势，上体直立或稍前倾，两臂自然弯曲或叉腰，尽量迈大步向前走。

8. 变速走

动作要领：基本按照大步向前走的动作要领，自主控制行走速度，疾走与慢走两种方式交替进行。

（二）快速跑

快速跑就是人们常说的短跑。短跑具体包括四个阶段，分别是起跑、加速跑、途中跑和终点冲刺跑。在进行短跑项目的时候，通常在起跑时会采用蹲踞式起跑，在平常的锻炼中，也可以采用站立式起跑或者在行走中直接进入加速跑这一阶段；加速跑要求在最短时间内达到较高的跑速，这一期间步频需要加快、步幅需要加长，进入途中跑；途中跑需要继续提高跑速并且将这样的高跑速维持下去；终点冲刺跑的要点在于尽快以躯干接触终点线垂直面。

（三）有氧跑

在有氧跑的锻炼过程中，躯干正直或稍微前倾。两手呈半握拳的状态，两臂自然弯曲于体侧，以肩为轴贴着身体前后摆动，下肢技术包括后蹬、前摆、腾空、着地缓冲四个阶段。需要注意的是，着地缓冲的时候应该前脚掌先着地，接着过渡到全脚掌着地。口鼻同时呼吸，呼吸节奏一般采用“三步一吸，三步一呼”或“两步一吸，两步一呼”。遇到“极点”时，按照自身情况调整呼吸的节奏、跑速，使跑速、摆臂与呼吸相配合。

二、跳的锻炼方法

在跳跃这项运动中，人们需要利用自身的能力或者借助一定的器材，通过某种运动形式来达到克服重力作用的目的，使人体达到尽可能高或者远的距离。按照身体的不同运动方向，可以将跳跃练习分为高跳练习和远跳练习。而在跳跃的竞赛项目中，完整的跳跃基本包括四个阶段：助跑、起跳、腾空、落地。

（一）高跳练习

1. 直腿跳

动作要领：原地站直身体，双腿同时蹬向地面，以踝关节为轴，尽量不要弯曲膝盖向上跳，连续不间断进行跳跃，两臂协调配合跳跃进行摆动。

2. 深蹲跳

动作要领：双脚自然开立，完全蹲下身子，双腿同时发力蹬向地面，向上跳起，两臂自然向上摆。落地时前脚掌过渡到全脚掌缓冲着地，还原成完全蹲下身子的状态，连续做下一次。

3. 团身收腹跳

动作要领：最开始呈原地半蹲的姿势，从这种姿态跳起，两腿并拢，屈膝团身大腿尽量触及胸部，两臂协调配合摆动。落地时前脚掌过渡到全脚掌缓冲着地，还原成最开始的半蹲姿势，进行连续练习。

4. 原地纵跳摸高

动作要领：原地半蹲，两臂迅速往上摆动，两腿用力蹬地伸长并向上跳起，单手尽量摸空中固定物体，进行连续练习。

5. 助跑摸高

动作要领：助跑三到五步，单脚或双脚起跳，摆动腿迅速上抬，双臂向上摆动，单手尽量摸空中固定物体，进行连续练习。

6. 原地连续换腿跳台阶

动作要领：台阶齐膝高或略低于膝，一腿踏在台阶上，另一腿支撑于地面，两腿蹬地向上跳起，连续交换腿。

7. 跳深

动作要领：站在 60～100 cm 高的跳箱或高台上，两腿并拢跳下，着地后立刻跳起，越过前方栏架。

8. 跳越栏架练习

动作要领：栏架高 70～100 cm，栏间距 1 m，6～10 个栏架。双腿起跳，连续越过栏架。

（二）远跳练习

1. 单足跳

动作要领：单腿连续向前大幅度远跳，或者较快频率小幅度远跳，两臂前后摆动配合。

2. 跨步跳

动作要领：一腿用力蹬地，摆动腿积极前摆，在空中形成大跨步，并保持较长滞空时间，接着摆动腿迅速着地，为下一次跨步跳动作做准备。

3. 单足换腿跳

动作要领：左腿单腿向前跳一次，接着右腿上步换单腿向前跳一次，依次轮换进行。

4. 连续兔跳

动作要领：全蹲，两手体后互握，身体正直，两腿用力蹬地向前跳进，连续练习。

5. 连续蛙跳

动作要领：半蹲或深半蹲开始，两臂前摆，两腿蹬地向前跳出，接着尽量收腹举腿，手臂后摆，双脚前伸，足跟落地缓冲，然后过渡到下一次跳跃，连续练习。

6. 立定三级跳

动作要领：原地分腿站立，两腿同时用力向前跳起，第一跳为单腿跳，第二跳为跨步跳，第三跳两腿迅速并拢收腹举腿前伸落地。

三、投的锻炼方法

投掷是人体利用自身的能力，通过一定的运动形式，将手持的器械向前投出，并尽可能获得远度或击中目标。

（一）单手投掷

1. 原地侧面抛

动作要领：侧对投掷方向，两脚左右开立，左（右）在前，身体左（右）侧对准投掷方向。右（左）手握器械向侧后方引伸右（左）腿微曲；然后右（左）腿蹬地、送髋、转体、挥臂，将器械经肩上向前上方掷出。

2. 原地侧向推

动作要领：两脚左右开立，左肩侧对投掷方向，右手持器械于颈部。上体向右转动，同时弯曲右腿，重心落于右腿上，上体与左腿基本成一条直线。然后左腿支撑，右腿蹬地转髋，带动躯干，以左肩为轴向投掷方向转动。当上体转向投掷方向时，快速完成推器械动作。

3. 上步投

动作要领：两脚左右开立，面向投掷方向，右手持球于颈部，左脚上前一步成支撑，身体随之向右转体成原地侧向推球姿势，紧接右腿快速蹬地转髋，躯干转运完成推球动作。

4. 交叉步投掷

动作要领：两脚左右站立，左肩侧向投掷方向，右手持器械于肩上方，右腿从体前向左侧方向迈步落地，接着左脚向侧再跨步，如此连续 3~5 步，然后右腿蹬伸，左腿撑地，手臂用力将器械经头上前抛出。

（二）双手投掷

1. 双手前抛球

动作要领：预备时两脚左右开立，双腿略曲，面对投掷方向，双手握球于头上方，身体成反弓姿势；投掷时双腿快速蹬伸，上体迅速前移，带动手臂向前上方抛球。可以结合上步进行练习。

2. 原地后抛球

动作要领：两脚左右开立，背对投掷方向，双手握球于头上方，投掷时两腿弯曲，双手持球下摆于大腿内侧，然后两腿快速蹬伸，躯干后摆，双臂用力将球向后抛出。

3. 原地转体侧摆抛

动作要领：两脚左右开立，背对投掷方向，双手握球于体前。投掷时先持球向投掷方向异侧预摆，然后迅速向投掷方向转体，带动手臂将球于肩侧上方抛出。

第二节　专项身体素质训练方法

一、专项力量

（一）专项力量概念的界定

专项力量的界定，必须从不同运动项目对力量能力的具体需求入手进行分析。各项目由于技术结构、战术安排及比赛规则的差异，对力量的要求呈现出显著的个性化特征。首先，不同项目对动作起始时的速度有不同的要求，从而影响了运动员力量产生的启动方式与强度表现。其次，各项目对肌肉用力持续时间的不同设定，导致对运动员肌纤维结构、供能系统选择以及最大力量和快速力量能力的要求存在差异。再次，即使用力目的相同，不同的肌肉收缩方式也会对力的输出效率产生重要影响。此外，若动作结构相似但用力方向发生改变，也会显著改变力量的运用方式。同样，在面对不同外界阻力或反作用力材料条件时，如地面弹性、器械属性等，运动员的力量输出机制也会随之调整。最后，不同项目的战术要求也会进一步影响专项力量的结构与分布，即使动作表面相似，其力量特点亦可能截然不同。综上，专项力量的形成不是孤立的生理能力体现，而是技术、战术、规则和环境多重因素作用下，运动员在特定时空条件中对肌肉力量调动方式的综合结果。因此，专项力量应被理解为服务于特定项目动作结构与战术目标下、具有高度针对性的力量能力体系。

（二）对专项力量的认识

对“专项力量”较为科学的界定是：在运动员完成特定项目的技术动作和贯彻战术意图的特定时空条件下，其所涉及的肌肉或肌群克服阻力并完成动作的能力。这种能力最终体现在比赛过程中，运动员为了实现规则范围内的最优竞技表现，能够对自身整体、身体某一部分或所操控器械实现最大限度的加速、减速，或保持其在某一特定位置和姿态下的稳定控制。专项力量水平的高低，通常可通过所克服的阻力大小、动作过程中物体或身体的运动速度与加速度变化、位移幅度以及技术动作完成的姿势精确度等指标加以评估。

值得强调的是，这里的“时空条件”涵盖了肌肉收缩过程中的多个动态要素，包括肌肉收缩的速度、动作起始前目标物体的初速度、用力持续时间及肌肉收缩的具体形式（如等长、离心或向心收缩等）。此外，技术动作本身是一种理想化的模式，虽体现了项目技术的一般规律与共性，但在实际应用中还必须与运动员的个体特征相结合，展现出高度的个性化与适应性。技术具有动态演变的特征，会随着实践的发展不断优化。与此同时，战术因素亦对专项力量的应用产生重要影响。运动员在执行战术任务过程中，其心理预设与判断会引导动作的组织方式，从而间接影响肌肉力量的调用方式与表现效果。因此，专项力量应被理解为技术、战术、心理和生理多因素融合背景下的一种复杂、动态的能力表现形式。

（三）专项力量训练机理

专项力量训练的机理主要围绕运动员在特定项目中所需的技术动作和战术执行要求展开，核心目标是通过有针对性的肌肉力量训练，促使神经-肌肉系统产生高度专项化的生理适应，最终提升运动员在实战环境下的力量表现能力。专项力量的形成不仅依赖肌肉对阻力的克服能力，更涉及神经系统对运动控制、肌肉募集与协调的高度精确调节。

在训练过程中，神经-肌肉系统通过两条基本路径产生适应：一是神经通路的重塑，包括运动单位的募集数量、频率及同步性；二是肌肉系统的结构与功能变化，例如肌纤维类型的转化、肌肉横截面积的增大、能量供给效率的提升等。然而，这种适应具有高度的方向性，即不同训练刺激将导向不同的生理结果。例如，若以低速度、高负荷的力量训练为主，虽然可以显著提高最大力量，但却可能抑制快速收缩能力和爆发力的发展。因此，制定专项力量训练方案时，必须精准识别目标项目的神经-肌肉特征，并依据这些特征选择恰当的抗阻练习内容。

专项力量训练的核心在于“训练刺激与目标动作的一致性”，即所谓的训练专项性原则。这种专项性体现在多个层面，包括所动员的肌肉群是否匹配、运动结构与实际比赛动作是否一致、关节活动角度是否相符、肌肉收缩形式（如向心、离心或等长）是否贴近实战、训练速度是否符合比赛速度以及是否涉及“拉长-缩短循环”（如跳跃、投掷类项目常见的弹性势能转化）。此外，专项训练还应考虑克服或移动负荷的具体形式、动作持续时间、高强度输出的维持能力、恢复周期的合理安排以及动作执行过程中潜在的损伤风险。

因此，高效的专项力量训练不仅是单纯提升力量水平的过程，更是一种“以运动表现为导向”的系统工程。它要求教练员在设计训练计划时，充分整合运动生理学、运动解剖学和专项技战术分析，确保训练内容、形式与实战需求高度契合，最终实现从训练刺激到竞技能力的有效转化。

二、专项速度

（一）专项速度训练机理

专项速度训练的核心在于通过有针对性的训练手段，使运动员的神经肌肉系统在特定项目的技术动作要求下实现速度能力的专项化适应，从而提升反应速度、动作速度与位移速度等各维度的速度表现。不同运动项目对速度能力的需求虽然形式不一，但本质均依赖于神经传导效率、肌肉结构特性及其协调运作能力的综合提升。

1. 专项反应速度机制

反应速度是神经系统对外界刺激做出反应的能力，其关键在于反射弧的传导速度与中枢整合效率。虽然感觉神经和运动神经的传导速度相对固定，但感受器的灵敏度、中枢突触之间的传导延搁（即中枢延搁时间）以及效应器的兴奋性对反应速度起决定性作用。在实际运动中，反应速度训练往往以多刺激情境（如视、听、触等）和多任务决策训练为核心，旨在缩短信息处理时间、提高判断精准度与动作启动的速度。

2. 专项动作速度机制

专项动作速度反映了完成某一特定技术动作的爆发性与速度水平，其训练效果取决于以下生理基础：（1）肌纤维类型结构——快肌纤维比例越高，直径越大，肌肉收缩速度越快；（2）肌组织兴奋性——神经对肌肉的兴奋门槛越低，动作反应越迅速；（3）条件反射的巩固程度——技术越熟练，动作执行越自动化，速度越高。专项动作速度训练常采用高频、短时间、技术精细化重复的方式，强化肌神经路径，提升肌肉的快速收缩能力和运动技术的效率。

3. 专项位移速度机制

专项位移速度是指身体在单位时间内完成空间位移的能力，如短跑、滑冰、游泳等项目中的冲刺能力。其生理基础主要受步长与步频的双重影响。步长取决于肌力水平、下肢骨骼结构及关节灵活性，步频则依赖于神经系统的兴奋—抑制调节速率、肌群间协调性、快肌纤维的招募效率等因素。此外，抗阻移动中肢体放松能力的高低直接影响周期性动作的切换速度，是提升专项位移速度不可忽视的关键因素。

（二）专项速度的特点

专项速度不同于一般的速度能力，它是融合了反应速度、动作速度与位移速度的综合性能力表现，且高度依赖于项目特点与技术结构。在竞技实践中，三种专项速度形态往往不是孤立存在，而是交织融合、相互促进的。例如，在短跑项目中，快速的起跑反应（反应速度）、启动动作的爆发性（动作速度）与中途加速与维持冲刺能力（位移速度）共同决定比赛成绩。而在球类运动中，快速判断传球方向与执行抢断动作的能力，正是专项速度不同维度协调发展的体现。

专项速度的提升不仅直接影响竞技成绩，更对其他体能能力的发展具有促进作用。快速的肌肉收缩能力不仅能提高单位时间内的输出功率，也为专项耐力与速度耐力的形成提供了生理基础。在以体能为主导的速度类项目中，如短跑、速滑、竞走等，专项速度水平是决定成绩的首要因素；而在技能主导型项目如体操、跳水、球类及格斗项目中，时间优势能够转化为空间控制优势，为运动员争取更大的动作完成空间、更佳的进攻或防守机会。

因此，专项速度训练不仅要关注身体素质的提升，更要紧密结合项目特征，明确不同速度成分的相对比重，通过专项性强、节奏清晰、反馈及时的训练方式实现神经肌肉系统的深度适应，最终在比赛中体现出更高水平的竞技能力与战术执行效率。

（三）专项速度训练

专项速度训练基于项群理论进行分类与指导，根据不同竞技项目所依赖的主导运动能力，将所有项目划分为四大类：体能主导类、技能主导类、技心能主导类以及技战能主导类。随后，依据项目在技术表现或对抗形式上的特征，对每一类进行细分，以指导专项速度能力的科学发展。专项速度通常包括反应速度、动作速度和位移速度三个维度，不同类型的项目对这三者的依赖程度各不相同，训练设计也需精准匹配其运动特征。

1. 体能主导类专项速度训练

（1）快速力量型项目（如跳跃、投掷、举重）主要侧重于提升专项动作速度与位移速度。以跳高为例，其专项速度训练重点在于提升下肢爆发力与身体快速离地的能力。推荐训练手段包括高频率弹跳练习（如跳深、连续跨步跳、沙坑跳、立定三级跳、快速跳绳等），以提高大脑皮质兴奋转换的灵活性及肌肉神经反应效率。练习次数控制在每日 150～300 次，每组重复 1～5 次，训练速度保持在最大能力的 90%～

95%，练后辅以放松训练，增强肌肉放松能力，防止紧张积累。

（2）速度性项目（如 100 m 跑、游泳短距离、自行车竞速等）对三种速度能力均有极高要求。训练应系统整合反应刺激训练（如起跑听觉反应练习）、高频率动作训练（如高抬腿、小步快跑、牵引跑、顺风跑）以及短时冲刺训练（如多次 20~60 m 全力冲刺、追逐跑等），同时发展磷酸原供能系统。另需加强柔韧性与力量训练（如负重跑、持哑铃摆臂），保持良好的放松能力，提升速率效率与肌肉协同作用。

（3）耐力性项目（如中长跑、游泳、划船等）则以速度耐力为核心，强调位移速度的维持能力。以 1 500 m 跑为例，训练方法包括持续 1 min 以上的中高强度牵引跑或顺风跑练习，旨在提升乳酸系统供能效率，并特别注重最后冲刺段的速度储备。训练中强调呼吸节奏与身体协调性，特别是臂部与下肢的放松配合，以延缓疲劳发生，稳定维持速度输出。

2. 技能主导类专项速度训练

此类项目（如体操、跳水、艺术体操）以专项动作速度为核心。以跳水为例，训练主要采用高频快速动作练习（如原地跳起转体 360°或 720°、快速翻腾、快节奏哑铃屈伸等），提升运动员动作完成效率和控制能力。可使用“减少阻力法”或借助外力提升完成动作的速度感知，增强对高难度动作节奏的掌控。发展速度力量是关键，如快速推倒立、计时引体向上、规定距离的倒立爬行练习等，都可提升神经肌肉的爆发输出能力。

3. 技战能主导类专项速度训练

该类项目包括对抗性极强的竞技项目，如球类、格斗项目等，要求速度能力在实战节奏中快速转换、灵活运用。

（1）隔网对抗类（如乒乓球、羽毛球、网球、排球）需要快速反应和高频率击球能力。可通过多球训练、视觉刺激反应练习提升反应速度，借助多变节奏提升动作衔接能力，同时利用重复练习法提高乳酸与 ATP-CP 系统的供能水平。放松训练有助于缓解紧张状态，提升动作精度。

（2）同场对抗类（如足球、篮球、手球）更注重速度与多变方向结合的能力。训练应涵盖信号反应练习（如听觉刺激启动、方向变换）、重复练习法提升动作切换速度、短冲刺跑提升无球与带球速度以及模拟实战的复杂动作组合训练，增强运动员在高压环境下的快速判断与执行力。

（3）格斗对抗类（如拳击、摔跤、散打）强调专项反应与动作爆发速度。如通过“摸肩游戏”训练判断反应能力，通过短时间内的高强度拳法组合训练提升爆发速率，再结合负重拳击练习和短程多变跳跃训练，全面激发运动神经系统与肌肉协调性能，增强实战转换能力。

（4）轮换攻防对抗类（如棒球、垒球）强调打击、跑垒等环节中动作反应与动作速度的结合。通过不同角度投球模拟练习、反复挥棒技术训练以及“负荷交替法”练习（先用重棒、再用正规棒练习）提升专项速度输出感知。同时配合短程冲刺与神经放松训练，有效缓解紧张、提升节奏控制力。

专项速度训练不仅要求技术动作的高效完成，更要求训练内容、结构与实际比赛需求的高度一致。科学构建速度训练体系，有效融合反应、动作与位移三维速度能力，是提升竞技表现的关键所在。

三、专项耐力

（一）专项耐力的概念

“耐力”通常指的是人体在长时间内持续进行肌肉活动、抵抗疲劳的能力，是衡量一个人身体素质稳定性和运动持久性的核心指标之一。在竞技体育中，耐力不仅仅是维持身体活动的基本条件，更是实现高强度、高频率技术动作连续输出的关键。专项耐力则是在此基础上的进一步拓展，它指的是运动员在其所从事的具体运动项目中，能够按照专项技术动作和战术要求，在比赛节奏和对抗环境下，长时间高质量地完成连续运动任务的能力。尽管目前学界对“专项耐力”仍未形成统一权威的定义，但较为普遍接受的观点认为，专项耐力既体现为运动员在特定项目中对肌肉负荷的重复耐受能力，又反映为在复杂环境中保持运动技术稳定性的综合能力。

（二）专项耐力的训练机理

专项耐力的形成和提高并非单一维度上的简单训练成果，而是身体多个系统协同适应的结果。训练机理的科学解读有助于在实践中优化训练策略，提高训练效率。从生物学、心理学与遗传学的视角出发，可以将影响专项耐力的核心因素划分为四类限力因素：外周、中枢、心理和遗传。

1. 外周限力因素

外周限力因素主要包括心肺功能、血液运输能力、内环境稳定性、肌纤维类型及肌肉横断面积等。其本质是限制机体能量代谢效率和运动执行能力的外围机制。例如，心肺系统决定了氧气摄取与运输能力，是有氧代谢的基础保障；内环境的稳态维持能力（如体温调节、酸碱平衡、代谢废物排除）影响着训练与比赛中身体状态的持久性与恢复能力；而不同类型的肌纤维（快肌纤维与慢肌纤维）的占比与横断面积直接决定了肌肉对持续负荷的适应能力。中长跑、自行车、游泳等体能主导类项目高度依赖外周系统的稳定与高效运转，这些项目中专项耐力水平的高低，很大程度上取决于上述外周因素的完善程度。

2. 中枢限力因素

中枢限力因素涉及大脑及神经系统对运动控制的影响。具体表现为神经冲动的传导速度、神经元兴奋与抑制的协调、不同运动中枢之间的信息整合能力等。中枢系统调节肌肉活动的节律性与精准性，是保持技术动作规范与节奏连贯的基础。尤其是在长时间高强度训练或比赛后，脑细胞面临乳酸堆积、酸性环境影响等问题，其耐酸性与抗疲劳能力成为决定运动持续性的关键。例如在滑雪、赛艇、击剑等技战术主导类项目中，运动员不仅要维持动作执行，还要进行快速决策和应对，因而中枢神经系统的适应能力就显得尤为重要。

3. 心理限力因素

心理因素往往是高水平竞技中决定成败的“隐性力量”。在专项耐力训练与比赛中，心理承受能力、意志品质、情绪控制与注意力集中度都会对运动表现产生直接影响。耐力训练过程枯燥而艰苦，只有具备坚定的信念和良好的心理调控能力，运动员才能持续高质量地完成训练任务。心理疲劳的出现可能会先于身体疲劳，并直接影响神经肌肉反应与技术执行的准确性。因此，专项耐力训练应辅以系统的心理训练，如冥想训练、自我暗示、比赛模拟压力训练等手段，以强化运动员的心理韧性。

4. 遗传限力因素

遗传是决定运动员潜能的基础因素。从当前研究来看，包括心肺功能、肌纤维比例、血红蛋白含量、最大摄氧量等与耐力密切相关的生理指标，都与遗传有显著关联。例如慢肌纤维比例较高、红细胞携氧能力强的个体，天然更适合从事耐力型运动项目。而快肌纤维占比高的个体则更擅长爆发性项目。在专项选材与个体训练方案制定中，若能合理评估运动员的遗传特征，并据此进行精准化训练，就能更有效地提升专项耐力发展水平，实现个体潜力的最大化。

综上所述，专项耐力训练机理是一个涉及多学科、多系统协同调控的复杂体系。科学训练不仅要兼顾外周和中枢系统的负荷管理，还需将心理干预与个体遗传差异纳入训练评估之中，只有这样，才能实现专项耐力能力的稳步提升，为竞技表现提供坚实基础。

四、专项柔韧

（一）概念界定与类型划分

从物理学的角度出发，柔韧性可理解为物体在受到外力作用时发生形变但不易断裂的一种性能。而从人体解剖学的视角来看，柔韧素质是指关节的活动范围以及跨越关节的各类软组织——如肌肉、韧带、肌腱、皮肤等——的弹性与伸展能力。柔韧素质的内涵主要包括两个层面：一是关节本身的活动幅度，这主要由关节的解剖结构所决定；二是关节周围软组织的伸展性，这部分既受到先天遗传因素的影响，也可以通过后天训练进行有效改善。因此，柔韧素质可以定义为个体在先天解剖结构基础上，通过科学训练所获得的关节灵活性及相关软组织的伸展能力。

在具体分类上，柔韧素质通常划分为一般性柔韧与专项性柔韧两类。前者是指为适应日常训练需求、保障基本运动能力而具备的柔韧水平，如球类运动中加大步幅所需的髋关节柔韧性，或田径训练中深蹲负重所依赖的大腿后侧肌群的柔韧性；后者则是指为满足特定项目技术动作要求所必须具备的针对性柔韧性，例如体操、艺术体操、花样滑冰等项目中所需的超常关节灵活性。两者在训练中相辅相成，共同构成了运动员身体柔韧素质的综合表现。

（二）专项柔韧训练的生理与机制基础

专项柔韧素质的形成和发展并非单一因素决定，而是多种生理、心理及外部条件共同作用的结果。其训练机理主要体现在以下几个方面。

1. 肌肉与韧带的弹性特征

肌肉和韧带组织的弹性被认为是决定柔韧素质优劣的核心因素之一。虽然弹性特质部分由先天遗传所决定，但也受性别、年龄以及中枢神经系统活动状态的影响。例如，女性通常比男性具有更好的肌肉伸展性，且在青春期之前的儿童，其组织柔软度普遍较高。此外，中枢神经系统的兴奋程度直接影响肌肉紧张与松弛的状态，如在比赛或训练中精神高度集中时，肌肉会呈现出较好的放松与延展能力，从而提高柔韧表现。

2. 关节的骨性结构

关节本身的解剖结构决定了其生理极限范围，属于柔韧训练中最难以改变的因素。这一结构的特征主要由遗传基因所主导，仅在长期系统训练下，可一定程度上通过软骨形态的变化带来微调，但总体而言，其可塑性有限。因此，训练应在尊重关节解剖极限的基础上循序渐进地提升柔韧水平。

3. 关节周围组织的体积因素

随着训练强度的提高，关节周围的肌肉、脂肪和结缔组织可能出现增厚，这会对关节的灵活度产生限制。尤其是在进行力量训练时，如果肌肉体积增长过快而柔韧性练习未同步进行，将可能导致柔韧素质下降。因此，专项柔韧训练应与力量练习相结合，通过控制体积增长与增强伸展性的平衡发展，优化身体结构比例与活动范围。

4. 神经系统的调节与控制

神经活动过程对柔韧性的表现有着极其重要的调节作用。良好的兴奋—抑制转换机制可使肌肉在放松与收缩之间迅速切换，从而实现更高效的动作控制。特别是在对抗肌群之间的协调中，神经系统的调节能力越强，越能减小肌肉内部的无效张力，提升整体的柔韧性表现。柔韧性训练应着重提升运动员的神经反应灵敏度，强化中枢神经对各个肌群的精准调控能力。

5. 心理状态的影响

柔韧性的发挥往往受到运动员心理紧张度的直接影响。在精神紧绷或焦虑的状态下，神经系统容易陷入高度紧张，导致肌肉僵硬，抑制肌肉组织的正常伸展反应。适度的心理紧张可提高注意力集中度，激发身体潜能，但过度紧张反而会妨碍柔韧性的正常发挥。因此，在柔韧训练中，应重视心理调节技巧的培养，如放松训练、音乐辅助练习等，以营造轻松愉悦的训练氛围，促使最佳柔韧水平的展现。

6. 外部环境与训练时间的关系

温度与训练时间对柔韧性的表现有显著影响。研究表明，外界环境温度在18℃以上最有利于肌肉伸展，温度过低则易导致肌肉僵硬、不易拉伸。同时，一天内的不同时间段，人体的柔韧性也会有所不同，通常在下午或黄昏时分机体状态最佳，而清晨因未完全觉醒，柔韧性相对较差。因而，在安排柔韧训练课程时，宜选择体温适中、精神饱满的时段。

7. 主动柔韧性与肌肉力量的相互关系

主动柔韧性是指个体在自身力量控制下所能达到的最大关节活动范围，这与肌肉的力量基础密切相关。充足的肌肉力量能够为关节活动提供有效支撑，增强主动控制能力。然而，力量训练如果不加控制，也可能造成肌肉体积膨胀，从而压迫关节活动范围。因此，在专项训练设计中，必须合理搭配力量训练与柔韧训练，通过交替刺激提高肌肉质量与伸展性的协同发展。

8. 年龄与性别因素的差异性影响

从年龄来看，柔韧性在儿童期尤为突出，尤其在10岁前，关节结构尚未完全骨化，肌腱、韧带处于高可塑性状态，是发展柔韧能力的黄金时期。进入青少年阶段，骨骼快速生长而肌肉增长相对滞后，柔韧性会出现一定程度的下降，此时需要通过系统训练维持和巩固已有基础。成年期则应在已有柔韧基础上加大专项负荷，进一步提升运动表现。

在性别差异方面，女性通常因肌纤维较细、横断面积小、关节结构灵活，具备更好的自然柔韧性，而男性则在爆发力与肌力方面占优。因此，在训练策略上应因性别特点而异，女性可适当提高柔韧性技巧深度，男性则需加强柔韧性与力量训练的结合。

综上所述，专项柔韧性的训练机理不仅涉及肌肉、神经、骨骼等生理结构的适应过程，还受到心理状态、环境条件及个体发展阶段的广泛影响。只有在多维度、多层次的训练干预下，才能真正实现柔韧素质的优化与专项运动能力的提升。

第三节　体型体态训练方法

在体育训练过程中，形体训练和练习的基石是形态美的相关基础性动作，这些基础性动作在形体锻炼和训练中表现出其重要性特征。形体训练中的相关基础性训练的基石是人体科学，这些训练主要呈现出形体练习者身体形态中相对专门化和系统化的练习表征。形体练习者通过这些专门和系统的练习，能改变其身体体态，使原始身体体态呈现出优美性和灵活性表征，具体表现为练习者的站立型等仪态的变化。这种好的变化还包括练习者的头部姿势。

感知觉呈现在人体的运动过程中，在体育训练实践过程中，训练者或运动者需要格外关注其身体所表现出的感知觉。通过系统的、专门的练习，练习者会对正确或者错误的形态动作训练产生肌肉记忆，通过这些记忆，练习者的自我判断和自我控制等能力能得到有效提升。针对错误的肌肉记忆，练习者要多克制自己的身体形态产生的错觉，形成正确的自我意识，使身体形态的记忆保持正确的状态。经过这些意志训练以及相应的克制，使训练者产生体型和体态训练的良好习惯。

一、脚和腿的基本动作

（一）自然站立

站立在整个仪态中来说，是有其独特的基本特性和重要地位的，在形态训练实践中，站立是形态训练和练习的基石。正确的站姿训练能使形体训练者的站姿仪态呈现优美的态势，所谓“站如松”，端庄，挺拔。正确的站立练习动作为：①双足后跟收拢，两脚尖距离为15~20 cm，两脚之间承受身体的中心；②练习者收紧臀部，收腹部、立腰、挺胸；③练习者的颈部保持平直，下颌略微收缩，头部保持平直；④练习者双臂保持自然下垂态势，手势略圆，保持面部表情的自然放松。

（二）开立

在上肢训练实践中，两腿保持开立状态的时间呈现出居高性，主要是为了身体重心的保持和稳定。自然站立是开立的基础，以两脚之间距离的调整度为中心。正确的开立动作表现为：①双脚尖呈外八字分开态势，距离参考练习者的肩宽；②练习者的脊柱需要呈现挺直状态，挺胸、立腰、收腹等同站立要求；③此刻练习者的身体重心呈现的是向上态势，双肩呈现的是下沉态势。

（三）脚点地立

脚点地立是指体态体型训练者的单脚承受着整个身体重心时，使练习者身体的稳定性和控制力呈现出提升态势的一种训练手段。它主要的练习策略需要放在对身体的有效控制和练习者上肢的仪态保持上。其正确的动作要领为：①单脚站立，另一只脚分别向前、后、侧伸出，脚尖需要着地清点；②前后两次的脚尖着地清点需要绷直、脚面需要向外；③在侧面点地时，脚尖需要呈现绷直状态，脚面需要呈现向上的态势。

（四）芭蕾舞脚位

芭蕾舞脚位的动作要领表现为：①一位脚，练习者的双脚需要呈现出一字线状态，即练习者脚跟并拢，两脚脚尖向外打开成一字线；②二位脚，脚跟同一位脚，但是两脚之间须呈现一脚的间距；③三位脚，练习者脚尖呈现外八字状态，前脚外侧与后脚内侧相互重叠约半脚的距离；④四位脚，双脚尖呈现外侧打开，两脚间需保留一脚间距，前后呈现平行状态；⑤五位脚，练习者脚尖呈现外侧打开状态，双脚前后平行，相互重叠相依。

二、手臂的基本动作

（一）两臂同方向的举

双臂同方向的举的基本动作要领具体表现为：①前举，练习者掌心可以呈现向下、向上或相对的姿态，双臂向前举至水平状态，距离参考练习者肩宽；②侧举，练习者掌心可以同前举姿势，双臂向两侧抬至水平状态；③上举，练习者掌心向前或者呈现相对态势，双臂上举至与身体垂直状态；④上前举，练习者掌心朝上或者朝下均可，双臂向前抬升至与肩部（上）呈 45°角；⑤下前举，练习者掌心朝上或者朝下均可，双臂向前抬升至肩部下方 45°角；⑥掌心动作同上前举，双臂呈练习者侧方抬升至肩上 45°角；⑦掌心动作同下前举，双臂呈练习者侧方抬升至肩下 45°角即可。

（二）两臂不同方向的举

练习者手臂举的动作要保持正确的方向，练习部位要尽量保持伸直状态，肩部动作要尽量呈现轻松状态。练习者的身体态势同站立动作的基本要领。双臂不同方向的举具体要领为：①练习者一臂呈现前举状态，另一臂呈现前上举态势；②练习者一臂呈现前上举状态，另一臂呈现后下举态势；③练习者一臂呈现侧上举状态，另一臂侧呈现下举态势；④练习者一臂呈现后上举状态，另一臂呈现前下举态势。

（三）芭蕾手臂的基本位置

芭蕾手臂的基本位置要领表现为：①一位，练习者掌心朝内，双手指尖相对，双臂在身体前呈现弧形状态；②二位，练习者掌心姿势同一位，双臂保持弧形前举，比水平位置略低即可；③三位，练习者掌心呈向内姿势，双臂保持弧形上举，呈现稍偏前态势；④四位，练习者双臂呈现弧形状态，一臂呈保持上举，一臂呈现前举态势；⑤五位，练习者双臂呈现弧形状态，一臂呈上举姿势，一臂呈侧举姿势；⑥六位，练习者两臂呈弧形状态，一臂呈前举姿势，一臂呈侧举姿势；⑦七位，练习者的掌心向下，双臂呈弧形侧举状态。对于芭蕾手臂的练习来说，手臂的基本位置一定要呈现正确的态势，双臂需要一直呈现弧形状态，手型圆，身姿优美、挺拔，练习者的视线需要跟随手部的动作而转移，同时保持肩部的放松状态。

三、形体素质练习

力量练习、柔韧练习、控制能力练习、耐力练习等都隶属于形体素质练习的内容，形体素质练习是形体健美练习的重要保证。好的形体素质练习能使练习者的肌肉群力量和弹性呈现增高趋势；使练习者的身体柔韧性呈现增强态势；使练习者的身体协调性呈现优良状态；使练习者的身体姿势的形成呈现好的构建态势。

（一）练习一

热身后的预备姿势具体为：练习者坐撑，双臂延展伸直。其具体动作为：①练习者双臂同时慢速后举至最大限度，保持时间 5 s。②练习者上体前屈，保持时间 5 s；后上体还原为预备姿势。其具体要求为：练习者双臂须伸直后夹肩，在练习者身体前屈时，双臂后举，需要举至练习者身体的最大限度。

（二）练习二

热身后的预备姿势具体为：练习者仰卧，双臂斜向上举。其具体动作为：①练习者通过腰胸发力带动上体离地，双手臂在身后支撑；②练习者身体前屈进行压腿动作，同时双臂经侧摆至向后举；③练习者还原为预备姿势。其具体要求表现为：发力的重点在于练习者的胸腰，手臂不要用力支撑；练习者身体前压时，腹部要求尽可能贴近其大腿。

（三）练习三

热身后的预备姿势具体为：练习者跪撑，双腿合拢。其具体动作做法为：①练习者重心向后转移，双臂向前撑；②练习者上体向前推移，胸部、腹部、胯部按顺序贴近地面成俯撑；③练习者再按原动作秩序进行还原，回归成预备姿势。其具体要求表现为：练习者在推移的过程中要始终保持胸部直挺，按标准抬头。

（四）练习四

热身后的预备姿势具体为：练习者呈俯卧姿势，双臂向后伸。练习协助者分腿立于练习者膝关节的两个侧面，协助者与练习者要相互拉紧。其具体动作表现为：①帮助者用力拉起练习者，使练习者的上体离开地面，形成最大反背弓；②动作需保持5s，协助者再将练习者复位至俯卧姿势；③练习者和协助者姿势互换进行练习。其具体要求表现为：练习者挺胸、头部抬头动作要标准，向后弯腰要用力；协助者的上体要向前倾，抓住练习者的手腕，按要求保持停顿，逐渐转成后倾，双腿保持直立状态。

（五）练习五

热身后的预备姿势具体为：①练习者呈仰卧姿势，双腿并拢伸直，脚面需要绷直，练习者双手抓住协助者的脚踝；②协助者分腿站立在练习者的肩部两边，双臂向前举起。其具体动作方法为：练习者双腿上举，双腿触及协助者的双手即可。协助者的双手轻推练习者的双腿，使练习者运用腹肌的控制力量使双腿呈现轻触地面的状态，最后恢复至预备状态。此后练习者和协助者再相互交换进行练习。其具体要求表现为：练习者的双腿要始终保持并拢并绷直的姿势，再者是利用腹肌而不是其他部位的力量进行举腿和落下的动作。

第四节　户外训练方法——以足球为例

一、无球技术

作为一种由丰富技术构成的竞技运动，足球不仅拥有多样的有球技术，如争抢球和控制球技术等，而且还需要球员具备较强的无球技术能力。事实上，在激烈的竞技比赛中，球员经常要完成无球技术，换言之，球员常不直接控制足球，甚至不进行球权的争夺。具体而言，在赛场上，通常只由本队的一名球员直接控球，有效完成有球技术，其他队员都需要完成无球技术。在长达一个半小时的规定时间内，球员的控球时间实际也就 10 min 左右，剩余的 80 min 都在完成无球技术活动。分析当今世界优秀的足球运动员的技术能力，可知他们既拥有超强的有球技术，又具备高超的无球技术。

（一）无球技术之跑

在足球运动的跑动中，球员不需要像田径运动员一样具有爆发力的腿部蹬伸动作，换言之，足球运动员并不要求下肢拼命脱离地面。基于此，球员在 90 min 内能够随时依据现实赛况及时改变跑动的方向。但在无球跑动过程中，球员的步频和步幅都应根据实际赛况随时调整。例如，球员在争夺球或靠近对方球员的时候，可以减小跑动步幅，同时提高步幅，尽可能降低自己的重心，并且减小自己全身的前倾角，从而通过控制身体平衡，达到及时完成足球技术动作的目的。反之，如果球员需要快速跑动，则需要提高自身的步频和步幅，尽可能避免身体起伏过大，以达到追赶对手球员或争夺球权的目的。

（二）无球技术之变向变速

对于足球运动员来说，在比赛过程中经常需要不断变化跑动的方向，如突然停止、减速、启动或加速。只有在赛场上恰当运用无球技术，才能在瞬息万变的比赛中争抢有利时机和位置。

一般来说，球员在进行变向跑动的过程中，要尽可能避免降低跑动的速度。想要做到这一点，应降低自己的身体重心，同时减小自己的步幅，并使脚尖成为改变动作的转向点。另外，为了减少改变方向造成的时间、速度损失，球员转向时要稍微倾斜，选择自己的脚掌的侧边或者脚跟用力蹬地，达到提高制动力的目的。

如果球员想要完成突然加速动作，应及时调整跑动姿势，也就是说，球员要让自己的身体向前方倾斜，尽可能降低身体重心，使其落在自己的前脚掌上。

在完成突然启动跑动的时候，球员的身边状态并非始终稳定。因此，在进行突然启动时，不管实际情况如何，球员的身体状态应是较低的，同时要尽可能让自己的重心迅速向前移动，通过让肌肉进行爆发式的收缩运动而尽快让身体状态从静止中出来，尤其在双腿用力蹬地的时候，要快速伸直自己的髋、膝、踝关节，从而完成具有爆发力的后蹬动作，让自己身体快速前移。另外，球员还可以通过迅速摆动自己的双臂来提高身体前移的速度。

在各种变向变速技术中，急停最为常见。其可被划分为急停和转身急停两大类。这对于想要尽快摆脱对方球员的足球运动员来说是非常有效的。

（三）无球技术之起跳

在观看足球比赛的时候，经常看到球员会原地起跳去争夺球权的画面。可见起跳技术在无球技术中的重要性，其可以帮助球员完成空中球的抢夺。另外，这种技术动作也经常和其他无球动作有机结合共同使用，如急停、跳起顶球和转身。同时，起跳技术还是有球、无球技术的重要构成内容，如各种停球、踢球等。球员在实际比赛中，通过对场上局面的全面观察，正确恰当地判断起跳时机甚至可以决定比赛的走向。

起跳技术的重点在于起跳的高度和时机。通常，球员为了尽快抢到空中球，会提高自身垂直悬空腾起的高度，这就要求球员应完成正确及时的起跳。正是因为足球运动中的起跳是为了抢夺暂时悬空的足球，起跳的目标不稳定，所以球员无法像跳高运动员一样提前确定好自己的起跳点、跑动的步幅，只能通过判断足球在空中的运动路线和场上球员所在位置来确定自己的顶球点，从而进一步确定自己的起跳时间和起跳点。

一般来说，球员可在原地起跳和跑动起跳中选择。前者一般为双脚起跳，后者则是单脚起跳。而球员应具有双脚都可以起跳的技术。为让自己的身体可以在空中保持一定的悬空时间，球员在起跳时应让自己的下肢有力地蹬地，从而获得地面对身体的反作用力。

（四）无球技术之假动作

假动作，顾名思义，就是通过各种灵活敏捷的肢体技术动作，转移对手的注意力，造成对手判断失误，做出无意义的肢体动作。由于足球运动中的假动作使用范围大，结构多样，球员的假动作能力可成为评价技术能力的重要指标。

无球假动作的基本构成为真实动作与虚假动作。通常，先完成虚假动作，再完成真实动作。另外，球员务必要在完成第一个动作之前，提前确定下面要完成的动作环节。同时，球员在进行假动作的时候，要及时判断对手是不是已经对自己的假动作有所反应。通常，如果对手能够及时对第一个动作做出反应，那么他对第二个动作做出的反应会稍有延迟。由此可见，倘若球员具备先行完成一个动作并成功“欺骗”对手，之后立刻更换动作的能力，自然可以熟练掌握和运用足球假动作。

（五）无球技术训练方法

下面将具体介绍几种无球技术训练的方式。

1. 跳的练习

（1）学生首先要以俯卧姿势作为起始动作，在这里的俯卧动作方向应为全身面向即将奔跑前进的方向。当看见教师发送给自己的视觉信号之后，学生应立即反应起身奔跑25~30 m。而这个练习需要有规律的间歇时间，具体而言，从最开始也是最长的5 min，之后逐次减少10 s，最终减少至30 s。

（2）学生要根据教师所发送给自己的视觉信号，以站立式姿势出发，进行5°~1°的上坡跑，或完成斜坡跑25~30 m。该项练习的间歇时间可同上。

（3）除了以上两种练习外，学生还可以根据教师的实时口令，来改变奔跑速度，跑步距离以300~500 m为最好。

通过充分运用不同的视觉信号来开展跑的练习，既可以锻炼学生在动作速度、反应速度和位移速度方面的能力，又能够培养学生的观察力。对于学生来说，观察力是帮助他们正式踏入足球技术、战术世界的台阶，更是作为一名优秀的球员非常重要的基本技能。

2. 变向变速的练习

（1）学生要根据教师所发出的手势命令，在10~20 m的跑动距离内突然启动，完成各种变化方向的动作，如向前（后）转身、左右转身、下蹲、跳起等训练。

（2）学生听从教师的命令，先开始15 m距离的全力跑动，之后听从教师的实时口令，在某个固定目标急停。

（3）学生根据教师所发出的手势，在规定场地的20×20 m内完成和教师手势正相反的全力跑。

（4）学生还可以进行30 m“折回跑”。形式可以有多种：定时、双人竞赛或固定间歇的练习。

变向变速训练可以提高学生的柔韧素质、反应速度和灵活度。如今的足球比赛在对抗性和速度上不断加快、加剧。这也为当今的高校学生带来了更高的要求，即不断提高自身的有球技术和无球技术。熟练运用变向变速技术正是无球技术的一大基本表现，在赛场上，其能够提高插上、选位、过人、盯人、摆脱等方面的能力。

3. 起跳的练习

（1）听从教师安排，学生们进行“蛙跳”追逐赛。

（2）要求在规定距离为50~80 m的正规场地中，进行“袋鼠跳”练习，并规定时间为2~2.5 min。

（3）连续综合跳跃练习，学生根据教师指示，先完成高度为70~100 cm的栏架跳跃，之后再完成纵跳、跳远，最后以跳上体操桌为止。

（4）学生听从统一口令，两脚完成在体操桌上的30~50次的跳跃练习。

一般来说，教师应把控好起跳练习的时间，最好在学生身体精神状态最好的时候开展，时间不要太长。另外，教师要时刻做好学生的安全防护措施。由于良好的腰腹力量和下肢力量是球员提高起跳技术的关键，特别是下肢的爆发力，因此学生在日常练习中可加大这两部分的练习。除此之外，学生还需要提高空间定向和定位判断两方面的能力，这是因为上述两种能力也可以起到提高起跳技术的作用。

4. 假动作的练习

（1）教师首先要在场地的中圈内随机摆放8~12根不等的横杆，学生则听从口令，在规定范围内，进行快速曲线跑练习。

（2）学生可以在场地内进行双脚交替跨跳的训练。首先，教师要绘制出1~1.5 m的折线，其次在折线的拐角处绘制一个圆圈，之后，学生要双脚交替跳入圆圈内前进。在开展跨跳的过程中，学生应注意重心不要太高，起跳角度同样不要过大。

（3）多人追逐训练。教师可安排学生在罚球区半场内，进行一人追三人跑的追逐训练。被追逐者需要在规定的范围内运用各种假动作进行躲闪。被抓住的学生则成为下一轮的追逐人。

随着足球技术的不断进步，单一的技术动作早已无法成为直接摆脱对手的有效手段，因为简单的技术动作通常一眼就会被对手所看破，而失去效果。所以，教师在对学生开展无球技术训练的时候，关键性内容就是通过科学有效的训练法，使学生根据对手的实际行为来进一步提高突然摆脱的能力。在这里需要注意的是，这种训练在本质上是提高学生的全身重心在空中快速移动的感知能力。

二、运球技术

在全场跑动的时候，球员需要完成各种运球行动，即通过单独一只脚连续带球跑动或双脚交替带动足球跑动，让足球始终在自己双脚的控制下在一定的范围内运动。事实上，在足球种类繁多、数量众多的技术中，运动技术属于基础类别。球员在熟练掌握运球技术之后，能够在实际比赛过程中改变进攻节奏，起到打破场面局势的作用。

一般来说，按照运球部位的差异，运球技术可划分为以下几类：脚内侧运球、脚背运球和运球过人。前两种较为基础，后一种颇具难度。

（一）脚内侧运球

脚内侧运球动作的技术难点在于，球员需要用一只脚来支撑全身。同时另外一只脚的内侧要用来运球，换言之，用一只脚的内侧带球前进。起到支撑全身作用的脚应随时在足球的侧前方。另外，球员的肢体也需要面向运球的方向前进。此处需要注意的是，起到支撑作用的脚必须维持在一个稍微弯曲的状态，而另外一只脚一定要让足球的活动范围在自己的脚内侧。

（二）脚背运球

1. 脚背内侧运球

脚背内侧运球技术需要球员的上半身微微向前倾，同时，肢体呈放松状，尽量减少自身的移动步幅。关键点在于运用脚背内侧运球的过程中，球员的踵部一定要提起，脚尖的方向冲外，脚跟的方向冲内，膝关节向外应有一个角度，通过脚背的内侧部分使足球在目标方向向前活动。

2. 脚背正面运球

脚背正面运球技术相对直接和简单。一般来说，球员只需让自己的身体面向目标方向运动，同时让自己的脚背正面来推动足球向前移动即可。在这里需要提醒的是，球员的移动步幅应小一些，避免使足球超出自己的脚下控制范围，导致球权消失。另外，使用这种运球技术时，一定要让自己脚尖的方向朝下。

3. 脚背外侧运球

脚背外侧运球技术需要球员让自己的上半身面向前方稍微倾斜，并朝向目标方向前进，同时，用来带球的腿要微微提起，同时通过脚部外侧推球。在这里要注意的是，推球的幅度不要过小，更不要过大，以免使足球超出自己的控制范围。另外，脚尖的方向要朝内，而脚后跟尽量面向外部，脚步外侧应面对活动的目的方位。

（三）运球过人

相比于脚内侧运球和脚背运球，运球过人更具挑战性和难度。在足球运动迅速发展的今天，世界足球强国的防守能力也越来越强。面对不断增强的防守强度，球员需要具备扎实过硬的运球过人技术，这样才能在严防死守中杀出一条血路来。

在足球进攻方式日趋多样的今天，运球过人依旧具有重要价值和意义。一旦球员完成运球过人后，对手的防守能力就会大打折扣，同时也可以为自己的队员带来进攻的契机和空间，为射门打下基础。下面将对运球过人技术进行分类介绍。

1. 拉球过人

拉球过人技术要求球员把自己的一只脚的前脚掌放置于足球的侧上方或是上方位置；同时，另一只脚成为支撑自己身体的脚。位于足球上方的脚应用力把足球朝后方拉，这样一来，守方便可在开展防守战术时导致重心不稳，向前扑空。由此可见，拉球过人适用于对手朝向前方扑球的情况，球员可抓住向前扑空的时机，带球前移，从而突破防守。

2. 拨球过人

拨球过人技术的重点在于脚踝关节的灵活性。球员要通过脚踝关节的转动，让自己的脚背内侧或脚背外侧来接触球面，从而达到让足球拨向不同的方位，如侧方、侧前方、侧后方等。一般来说，如果球员想要在赛场上使用该项过人技术，不仅需要完成拨球动作，而且还要在完成球位移动之后，迅速跟进，推动足球，让足球可以朝着自己的目标方向活动。

（四）运球技术训练

1. 拉球练习

拉球练习需要教师提前确定好训练的活动范围，学生则按照教师要求开展自由运球。教师发号施令，学生的一只脚成为支撑脚，同时另外一只脚的前脚掌则接触足球的上面，慢慢朝后方拉球，在进行拉球的时候，学生的前脚掌一定要围绕足球进行圆周运动。

2. 跑动中运球练习

在进行跑动中运球训练的过程中，为了便于活动开展，大多以分组形式练习。不同组的学生要先在间隔一段距离的地方完成站位。每名学生都有一个足球，其中一组学生的第一名开始向另外一名学生直线带球跑动，在跑到场地对面的边线位置时，另外一组的学生就可以开始进行反方向的跑动运球训练。

3. 快速转身运球练习

在进行运球训练的过程中，同样应先进行分组，不同组一字排开、分开站位，并间隔一定的距离。教师应在每一个组的每一名学生面前的 13 m 左右的位置上放一根标志杆。然后，不同组中排在最前面的学生率先带球朝向预定方向，即标志杆的方向奔跑。在整个带球跑动中，学生要能够控制住球，不让其左右乱跑，在抵达标志杆处后，学生应立即运球转身，之后直接带球跑回本组的所在位置，并把脚下的足球运到第二名学生的脚下，而第二名学生在接到上一名学生给的足球后，重复上一名学生的技术动作，完成快速转身运球练习，然后以此类推，直到本队排在末尾的学生完成运球。

4. 运球变向练习

在开展该项训练的时候，教师应提前规划一个正方形的场地，要求边长为 25 m，并将标志物放置在正方形的四个角落。首先，学生要自动分为四组，每一组的学生应分别站在各自队伍所在的角落。其次，教师要将两个球放在正方形的中间位置。之后，一名学生跑向中心位置，用脚带走一个球，然后再把这个足球直接传到对角线位置所在组排在第一的学生手中，传球完毕则自动跑到该组的最后面。其他两组的学生也运用上述方法开展练习。

5. 运球过人练习

运球过人练习的难度相对高一些，它要求完成基本的攻防行为。具体来说，教师要在球场上规划出长 30 m、宽 20 m 的矩形场地，并把学生分为两组，要求每一组的人数应相同。两个组应各自站在两条相对应的边线外面。

训练开始，教师先把足球随意分给两组中的一名学生，那么，这名学生运球跑动，自动成为攻方，而与其对应的组员则成为防方。之后，成为攻方的学生应带球跑动，完成破坏对手的防守线的任务。那么，与之对应的防守方则应充分利用各种阻拦技术不让攻方突破防线，并试图获得球权。如果攻方突破防线，或守方把攻方的足球截下，则本轮结束，双方交换身份，继续开展下一轮的比赛。直至两个组的学生都已成为攻方或守方，那么本次训练就结束了，获得胜利最多的组为最终优胜组。

三、踢球技术

下面介绍三种常见的踢球方式。

（一）脚内侧踢球

1. 踢反弹球

球员在完成踢反弹球这个动作的时候，应该结合足球反弹位置移动至球员最佳位置，同时足球的实际落点也应和球员支撑脚所在的位置彼此照应。通常，球员腿部摆动的动作在完成定位球和反弹球时是相同的。具体而言，当足球从空中落在地上，在其从地面弹起的时候，球员应立刻让一只脚的内侧去踢足球的中心处。

2. 踢空中球

通过观察足球运动的速度和轨迹，球员要及时移动位置，要进行踢球动作的大腿屈膝抬起，同时向外侧延展，小腿屈并绕额状轴后摆，通过小腿绕额状轴由后向前摆动，当摆至额状面时与球接触，击球的中部。

3. 踢定位球

踢定位球与其他踢球方式不同，它一定要有助跑环节，而且，在助跑过程中，最后跑动的一步必须比之前的助跑步伐要大。通常，球员在踢定位球前，要有一定的准备姿势。首先，球员作为支撑身体的脚应该在足球的侧面，要求和足球有 15cm 左右的距离，同时这只脚的脚尖方向应为即将踢球的方向，并且稍微弯曲支撑腿。

在球员完成支撑脚落地动作之后，踢球腿开始进行摆动，大腿带动小腿往前伸，当即将接触足球的前一秒，通过踢球腿的摆动，让脚跟接触足球，并把足球送至目标方向，从而让踢球腿脚跟内侧和足球之间形成的一个平面在空间上和球员踢球的方向成为垂直关系。换言之，在踢定位球的时候，一定要让踢球脚的脚底和地面形成空间上的平行关系，同时让球员踢球脚的脚尖微微翘起，利用球员膝关节的力量固定脚型。只有这样，球员踢出的定位球才会兼具速度和力量，同时还可以保证足球的运行轨迹不出过大的偏差。

（二）脚背踢球

1. 脚背外侧踢球

（1）踢反弹球

在踢反弹球时，选择脚背正面和选择外侧大体相似。区别仅在于脚部接触足球的部位不同，该项技术是选择脚背外侧来击球的。

（2）踢地滚球

与定位球的踢法基本相同，踢地滚球的动作要领在于踢球脚和支撑脚的姿势和摆动上。具体而言，利用脚背外侧踢地滚球的时候，支撑脚的站位与足球在地面滚动的速度息息相关，只有这样才能确保球员的踢球脚在接触足球的时候支撑脚和足球的相对位置关系与要求相一致。

（3）踢定位球

采用脚背外侧和脚背正面踢球的动作要领并无太大差异，区别在于摆动时脚部的状态，也就是说，利用脚背外侧踢球的时候，踢球腿的摆踢动作应让脚面绷直，同时脚趾要朝向内部，向斜下方自然扣紧，之后，球员让自己的踢球脚的脚背外侧去击足球的中后方，完成击球之后，球员的踢球腿应依照惯性向前方摆动并自然着地。

2. 脚背内侧踢球

（1）踢定位球

采用脚背内侧部位完成定位球的踢球技术同样需要助跑。但和上文描述的几种踢定位球技术不同，该技术的助跑形式为斜线，同时其方向需要和球员踢球方向呈 45°的夹角。另外，加大助跑最后一步的跨度也是关键。作为支撑身体的支撑脚，其脚底应努力着地，并将脚尖的方向和足球运动的方向保持一致。与此同时，球员的落脚点应在足球内侧 20~25 cm，之后膝关节自然弯曲。

当支撑脚自然落地后，球员的踢球腿应顺势向后方摆动，同时将髋关节作为身体的轴心，并让大腿带动小腿，使小腿努力朝前摆动。此时此刻，球员的小腿应进行具有爆发力的腿部摆动，而踢球腿的脚背要维持一个相对绷直的状态，脚尖也要微微向外侧转动。踢击足球的部位是脚背的内侧，在做出一系列踢球动作后，球员的踢球腿应和全身的运动趋势相一致，即跟随足球的运动方向而向前探出。

（2）踢地滚球

利用脚背内侧踢地滚球，不仅要考虑对面足球的过来速度和方向，而且还有足球的落地点、摆腿的速度。具体来说，球员需要根据足球的运动方向和速度，正确判断且快速移动到落球处。另外，球员在决定支撑点的过程中，应全面考虑足球的来向和自身摆腿的速度，这直接决定了脚在接触足球的时候是否可以具有一定的力量，同时让踢球脚与足球之间的相对位置可以存在一定的规范。

（3）踢反弹球

踢反弹球的难点在于球员是否可以准确判断来球的落点。这种踢球技术可以帮助球员处理侧前方或侧方的高位来球。因为球员只有通过细心地观察足球的运动轨迹和方向，进行一个基本的预判，才能保证在来球反弹远离地面的时候，第一时间完成踢球动作。其余动作要求和踢定位球大体相同。

3. 脚背正面踢球

脚背正面踢球主要包括以下几种。

（1）踢倒勾球

站位的判断与跑位直接影响倒勾球的质量和效果。球员只有正确判断来球的方向和速度，才能够及时调整站位，确保位置移动正确，且可与足球落点相对应。另外，球员还要注意让站位在足球的后方。

在接球的过程中，球员的支撑腿要保持弯曲的状态，而自己的上半身也需要呈向后仰的状态；而球员的踢球腿要将轴确定为髋关节，之后向前转动，同时让足球在躯体的正前方处把足球向目标方向踢出，并保证球员的身体方向和自己的踢球方向相同。

（2）踢定位球

如果足球运动员选择用脚背正面来踢定位球，那么助跑的方式也可选择直线助跑。具体而言，球员的支撑脚和来球落点的距离要保持 10~12 cm。同时，脚尖的方向要和出球的方向相一致，微微弯曲膝关节。在向前奔跑的时候，球员的踢球腿要慢慢朝后方摆动，同时将髋关节作为轴点，完成大腿带动小腿的动作，使球员的踢球腿朝前方摆动。直到球员膝关节的摆动位置来到足球正上方时，小腿将发挥作用完成动作，同时以脚背的正面达到击打足球后中处的作用。

（3）踢侧面半高球

该项踢球技术的练习重点在于球员能够判断足球的运动方向和速度。球员基于此进行最佳击球点的选择，同时让自己的身体始终朝出球方向。之后，球员应移动中心，将其确定在支撑腿上。而后，球员应让大腿积极带动小腿做出面向前方摆动的动作，同时选择脚背的正面作为击球部位。最后，当踢球腿做完击球动作后，应顺势依照惯性，为让身体达到平衡状态而自然向前摆动。

（4）踢反弹球

想要踢好反弹球，球员同样需要根据当时的情况进行较为正确和及时的提前判断，判断的内容主要包括足球的运动轨迹、空中球的落点处和来球的具体速度。完成这项踢球动作的重点在于球员应正确和准确地将足球从球场上弹起的瞬间抓住，然后让自己的踢球腿迅速摆动发力，利用自己踢球腿的脚背击打来球的中后位置。总之，想要处理好反弹球，小腿的有力向上摆动是关键。

（三）踢球技术训练

为了加强高校学生临场比赛的踢球技术发挥，教师需要在日常训练中，通过多种多样的技术训练法来使高校学生熟练掌握踢球技术。下面进行具体介绍。

1. 踢固定球训练

踢固定球训练是最为基础的踢球技术训练。该训练需要两名学生共同配合，其中一名学生先用脚将足球踩在地面上，然后另外一名学生通过脚部的不同部位来完成踢球，从而达到深刻体会脚部不同位置触球的感觉。

2. 射大球门训练

射大球门训练是如今最为常见的锻炼踢球水平的踢球训练之一。首先，教师要在球门和学生中间设置两个障碍物作为基本标志。其次，学生应站在球门前的罚球区处，选择任意一条腿作为踢球腿。然后，学生听从口令，用脚完成抽射动作，此时足球会以曲线向前飞（绕过教师设置的标志物），并落入球门。在这里要注意的是，学生选择抽射的方向不定，可左可右。同时，学生的抽射脚法也不做统一的要求。但是，随着学生踢球技术的掌握程度越来越高，教师可适当加大难度，如要求抽射的方向等。如此一来，学生的射门踢球技术便可在这种类似实战情景中得到提高。

3. 对墙踢定位球训练

这种特别的定位球踢法可达到提高学生充分使用不同踢球技术的目的。一般来说，学生要面向一面墙，同时把足球放置在距墙面一定距离的地面上。之后，学生通过助跑，完成加速跑动和脚部踢球的动作。在这里要强调的是，学生刚开始完成训练的过程中，一定要保证自己和墙面保持适度的距离，五 m 为最佳，太远则影响训练效果。另外，踢球的时候，学生应控制好踢球脚和腿的力量，以免因力量过大而造成足球踢出去后无法掌控。换言之，学生需要适度的力量使足球在被踢后，依旧可以被学生用手接好。

随着学生对该项训练的熟悉程度越来越高，教师可以要求学生适当加大足球和墙面中间的距离，加大学生踢球的力度。另外，教师在指导高水平学生时，可以把地滚球慢慢转换为半空球。

4. 踢地滚球训练

在开展踢地滚球训练的过程中，学生可以积极尝试不同方向的来球，如正面、侧面和侧后方来球。与此同时，教师还应该在训练要求上增加一些难度，如多一些条件。具体来说，学生在踢地滚球的时候，其站位、具体的脚法都要根据教师的要求走。

四、掷界外球技术

在比赛过程中，经常看到因犯规等突发情况造成比赛的暂时中止，之后，球员会双手高举足球，用力将足球再次抛入足球场内，恢复比赛。这就是下面即将介绍的一种足球技术——掷界外球技术。通常，依照抛球动作的区别，将这种技术动作分为两类：其一为原地掷界外球，其二为助跑掷界外球。

（一）原地掷界外球

原地掷界外球的关键在于球员的姿势、发力是否正确。具体而言，球员先让身体朝向出球的方向，然后双脚前后自然错开站立，而其前脚脚掌的最前处不能跨越边线，即原地掷界外球的球员不能踏入场内，脚不能过线。

（二）助跑掷界外球

助跑掷界外球在实战中运用非常广，这是因为其可以把足球直接传送到即将进行射门的球员处，这样一来，运动员便能够做到在足球来到脚下的时候，直接摆腿射门。

在完成助跑掷界外球动作的时候，助跑的姿势至关重要。首先，球员要做好姿势，两只手牢牢抓住足球，以免足球在运动的时候不慎落地。当球员完成助跑的最后一步的瞬间，应把自己的上半身向后仰，同时把足球也向后方牵引。球员的两只脚的站位为前后分开。之后，利用全身的力量把后牵引的足球向前方抛出。从后续动作来看，原地掷界外球和助跑掷界外球的区别不大。

之所以助跑掷界外球技术受到运动员的欢迎，是因为这种技术颇具直接性和突然性，既具备了突破防守线的可能，也具备了直接破门的概率。

五、接球技术

（一）脚部接球

1. 脚内侧接球

（1）脚内侧接地滚球

球员要紧盯足球的运动轨迹，并积极正确地移动站位，接球的部位为球员支撑脚的正面。膝关节要稍微弯曲，与膝关节相同方向的侧肩面对即将接到的足球。与此同时，球员的接球腿要微微提起膝盖，并将大腿向外侧伸展，脚尖稍向上翘。脚的内部要朝向来球，同时积极向前方迎球。倘若球员的脚部内侧与足球触碰，在接触的瞬间快速向后方撤退，并把来球顺势接到踢球脚下。如果足球过来时的力量一般，那么球员可以把踢球脚向上方抬起，这样可以让脚部的内部与地面产生一个小于90°的角，并稍稍触碰足球。还有一种方法是在球员的踢球脚在刚刚接触足球的时候，通过下切动作的运用让足球强有力的向前力量部分成为旋转力，从而达到准确接球的目的。

（2）脚内侧接空中球

完成脚内侧接空中球动作需要球员具有较强的敏捷度和灵活性。首先，球员要正确及时地判断足球的来向，并依据判断来移动站位。同时，球员要通过观察，掌握比赛的实时局面，并确定合适高度的接球点。之后，球员要把自己的接球腿抬到一定高度，同时让该只脚的内部位置和足球来向相一致，并让腿积极向该方向朝前迎接。在接球脚触碰到足球的一刹那，应朝向后下方撤退，同时把足球控制在脚下。

（3）脚内侧接反弹球

接反弹球和接前两种球类似，都需要提前判断足球的落点，然后以最快的速度改变自己的站位。球员的支撑脚与足球的落点的相对位置都应该在足球的侧前方。同时，球员要稍稍弯曲自己的膝关节，并让身体的运动方向与接球后足球的移动方向靠拢。在这里要强调的是，球员在接球时的脚尖一定要稍稍向上翘，同时接球腿在带动小腿向上提起时要保持一个相对放松的状态，接球脚的内部朝向接球后足球移动的方向，并且内侧要与地面形成一个不大于90°的角。当足球落在地面上并受到地面的影响，向上反弹并离开地面的一刹那，球员接球腿的大腿要积极摆动，移动的方向为接球后足球的运动方向。此时，球员需要通过接球脚内侧部位稍稍推动足球的中上位置，从而把足球接到目标所在位置。

2. 脚背正面接球

（1）脚背正面接抛物线来球

首先，球员要仔细观察足球的来向，并正确及时地判断足球的落点，然后根据落点移动站位，并通过脚背的正面去迎接球。脚背稍微向上抬起，在与足球触到的一刹那，球员的接球脚与足球下落的速度应是相同的，接球脚还要微微向后方撤退。在球员接球的过程中，球员一定要让自己的大腿膝关节、踝关节、脚趾维持在一个紧张的状态下，另外，脚尖也要向上翘起，保证足球可以来到目标位置。

（2）脚背正面接高空球

脚背正面接高空球与正面接抛物线来球无太大差异，区别在于，接高空球的时候，球员应微微背屈，同时把接球脚向上抬起。在足球触碰到脚背的刹那，球员应放松自己的踝关节，并把足球接到自己的周围。

3. 脚背外侧接球

（1）脚背外侧接地滚球

球员首先要确定接球点，并把其放置于接球腿的一侧，同时屈起另外一只支撑腿的膝关节。开始完成动作，球员的接球腿要适度抬起并将膝盖一并提起，同时让接球脚内翻，促使小腿和脚背外面以及地面形成一个小于90°的角，并且面向接球后足球运动的轨迹和方向。足球的半径基本和接球脚距离地面的高度相同。之后，接球腿的大腿要朝着接球后足球的运动方向推送，并且让四肢跟着足球的运动方向而移动。

（2）脚背外侧接反弹球

脚背外侧接反弹球同样需要球员完成如下几个步骤：观察、判断、移动站位。在完成用脚背外侧接反弹球的时候，球员的支撑脚需要站在足球落点的侧后方。换言之，该动作的技术要求和上述动作并无太大差异，区别在于接触球部的具体位置不同。

4. 脚底接球

利用脚底接球也是一种积极有效的接球方式。具体来说，球员需要正向面对来球，同样也需要进行基本判断并迅速正确地移动站位，以迎球的姿势做好准备。此时，球员的支撑脚应在足球的侧方向，而球员支撑脚的脚尖也应和足球来向相对，并且稍稍弯曲自己的膝关节。球员的另一只接球腿则应该抬起，接球脚应背屈，这样可以保证接球脚的脚底与地面形成一个小于45°角，这时球员的脚跟不应与地面接触。通常，接触的部位应是前脚掌，并用这个部位来触碰足球的后上部。在这里要注意的是，当球员的接球脚触到足球的刹那，其接球脚的前掌需要稍稍向下，把足球的运动趋势停下来，甚至结合实际情况，把足球移动到自己需要的地方，如身后或前方。

球员依旧需要完成观察、判断、跑位和迎球这几个步骤。之后，球员应该让自己的支撑脚在足球落点的侧后方。脚尖应面向足球的来向，当足球即将落地的时候，球员应稍稍向前伸膝盖，并通过前脚掌去接触足球的中上部，并把足球接到自己的周围，在自己的控制范围内。有时会需要球员将足球接到身后，那么则需要在脚触碰足球的瞬间接着屈膝。这样一来，球员便可以把足球回拉到自己想要的理想位置，同时还要跟着支撑脚将前脚掌作为旋转的轴心，旋转90°以上。

（二）腿部接球

与脚部接球相比，腿部接球并不是很常见的。下面进行具体介绍。

1. 大腿接抛物线较大的高空球

无论用腿接球，还是用脚接球，面对来球，球员都应该做到“观察—判断—移位”这几步。在用大腿接抛物线较大的高空球的时候，球员需要抬起自己的接球腿，在接球腿和足球正面触碰之后，接球腿应迅速撤退，并把足球接到自己的目标处。

2. 大腿接低平球

大腿接低平球和接高空球的动作要领基本相同。区别在于球员在接球前应该将自己的大腿微微屈起，并送髋前来迎接足球。在接球腿和足球相接触的时候，及时收回大腿，这样一来，足球就可以落在球员希望的位置上了。

（三）胸部接球

与腿部和脚部接球技术相比，胸部接球的难度更高，上下肢体的协调配合要求更为严格。下面进行具体介绍。

1. 收胸式接球

胸部接球的动作要领是接球者要正向面对足球的来向，站立的姿势为双脚左右，甚至前后开立。然后两只手臂自然张开，同时将自己的胸部挺起，去迎接来球。当足球接触到胸部之后，球员应立刻按照以下动作顺序完成接球动作：首先收起胸部，然后收起腹部，之后将臀部向后方移动，这样便可以把足球接到球员的身体前方。

在这里要提醒的是，如球员想要把足球接到自己的身体两侧，那么则需要在胸部接触到足球之后，立刻转体把足球接到自己的目标身侧。

2. 挺胸式接球

在利用挺胸式接球的时候，球员的动作要领和收胸式有几大相同之处，主要在预备姿势上。这种胸部接球要求球员的两只膝盖都要稍稍屈起，同时把自己的身体重心放在支撑面里。让自己的上半身微微向后方仰，同时要稍稍收起自己的下颌，让全身处于一个平衡的状态上。当球员的胸部与足球接触的时候，球员一定要伸直自己的膝关节，同时双脚用力蹬地，这样一来，球员的胸部便可稍稍托住足球的下部，让足球在胸部的上方微微弹起。

六、射门技术

足球射门是足球运动的术语之一，主要是用踢球、头顶球、铲球等技术将球射向对方球门。在足球运动中，射门是进攻的最终目的，是得分的手段，也是比赛胜负的关键。同时，射门的方法很多，比如对地滚球、空中球、反弹球、直线球、弧线球可直接射、带射、接射等。队员在射门的时候一定要保持冷静、机智、果断、有信心，动作要快速、准确、有力，并能随机应变。

（一）侧身凌空抽射

看准来球，判断好击球点。在身体侧对球门的同时，兼顾防守者的拦截动向，当球由空中运行将至体侧下落时，尽快调整好步幅，以离球远的一脚为支撑点，脚尖针对出球方向，以便身体转动准确击球。上体向支撑脚一侧倾斜，将对手同球隔开，根据球的高低，适时调节支撑脚的弯曲度和上体的倾斜度。

击球前，上体倚着对手，抬起大腿，带动小腿急速向前挥摆，以脚背正向踢球的后中部射门，身体随之转向球门，准备下一步行动。当球距身体 1 m 左右时击球，击球刹那，脚背绷直，用脚背正面击球的后中部；击球后，摆动腿，跟随惯性自然前送，两臂也自然前后摆动，以维持身体平衡。

（二）抢点倒地凌空射门

迎来球，迅速下降重心，支撑脚向前或向侧方跨出，脚尖对准射门方向，身体重心在立足上。当球离身体 1.5~2 m 时摆腿击球；击球时，迅速折叠小腿，身体代偿性地向侧面倾斜，以便摆动腿击球和增加射门的力量；此时支撑手自然触地减轻身体与地面的接触。

（三）抢点铲球射门

处在双方激战门前的情况下，进攻者眼疾脚快，接近球时，迅速下降身体重心，两手自然张开，维持平衡；前脚支撑并顺势向前屈膝，继而用力蹬地，后脚前伸以脚外侧沿地面向前滑出，先声夺人，用脚底击球射门，然后，身体随惯性迅速向击球腿一侧方向翻转，同侧手撑地起立，接连下一个动作。

（四）争先脚尖同球射门

尽管加快速度向前疾跑，也难以取得正常的身体方位来触及疾驰而过的足球。为捷足先登捕捉得分战机，进攻者全力以赴，接近球时，后脚用力蹬地，前脚屈膝前跨，髋关节前挺带动整个身体向前位移，以增大出球力量，脚面绷直，用脚尖部位捅球的后中部射门，两臂自然向后展开，以维持身体平衡。

（五）鱼跃侧摆头顶射门

遇到侧路传来的平高球，为了争取时间，抢在对手之前射门，包抄者远侧端跟进包抄迎球冲去。当球近身时，前脚用力蹬地，两手前摆，身体随之向前跃出，几乎与地面平行，利用腰部向球门方向侧摆并同时甩头，以额侧面顶球射门。击球后注意两臂屈肘以便缓冲着地。

（六）抢点争顶头球射门

注视球的飞行，判断好落点，迎球跑动；根据不同性质的来球，抢占有利位置；在对手起跳之前，先调整步幅，以单脚用力蹬地跳起，同时两臂屈肘上提，跳至最高点，上体前伸并侧摆转动，同时向球门方向甩头，争先抢点，以额侧面将球顶出射门。

（七）外脚背踢弧线球射门

直线或斜线助跑均可，立足踏在球的侧后方约 15 cm 处，脚尖正对射门方向或稍向外展，膝关节微屈；击球前，大腿后摆，小腿折叠，由后向前快速挥摆；击球时，摆动腿脚尖内扣，脚背绷直，切削式的踢球后中部或中下部，切削力越大，球飞行的弧度和力量越大；击球的同时，两臂前后自然摆动，以保持身体平衡，用内脚背踢弧线球射门时，采用斜线助跑，击球时摆动腿的脚尖外展，脚背绷直，踢球的用力和方法与外脚背踢球相同。

（八）剪绞侧踢倒钩射门

以右脚踢球为例，球在头顶前上方 1 m 左右时起跳，起跳时踢球腿用力蹬地（右腿），左腿屈膝上抬，身体稍后仰，两臂同时上摆，使身体迅速腾空；腾空后，身体几乎与地面平行，同时双脚做剪绞，踢球腿小腿折叠，身体斜倒向左侧的同时，右腿向前上方快速摆动，在最高点击球；击球刹那，正脚背击球的后中部或中上部。击球后，身体侧对地面着地，手臂弯曲缓冲，以手臂、肩率先接触地面，然后过渡到身体各部。

（九）凌空侧体剪式射门

身体侧迎空中来球，当球大致与头平行离体侧 1m 左右时，上体向射门方向斜转，踢球腿（右腿）用力蹬地向上起跳，身体侧面与地面平行。击球时，两腿剪绞，踢球腿正脚背击球的后中部。落地时，手臂弯曲缓冲并迅速转体俯卧着地。

七、抢截球技术

（一）正面跨步堵抢

去抢球的那个人两只脚一只在前，另一只脚在后面，看到运球的人之后走到他面前，然后让自己的两个膝盖都进行一定程度的微微弯曲，这样一来，一方面可以让自己的重心降下去，另一方面可以让身体的重心直接放到两脚之间。抢球的人通过这种方式可以在运球人刚碰到球的一刹那就能去伸脚用脚内侧直接去把球给堵住，一旦觉得堵到自己面前的足球了，就应该反应快点，让另一只脚也迅速上去。若在自己堵住球的同时对方也同时间将球给堵住了，那么这时候就要更进一步，抢球的人应立刻将自己的另一只脚当成支撑点向前，然后抢球的那只脚把球往上一提一拉，让脚下的足球滑过对手的脚面，身体重心也紧随其后空降到合适位置并在之后控制好脚下抢过来的足球。

（二）合理冲撞抢球

当防守的人和运球奔跑的人基本成肩并肩进行活动的时候，防守的人应该稍微把自己的重心往下放一放，哪边的手臂离运球的人近，就让哪边的手臂贴着自己的身体跟着球跑动，在看到对方和自己同一边的脚跑动过程中离地了，就赶快用自己的肘关节以上的部位稍微碰撞一下对方同样的位置，这样就可能让对方把握不了平衡，就会将球权交出，此时自己将球控制住就行了。

（三）正面铲球

比赛过程中，跑着跑着会有机会跑到控球人的跟前，这时候为了让自己的重心更稳，可以采用微屈膝的方式，寻找控球的人踢完球球正在空中翻滚的时机，自己双脚一起发力向地面上球落地的位置铲过去，然后赶快用手撑地而起。

（四）异侧脚铲球

当两个抢球的人都在迅速奔跑准备触球控制球权的时候，防守球的人需要判断好和球之间的距离，然后同一侧的脚用全部的力气往后去蹬一下地，这样就有力量让另一侧的脚面对球滑过去，利用滑过去的力量用自己脚底把球给铲到前方，然后自己迅速进行接下来的一系列动作，小腿外侧先着地、大腿外侧着地、手最后着地。然后用手迅速扶着地跃起，让自己的身体能很好地和之后自己带球的动作衔接起来。

在激烈的比赛中，因为铲球能够尽最大的可能利用时间和机会让自己得到球权，所以在踢球、接球、运球、抢球的时候都能用到这一技术。

八、守门员技术

守门员技术分为无球技术和有球技术两大类。无球技术主要有准备姿势和移动动作，有球技术主要有接球、扑接球、拳击球、托球、掷球和踢自抛球等。

（一）守门员无球技术动作方法

1. 准备姿势

两脚分开同肩宽，两条腿微微内曲，保证重心在两只脚的前掌上，上半身往前面倾一些。两臂自然下垂，手指自然张开，掌心向下，自然地屈肘，眼睛注视来球。

2. 移动步法

因为想要尽可能地不让对方进球，因此从各个角度射门的球都需要守门员去注意，守门员这里一定要依照比赛时候对方人、球的方位等的变化，去经常地根据情况对自己的守门位置做出一些调整。通常，守门员如果做出的是向左右移动的调整，常常会用到侧滑步或交叉步这两种步法。

（二）守门员接球技术动作要领

接地滚球技术动作有直腿式和单腿跪撑式两种动作。

1. 直腿式接地滚球技术动作要领

准备接球时，两腿分开并且要站直，脚尖正对来球，双臂微微内曲，稍下垂并且让双肘并起来去准备接球，两只手的小指互相靠近，用手掌心面对来球的方向。当手触球的一瞬间，两只手臂跟着球的力量往后缓冲一下然后立刻屈肘，顺势将球抱于怀中，然后再站起来。

2. 单腿跪撑式接地滚球技术动作要领

准备接球时，身体正对来球，两脚分开站着，一只腿深屈将身体支撑而不让身体倒地，另一腿膝盖内转似跪撑，膝盖接近地面并靠近深屈腿的脚跟，双臂微微内曲，稍下垂并且让肘的位置稍稍靠前一些，两只手的小指互相靠近，用手掌心面对来球的方向。当手触球的一瞬间，两只手臂跟着球的力量往后缓冲一下然后立刻屈肘，顺势将球抱于怀中，然后再站起来。

（三）接平直球技术动作要领

面对来球，两脚分开，左边和右边同宽并且和肩的宽度是一样的，双臂微微内曲，稍下垂并且让肘的位置稍稍靠前一些，两只手的小指互相靠近，用手掌心面对来球的方向。当手触球的一瞬间，两只手臂跟着球的力量往后缓冲一下然后立刻屈肘，顺势将球抱于怀中。

（四）接高球技术动作要领

1. 原地不跳起接高球技术动作要领

当在面对来球之时，两臂是向上伸开的；在进行接球的时候，两手自然张开，两手拇指相对成八字形，手指微屈，手掌上端轻微触球，触球部位以手指为主（掌心不能触球）接触球的中后部；接球时，手、臂弯曲，将球抱于胸前。

2. 跳起接球分双脚起跳和单脚起跳

双脚起跳接球多用于接正上方的高球，接球过程主要有五个程序，第一个是判断，第二个是踏跳，之后分别是顺势而起的腾空、接球和落地，最后是要将球收至胸前的。单脚起跳，总的来看接球应用范围较广，接远侧高球、高吊球、传中球等都可以使用单脚起跳去接球。单脚起跳接球的步骤与双脚起跳接球相同，但单脚起跳接球在踏跳时只用单脚起跳。

（五）扑接球技术动作要领

扑球常常是守门员通过移动无法及时接到球的一种补救方法。扑球是守门员技术中的难点，但它也是高水平的守门员必须掌握的一项技术。

1. 倒地侧扑地滚球技术动作要领

将准备姿势准备充分，两眼看来球的方向；扑球的时候，不同侧的那只脚内侧去进行侧蹬的发力，同侧的脚进行屈膝迎球并随后跨出，上半身顺着身体的走势压扑，目的是在很大程度上加速重心的前移倒地，双臂一起迎出去接球，腕关节稍内扣，用手掌挡压空球；手一碰到球就像扣住自己的两只手腕一样把球牢牢地扣在自己的手掌之间，扣住球并快速抱球起身；侧倒的顺序通常是先小腿、大腿，然后是臀部，最后才是肩和手臂外侧进行一定的缓冲之后触地。

扑脚下球时，重心降低出击迎球，在对手起脚射门的瞬间，快速倒地侧扑封堵球路，将球接住或挡出，随即做屈膝团身动作进行自我保护。

2. 跃起侧扑球技术动作要领

第一是对球和身体有多远进行一次判断，目的是确定之后用侧滑步还是交叉步去扑球。当身体重心倾移至同侧脚时，用脚外侧蹬地发力，让身体呈水平状向球腾空跃出；手臂伸出迎球，身体充分伸展，接球手型为半球形，靠压腕和手指用力将球控制接稳；跟着重心的变化，开始落地缓冲，落地时，两手按球随即屈肘，身体逐个接触地面，顺序一般是前臂、肩部、上体侧面、臀部、大腿和小腿，并且在落地的时候屈肘，转腕将球抱于怀中，并屈膝，然后将身体团成一团。若感觉握不住球，可以在扑球的时候就用拳头将球击出而避免扑接球。

3. 鱼跃扑接侧面平高球技术动作要领

看球是从哪个方向来的，然后把身体的重心往来球那一侧的脚上迅速转移，用那只脚使劲蹬一下地向侧面跃出，身体展开，两只手臂随后向球伸出，两个大拇指要挨着，手指像平常一样张开就可以，手掌是相对的，手一碰到球就像扣住自己的两只手腕一样把球牢牢地扣在自己的手掌之间，扣住不松手；在之后落地的时候，两手按住球，身体逐个接触地面，顺序一般是前臂、肘、肩部、上体侧面和下肢，并且在落地的时候屈肘、转腕将球抱于怀中，并屈膝，然后将身体团成一团，防止球滑出手掌。

（六）守门员技术练习方法

在做好准备姿势之后就进行徒手的练习，按照准备姿势技术动作要求做练习。要求动作幅度到位。

按照教练手势做向左、向右、向前、向后的移动练习。移动时身体重心不要起伏太大，做好随时出击的准备。

几个人合作练球时，做移动中接同伴踢来的地滚球、平直球、高空球等练习，体会在移动中完成接各种不同性质来球的技术动作要领。

第八章　高校体育运动训练实践指导

第一节　体能训练指导

一、力量素质训练方法

（一）肩部力量训练

1. 直臂侧平举

自然站立，双手各持哑铃垂于体侧，两臂伸至侧平举，快起慢放。

2. 颈前推举

身体直立，两手握杠铃于锁骨处，握距同肩宽，手臂向上伸直推起杠铃，然后慢放还原。

3. 颈后推举

两手反手握杠铃于颈后，手臂伸展向上举起杠铃，然后慢放还原。

（二）手臂力量训练

1. 手腕屈伸负重练习

两手反握杠铃或哑铃，前臂分别贴在大腿上，手腕伸出位于膝关节外。手腕围绕额状轴上下旋卷，手腕卷曲幅度尽量大；或者采用正握杠铃的方法进行练习。

2. 坐姿弯举

坐在凳端，两腿分开，一手握哑铃，另一手掌置于持哑铃手侧的膝关节上部，握哑铃手臂伸展，肘关节上部置于膝关节处另一侧的手背上，上臂固定，慢速屈肘至胸前，然后再控制恢复预备姿势。

（三）腹部力量训练

1. 支撑举腿

双手支撑在双杠上，两臂伸直，身体伸展，下肢放松，双脚并拢，收腹举腿至水平位，然后还原。

2. 悬垂举腿

两手正握单杠，两臂伸展，下肢放松，身体悬垂，两腿伸直并依靠收腹力量用力上提，脚腕触及单杠后再还原。

（四）腿部力量训练

1. 下蹲提铃

两脚开立，屈膝下蹲，杠铃与脚后跟紧贴，正握杠铃，蹲起直臂提铃于臀部，挺胸直背，然后还原。

2. 负重深（半）蹲跳

双脚开立，双手握杠铃扛于颈后，屈膝半蹲快速蹬伸，髋、膝、踝充分伸展，向上跳起，落地时保持半蹲或深蹲。

3. 卧抬上体

俯卧在台面，上体从一端探出，两手置于头后，上身下俯，然后快速向后向上抬上体，有控制地慢速还原，反复练习。

二、速度素质训练方法

（一）反应速度训练

1. 反应起跳

画圆圈，两人站圈外，练习者站在圈内手持竹竿向外划圆，圈外人跳起躲避竹竿，若被打中，与圈内练习者互换角色继续练习。

2. 压臂固定瑞士球

坐在凳子上，一侧臂侧伸，手掌压瑞士球。同伴向侧面不同方向拍球（最大力量的 60%~75%），练习者手用力固定球。

（二）动作速度训练

1. 双杠快速臂撑起

双手抓握双杠，两臂用力支撑，身体上移，再屈臂下移，反复练习。

2. 仰卧屈腿快速转腰

仰卧，双手握住横杆，屈膝收腹，髋快速向两侧转，反复练习。

3. 仰卧快速伸臂

仰卧在瑞士球上，手持哑铃举起，保持片刻，然后放下。直臂练习与屈臂练习交替进行。

4. 侧卧腿绕环

侧卧在斜板上，身体充分伸展，上侧腿尽可能大幅度绕环，两腿交替练习。

（三）位移速度训练

1. 沙滩跑

在松软的沙滩上快速跑，利用沙子的阻力提高速度力量。

2. 弓箭步纵跳

弓箭步准备姿势，垂直起跳，落地还原，反复练习。双腿交替练习。

3. 陡坡上坡跑

在坡度为20°~35°的上坡道快速跑。持续跑4~8 s后稍停顿，然后继续，争取在这个时间内每次跑的距离不断加长。

4. 跑台阶

快速跑上台阶，连续跑4~8 s后稍停顿，然后继续跑。

三、耐力素质训练方法

（一）有氧耐力训练

1. 重复跑

在跑道上重复跑，依据专项任务与要求来决定跑的距离、次数与强度，一般适宜强度为最大强度的50%~60%。

2. 定时跑

在15min时间内匀速跑，保持50%~55%的练习强度，可逐渐延长时间。

3. 定时定距跑

先确定要跑的距离范围，然后定时跑完，如跑距3 600~4 600 m，用时18 min左右。

4. 沙地连续走或负重走

在海滩上进行徒手快走或负重走练习。

5. 循环练习

将8~10个练习动作组成一组动作循环练习，每组循环时间至少5 min，共完成3~5组循环练习，组间间歇5~10 min，保持40%~60%的练习强度。

（二）无氧耐力训练

1. 反复起跑

站立式（或蹲踞式）起跑30~60 m。每组3~4次，反复练习3~4组，一组2次，之间间歇1 min，两组之间间歇3 min。

2. 反复超赶跑

在田径场跑道上，多名练习者成纵队慢跑或中等速度跑，听口令后，排尾加速向排头跑。

3. 往返运球跑

在篮球场地上从一端线运球到另一端线，然后换手运球返回，往返 6 次为一组，练习 4~6 组，组间休息 2 min。

4. 间歇接力跑

4 名练习者两两分组，两组练习者在跑道上相距 200 m，听口令起跑，每人跑 200 m 交接棒。每名练习者重复 8~10 次。

5. 计时跑

可进行比专项距离短的重复计时跑或比专项距离长的计时跑。重复 4~8 次，间歇 3~5 min。

四、柔韧素质训练方法

（一）颈部柔韧训练

1. 前拉头

双手在头后交叉，呼气，向下拉头，下颌触碰胸部，保持片刻后还原，反复练习。

2. 团身颈拉伸

身体由仰卧举腿团身，头后部和肩部支撑身体，双手膝后抱腿。呼气，将大腿向胸部拉，膝和小腿前部触地，反复练习。

（二）胸部柔韧训练

1. 坐椅胸拉伸

双手在头后交叉。吸气，两臂后移，上体上部后仰，胸部拉伸，保持片刻后还原，反复练习。

2. 直臂开门拉胸

在一扇打开的门框内，双脚前后开立，双臂向斜上方伸直顶在门框和墙壁上。双手掌心对墙。呼气，身体前倾拉伸胸部，保持片刻后还原，反复练习。

（三）腹部柔韧训练

1. 上体俯卧撑起

俯卧，双手掌心向下、手指向前放在髋两侧。呼气，用手臂撑起上体，头后仰，形成背弓，保持片刻后还原，反复练习。

2. 俯卧背弓

俯卧屈膝，脚跟向髋部移动。吸气，双手抓住脚踝。臀肌收缩，胸部和双膝离开垫子，保持片刻后还原，反复练习。

（四）腿部柔韧训练

1. 站立拉伸

背贴墙，吸气，一条腿抬起。同伴双手抓住练习者屈膝腿的踝关节上部，帮助腿上举，保持片刻后还原，反复练习。

2. 扶墙上拉脚

站立，一手扶墙，一腿屈膝使脚跟靠近臀部。呼气，另一手抓住屈膝腿脚背，吸气，向臀部缓慢提拉，反复练习。

第二节　心理训练指导

一、心理训练的任务

（一）培养学生的兴趣及意志力

学生对运动训练的兴趣不仅应由直接动机所引起，还应该有间接动机的支持，在心理训练中应使学生产生训练的间接动机，提高学生训练的积极性，使其保持顽强的意志投入训练。

（二）储备心理能量，保持最佳心理状态

通过心理训练使学生储备充足的心理能量，也就是使学生的心理指标达到理想状态，如训练动机正确、训练热情足、训练信心高、适应能力强等。这样学生才能保持最佳的训练心理和比赛心理。

（三）发展学生的专项心理品质

通过心理训练要有效培养与明显提升运动员的专项心理品质，具体表现在以下几方面：

（1）使学生专门化知觉能力得到提升与改善。

（2）使学生的注意品质达到更高水平。

（3）使学生思维更灵活、敏捷。

（4）提高学生的记忆能力。

（5）培养学生勇敢顽强、自制力强的良好意志品质。

（6）促进学生情绪稳定及控制情绪能力的提升。

（四）提高学生调控心理的能力

对于学生来说，在训练中和赛场上合理调节与控制自己的心理是非常重要的，在关键时刻能否合理调控心理，直接影响比赛发挥和最终的成绩。因此，在心理训练中

要着重培养运动员的心理调控能力，使其能够调节紧张情绪，放松身心，集中注意力，思维灵活，巧妙应对，发挥出正常水平。

二、心理训练的科学指导

（一）注意力集中训练

从生理学角度来看，运动员集中注意力时，大脑皮层相应区域处于适宜的兴奋状态，其余区域以抑制状态为主，但在不同区域抑制状态有深有浅。运动员注意力集中程度受到负诱导程度的影响，二者之间是正相关的，注意力集中性随负诱导程度的加强而提升。

在运动训练和比赛中，很多因素都会影响运动员注意力的集中性，使运动员分散注意力，如从运动员个人角度来看，运动疲劳、运动伤病、休息不足、营养不够、心里急躁、对得失与成绩过分关注等都可能使其注意力受到影响；从客观因素来看，注意力分散可能与不适应场地环境、不熟练新的器材以及观众态度等原因有关。

注意力集中程度高的运动员，从事运动训练时目的性更强，训练的自觉性也更高，而且责任心强，对提高训练效果具有重要意义。在注意力集中训练中应注意以下几点：

（1）将培养运动员集中注意力的习惯融入日常运动训练中，使运动员像对待正式比赛一样对待训练，态度端正，严格训练。

（2）运动员要戒骄戒躁，学会克制过度紧张、过分激动、恐惧、发怒等不良情绪，将注意力集中到训练任务中。

（3）为避免运动员在不正确或不确定的比赛情报中分散注意力，教练员要及时与运动员沟通，将正确的比赛情报及时传达给运动员，使其消除不必要的不良情绪，集中注意力备赛。

教练员要让运动员认识到，参加比赛虽然是为了取得好成绩，但不能因为对个人得失过分计较而在比赛中思想不集中，影响发挥，这样必然会影响最后的比赛成绩，甚至连最基础的水平都发挥不出来。

运动员在比赛中要第一时间克服紧张、焦虑、恐惧等不良情绪，否则这些情绪会将运动员的注意力转移到负面的东西上，只有自主控制与克服不良心理，将注意力集中在积极正面的因素上，才能发挥出自己的真实水平。

（二）意志品质训练

人们在行动上自觉克服困难以达到某种目的的心理过程就是所谓的意志。该心理过程中人们克服困难的行动是有意识的行为，是高级的行为，是自我调控的行为。人的理智支配人的行为，行为受大脑控制。人的意志由意识、智力、情感所决定，意识发挥主导性影响，控制与调节人的意志行动；智力帮助人们判断和决定应该做出什么样的意志行动；人的意志行动都带有这样或那样的情感，情感因素影响意志行动的方向。

果敢、顽强、主动、坚定、自制等都是意志品质的重要表现，这些表现无一不与影响意志行动的意识、智力、情感三大因素有关。意志品质的这些表现形式主要体现在运动员解决问题、克服困难及完成训练或比赛任务的过程中。对运动员的顽强意志品质进行培养，要从以下几方面出发。

1. 克服困难

对运动员的意志品质进行培养，就要使运动员勇敢对抗困难、克服困难。教练员要根据运动员的训练水平设置相应程度的困难，因为对不同水平的运动员来说，困难是相对的。对于训练水平较低的运动员，可设置较小的困难来进行考验，对于训练水平高的运动员，可设置相对复杂的困难来挑战运动员。不管针对什么样的运动员设置困难，都要确保运动员通过努力和顽强的意志行动后可以克服困难，这样可以增强运动员的自信心。对困难程度进行设置时，也可以依训练环境、训练任务而定，灵活调整。

2. 训练目的应明确

运动员的心理状态决定了其意志品质，而运动员对训练目的的认识情况又直接影响其训练心理状态，所以，在运动训练中使运动员对训练目的有明确的认识是非常重要的。运动员只有清楚自己要达到什么样的训练目的，才会从心理上自觉自愿地与困难作斗争，运动员越想尽快实现预期的训练目标，训练的自觉性和积极性就越强，就越能以顽强的意志行动去克服困难。

3. 利用集体力量

在集体项目的训练中，团队集体的力量能够给每个运动员带来无限的动力和力量，在良好的集体氛围中，队员相互鼓励、相互帮助，团结一致对抗困难，共同朝着同一目标努力，表现出坚忍的意志和充分的自信。

4. 鼓舞士气，积极努力

艰巨的训练任务、比赛中的失利都会影响运动员的自信心，使运动员心理受挫，意志变得薄弱，从而影响正常训练与比赛。对此，要加强心理训练，尤其是意志力训练。在训练中，教练员要发挥主导作用，正确分析运动员的处境，肯定其长处，重新点燃运动员的斗志，使其有勇气面对艰难的训练任务和环境，以顽强的意志行动去完成艰巨的任务，克服训练和比赛中的一道道难关，最终迎接胜利的曙光。取得暂时的胜利后，也要教育运动员胜不骄，和运动员一起总结经验，使运动员意识到顽强意志对取得成功的重要意义，从而继续以良好的意志品质投入到后面的训练中，积极努力地向更高的目标前进。

5. 变换训练

变换训练法是运动训练中体能训练和技战术训练的常用方法之一，在心理训练中也可以利用这一训练法来培养运动员的意志品质。运动员在训练或比赛中会因为一些主客观因素的影响而表现得非常紧张，缺乏自信，甚至失去了继续训练和比赛的动力或兴趣，这种情况下适合采用变换训练方法，帮助运动员克服紧张，消除顾虑，转移运动员的注意力，使运动员在新的、和谐的训练环境下调整心态，做一些轻松的练习，重新找回自信，变换训练的内容可由易到难逐步增加难度，最终恢复正常训练难度。

6. 运动员严于律己

在运动训练或比赛中，应教会运动员如何对自己的心理与行为进行控制，提高运动员的自我控制与调节能力，严格按照纪律要求规范自己的言行，提高训练效率和比赛成绩。只有创造严格的训练环境，营造既严肃又活泼的训练氛围，才能使运动员在困难面前以坚强的意志去面对困难和解决困难。

（三）比赛心理训练

1. 赛前心理训练

（1）赛前心理调控

在运动员正式比赛前调节与控制其心理，消除不良情绪，有助于运动员在比赛中抵抗住压力，战胜困难，集中精力充分发挥自己的水平。比赛前，教练员可对运动员进行心理测试，根据测试结果了解运动员的心理状态，如果发现有运动员存在不良心理，如过分紧张、不自信或盲目自信、恐惧等，就要及时干预，加强调控。具体要从心理测试结果出发对训练方案进行调整，并使运动员对自己的竞技实力和心理问题有清楚的认识，从而使运动员认清现实，正视现实、控制好自己的心态，以促进在正式比赛中的稳定发挥。

运动员参加比赛，如果对比赛环境不熟悉，容易受到环境因素的影响，具体包括场地器材、裁判、对手、赛场观众等因素。为避免这些因素给运动员带来不良的心理体验，要提前采用模拟训练的方式来帮助运动员熟悉比赛环境，赛前模拟训练可按照真实的比赛环境来设置场景，并制造一些干扰因素，从而对运动员的应变能力、抗干扰能力进行培养。在模拟训练中要控制好对运动员的言行刺激或干扰，如果过度干扰或刺激，会使运动员对比赛产生不必要的恐惧，影响运动员的参赛心理。

运动员在日常训练中通过大量的练习掌握运动技能，在练习过程中既包括身体练习，也包括智力练习，运动员的肌肉运动水平和智力水平都对其运动技能训练效果有直接的影响。在比赛前，要重视对运动员运动智能的培养，使运动员在运动技能训练中将运动感知觉能力和运动思维能力充分利用起来，提高智能，提高训练效果。另外，教练员可采用肌肉神经睡眠训练方法来缓解运动员临赛前出现的紧张、恐惧等不良心理现象。训练方法为，运动员保持自然坐姿，把呼吸调节好，稳定气息，全身上下从头肩部到腿部、足部等逐步进入放松状态，然后继续对呼吸的速度进行调整，身体和心理进入全面放松状态，减少体内能源消耗，保留充足的能源。从心理层面减少能量消耗，避免不必要的能量输出和浪费，有助于缓解运动员赛前不良心理状态，如无法集中注意力备赛、兴奋过度、异常紧张等。

此外，为保证运动员以最好的心理状态迎接比赛，在赛前心理训练中还可以着重进行呼吸训练，使运动员学会调整呼吸，使呼吸与肌体动作保持协调一致，根据动作需要合理调节呼吸频率，这既有助于使不良情绪得到缓解，还能促进机体供氧能力的提升。

（2）赛前心理训练程序

赛前心理训练不能盲目进行，要按照一定的步骤合理训练，将训练程序规范化，这样才能降低不良因素对运动员参赛心理的消极影响。一般建议按如下步骤对运动员进行赛前心理训练。

第一，了解运动员的心理问题以及造成普遍性问题的原因，了解的方式有走访调查、心理测试、正面沟通等，汇总运动员在比赛前普遍存在的心理问题，并分析造成心理问题的常见原因，如对手水平高、家庭或学校寄予过高的期望、长期训练引起身心疲劳等，了解问题和成因才便于对症下药。

第二，了解运动员不良心理的特点、表现以及形成原因和规律，根据这些信息有针对性地为运动员提供帮助，减少不良心理产生的频率和缓解不良心理的程度。这里所说的帮助既包括观念上的引导，也包括行动上的指导。例如，有些学生运动员赛前存在严重的心理障碍，过度关注比赛结果，使自己陷入非常焦虑、紧张的处境，针对这些运动员，要教育他们正确对待人生中的每一次成功与失败，努力夺冠固然重要，但也要做好失败的心理准备，关键是要全力以赴、无怨无悔、问心无愧，只要自己尽力，哪怕没有夺冠，也是值得尊敬和肯定的，也是实现了自己的价值。通过这样的引导，使运动员对比赛有一个正确的态度，并对参加比赛的真正意义有所了解。

第三，基于对运动员心理障碍的了解，综合采用多种不同的方法进行干预和调控。①语言暗示：语言暗示包括口头语言暗示（“你可以的”“相信自己”“尽力就好”）和肢体语言暗示（微笑、握拳、“OK”手势等），采用这种暗示方法缓解运动员的心理障碍，使其平静下来，调整心态，积极备赛。②思维中断：如果运动员赛前异常紧张或恐惧，要有意识地分散运动员的注意力，以免其将全部思维和注意力集中在害怕、紧张等不良心理上，通过分散思维使运动员合理分配注意力，不必要在没有意义的或消极的地方过多关注，要多想想对比赛有利的事。③模拟训练：一些运动员缺少比赛经验，面对从未参加或很少参加的大型比赛时难免会紧张，心理压力很大，这时可通过模拟训练来使运动员提前适应比赛环境，了解比赛情景，预知在比赛中可能出现的问题，提前思考应对方案，这样在正式比赛中就能克服紧张，稳定心态。模拟训练对运动员正式参赛时的心理状态是否有积极影响，取决于模拟的真实性与合理性，既要尽可能按照正式比赛规定布置场景，又不能把比赛情景设置得过度严重化，要把握好模拟训练的真实度，使运动员经过模拟训练再参加正式比赛时，仿佛“昨日重现”，能够从容应对，抵抗应激，稳定发挥。

教练员应规范心理训练程序，并综合运用多种有效的心理训练方法，重复多次训练，对运动员的不良心理进行有效调控，提高与巩固运动员赛前心理训练的效果。

（3）不同气质类型运动员赛前心理训练

运动员参加训练和比赛时的心理状态在一定程度上与其气质类型有关，判断运动员的气质类型，对其个性心理加以了解，从而提出相应的心理调控方案，提高心理训练与干预的针对性和实际效果。

第一，胆汁质气质类型的运动员表现直率，有旺盛的精力，经常保持着兴奋的情绪状态，对于这类运动员，适宜采取的心理训练方法有放松训练、念动训练，两种训练方法结合使用效果更好。

第二，多血质气质类型的运动员活泼好动，反应快，但不易集中注意力，也较为敏感，所以要特别重视注意意志品质的训练。

第三，黏液质气质类型的运动员性格内敛，不爱说话，不善表达，适合采用的心理干预方式有自我暗示训练和表象训练。

第四，抑郁质气质类型的运动员性格孤僻，动作迟缓，适合采用的心理调控方式有放松训练、表象训练等，同样要注意不同训练与干预方式的综合运用，以提高训练效果。

（4）赛前心理障碍的针对性处理

针对不同气质类型的运动员制订与实施相应的心理调控与干预方案，可提高干预的效果，有效解决运动员的赛前心理障碍，使其保持良好的赛前心理状态。为了进一步解决运动员的赛前心理问题，使其保持积极乐观的心理状态，保持良好的竞技状态，还要向运动员提供其他方面的引导与帮助，包括思想引导、生活帮助、学习指导等。教练员应多与运动员交流沟通，重视情感互动，激发运动员正确的训练动机和参赛动机，使其正确对待即将到来的比赛。

有些运动员的心理障碍主要表现在自我认知方面，教练员要多与这些运动员沟通，肯定运动员的长处，也要委婉指出他们的问题，使其全面认识自我，发扬优势，弥补不足。

有些运动员的心理障碍主要源于身体素质上，因此，要重视对运动员的体能检查，及时发现他们的体能问题，从而进行针对性的体能训练，提高运动员的体能水平，增强运动员的自信心。

对于因担心学业而产生心理障碍的运动员，教练员应主动与文化课教师沟通，协商比赛结束后的补课事宜，保证学生在比赛后能够顺利弥补落下的课程，解决运动员这方面的顾虑，使运动员放下压力，全身心投入训练和比赛中。对于学生运动员来说，既要抓学习，又要参加训练和比赛，学习与训练的矛盾长期存在，这是困扰很多学生运动员的一个关键问题。因为这个问题，学生训练时不能完全集中注意力，心理压力很大，从而造成了严重的心理障碍，而这个问题必须引起教练员和教师的关注，教练员与教师的协商与帮助是解决运动员学训矛盾的关键。

2. 赛中心理训练

竞技运动比赛场上形势瞬息万变，环境复杂，这些都会对运动员的心理状态产生影响。运动员在赛场上看到成千上万的观众、严格的裁判，难免会恐慌、紧张，这些不良情绪会影响运动员发挥自己的真实水平，影响比赛成绩。对此，要重视培养运动员的自我调控能力，使其能够在赛场上及时调整自己的心态，控制不良情绪。事实上，培养运动员的心理控制能力应该贯穿于整个运动训练过程的始终，使运动员形成良好的自我控制能力与习惯。

当运动员在赛场上比赛时，教练员和队友要给予鼓励和肯定，教练员适当地多表扬运动员，这有助于将运动员的运动潜能激发出来，使其有更好的发挥。在一些比赛中，有些现场观众不满意运动员的表现，会发出一些唏嘘声，或者对自己不支持的一方发出唏嘘声，这些都难免会使运动员的情绪受到影响，此时队友就要多多鼓励、多多加油，相信集体的力量和团队的凝聚力一定能够抵挡外界的质疑，使其不受外界干扰，正常发挥出自己的真实水平。当参赛运动员出现失误时，教练员和队友不要责备，要给予安慰，使运动员在后面的比赛中重整旗鼓，有出色的表现。

对于分上下半场的比赛或分多个场次的比赛，在场次间歇的休息时间，不仅要让运动员适当补水、休息，缓解疲劳，还要进行积极的心理干预，如果运动员前半场比赛成绩不错，处于有利的一方，教练员要提醒运动员乘胜追击，把握好主动局面；如果运动员前半场比赛成绩不乐观，处于劣势方，教练员要给予鼓励，增强运动员的自信，使运动员相信自己的实力，不要放弃，以良好的心理状态继续比赛。

3. 赛后心理恢复

运动员在一场完整的比赛中消耗的生理能量和心理能量都非常大，所以，在比赛结束后要及时休息，消除身心疲劳。有些运动员因为比赛结果不理想而郁郁寡欢、闷闷不乐，无法投入正常的训练和生活中，对此，教练员要做好心理引导，使其正确对待胜负，并与其一起总结比赛失利的原因，使运动员看到自己的问题，化悲痛为力量，在接下来的训练中克服问题，争取下次比赛成功。

第三节　智能训练指导

一、智能训练的任务

（一）提高运动员的参赛能力

通过智能训练，使运动员对训练和比赛的目的、任务有明确的认识与了解，对科学的训练方法加以掌握并能熟练运用，对比赛规则非常熟悉，并促进运动员运动感知觉能力、运动专项意识以及运动思维能力的提升。

（二）培养运动员制订计划的能力

通过智能训练使运动员对运动训练的原理、原则及规律有所了解，从而使运动员能够从自身实际情况出发制订适合自己的训练计划，合理安排计划中的训练内容、训练方法、运动负荷、训练时间等要素，并能在实施计划的过程中灵活调整计划。

（三）提高运动员的科学文化素质

运动员智能训练是在基础理论知识和专项理论知识的传授与学习中实现的，学生掌握基础与专项理论知识，学习运动人体科学的专业知识，能够提升自己的科学文化素质，提高自己的体育文化素养，从而为实践训练提供坚实的理论支撑与理论指导。

（四）培养运动员的自我监督能力

通过智能训练使运动员学会自我监督，采用恰当的方式对自己的训练水平、运动心理水平及身体机能水平进行测试，准确分析测试结果，并与教练员共同完成对训练过程的合理控制，提高训练效率。

二、智能训练的方法

（一）传授基础理论知识传授，培养与提升智能

1. 传授规律性基础知识

传授基础理论知识，要优先传授规律性知识，包括基本概念、基本原理、理论基础等，这些知识积聚着人类的智慧，尤其是逻辑思维，传授这些知识，使运动员理解并掌握这些知识，有助于发展运动员的思维能力，并使其运用规律性知识去指导训练实践，在运动技能训练实践中达到理想的正向技能迁移效果，提高训练效率。

2. 正确选用教学方法

在基础理论知识的传授中注重对直观教学法与启发探究式教学法的灵活运用，从而对运动员的观察能力、思维能力进行有效培养。

3. 基础理论知识运用于指导训练实践

传授基础理论知识后，使运动员在实践中灵活运用所学知识，将理论与实践有机结合起来，切实运用理论知识分析与解决训练中的现实问题，提高训练的科学性。

（二）传授专项理论知识，培养与提升智能

1. 用专项理论分析专项技术

向运动员传授专项理论知识，使运动员运用专项理论分析专项技术和专项战术，并培养与提高运动员的专项战术意识。运动员运用专项理论知识分析技战术的同时，其思维能力、观察应变能力以及适应性也会不断提升。运动员在比赛中与对手不仅存在体能、技能上的对抗，还与对手斗智斗勇，在这个智斗过程中运动员的战术意识发挥着重要作用，这是其智能水平的重要体现。

2. 根据训练目的选择专项理论知识

传授什么样的专项理论知识，与智能训练目的有关，要根据训练目的选择传授的内容。

为培养运动员的观察力、适应力，可传授比赛规则与裁判法等专项理论知识。

为培养运动员的思维力，可传授关于训练计划制订原理、制订方法以及调整方法的专项知识。

为培养运动员的实践操作能力，可传授专项器械运用方法、理疗措施以及自我监督等专项知识。

（三）在实践训练与比赛中培养与发展智能

通过体能与技能训练，可帮助运动员形成正确的动作概念，全面发展其智能因素，

包括观察力、记忆力、思维力、注意力以及想象力，与此同时，还能促进运动员创造力和实际操作能力的提升。

组织实战比赛，以赛带练，有助于对运动员的战术思维能力、灵活应变能力以及环境适应能力进行培养。

教练员对训练过程进行组织与控制，包括对训练方法、训练内容进行选择以及对训练计划进行调整，要重视与运动员的互动，让运动员参与到这些工作中来，从而在实践中培养与提升运动员的专项智能水平。

三、运动员智慧的培养与提升

运动员的智慧既受先天遗传因素的影响，又受后天环境因素的影响。挖掘影响运动员智慧的后天因素，使运动员通过后天努力提高自己的智慧水平，对运动员的长远发展和专项提升具有重要意义。培养运动员的聪明才智，要重点抓好以下几方面的工作。

（一）从现实出发，实现伟大理想

每个人都会面对理想与现实的问题，都应该学会对理想与现实的关系进行正确处理，立足现实而向理想努力，但不能为了理想而扭曲现实。运动员具体要从以下两方面来把握与处理这个关系。

第一，运动员都有自己的理想，越优秀的运动员，理想越伟大，抱负越远大，因为有理想、有抱负，所以他们努力成为更优秀的运动员，努力突破自己，取得骄人的成绩。这些运动员即使退役后也不会抛弃自己的专业，而是会从台前转到幕后，继续为培养下一代优秀的运动员人才而努力奋斗。

第二，很多运动员都志存高远、抱负远大，但是宏伟蓝图不是光靠在大脑中勾勒就能实现的，要立足现实，从一点一滴做起，坚持不懈，脚踏实地，一步一个脚印，最终水滴石穿，实现伟大的理想。成功的路上没有所谓的捷径，如果只想着抄近路，投机取巧，是不可能实现宏伟蓝图的，而且也得不到观众的认可与尊重。

（二）提高文化素质

运动员文化素质的提高是后天努力的结果。文化素质是智慧的重要组成部分，也是培养其他素质的基础与前提，因此在运动员智慧培养中，要特别重视培养与提升其文化素质。在培养与提高运动员文化素质的过程中，传授一般文化知识和专项理论知识，使运动员掌握这些间接经验，利用所学知识去指导自己的技能训练，提高训练的科学性。文化素质高的人，对生命的意义有更深刻的了解，思考问题的层次更高一些，而且也能从不同视角看待周围的事物。运动员的文化素质达到较高水平后，看待训练和比赛的视角就会发生变化，从而看待问题的深度也不同。文化素质高的运动员会从训练中挖掘乐趣，把训练当作一种享受，并在训练中不断探索新的有价值的信息，这有助于提高其思维力、想象力、实际操作能力以及创造力。一些优秀运动员之所以能够完成高难度动作，而且完成的质量很好，与其智商高有密切的关系。文化水平也会影响思维方式，文化素质高的运动员思维更多元、更开放，不拘泥于用一种思维方式去训练，他们善于探索和创造，善于以智取胜。

（三）形成正确的生活态度

运动员要提升自己的智慧，首先要有正确的生活态度，这是智慧发展的基础条件。人们的生活态度如果是乐观积极、努力向上的，那么其就会主动思考问题、解决问题，主动做事来充实自己，实现自己的价值。运动员的生活相对单一，大部分时间都在训练或比赛，时间久了，难免会感到枯燥和疲乏，甚至觉得生活没有了乐趣，并将这种负面情绪带动训练中，消极对待训练和比赛，这严重影响了运动员的职业生涯与长远发展。对此，培养运动员正确的生活态度非常重要。生活态度本质上而言其实是一种自我感觉，它和人的幸福指数是密切相关的，而这又会受到先天遗传、后天环境以及个人主观努力三方面的影响，其中先天遗传不是个人能左右的，后天环境也不是靠某个人就能改变的，但主观努力是人们可以自己控制的，运动员应该从这一点切入，通过个人努力形成积极乐观的生活态度，保持良好的自我感觉。

培养运动员积极乐观的生活态度要注意以下几方面。

第一，对生活中的挫折与困境要正确对待。人的生活不会总是一帆风顺，人们总会陷于这样或那样的困境，有的人能绝处逢生，逆境中成长、逆袭，变成优秀的、成功的人；而有的人却在困境中放弃挣扎，失去信心，得过且过。可见，对待生活困境的态度不同，最终的结果也大相径庭。对运动员来说，最常见的困境就是比赛失利，运动员如何面对暂时的失败，直接影响其以后的发展，正确的做法是正确对待每一次失败，在失败中成长，在逆境中磨炼自己，不断成为更优秀的自己。

第二，运动员不仅要正确对待困境与失败，还要正确对待成功，在比赛中取得好成绩，值得庆祝，但不能骄傲，不适合长期沉浸在喜悦的情绪中，不能在比赛结束很久了后依然留恋当时的成绩，而是要将这份成功转化为继续努力的动力，争取创造更好的成绩。这也是一种生活态度，胜不骄、败不馁的生活态度对人的成长非常有利。

第三，人际关系是一种隐形的生产力，对运动员的成长与成才非常重要。运动员要主动与周围人，包括教练员、队友、媒体等建立良好的人际关系，并维持好这份关系，创建和谐的交往氛围，恰当处理人际交往中的问题，从而维护好自己的生活与训练环境。

（四）善于累积实战经验

运动员智慧的增长与经验的积累有很大的关系。虽然运动员运动经验尤其是实战经验的增加未必一定会实现智慧的增长，但是如果缺乏足够的经验，智慧便会停留在一个固定的水平而无法继续增长。严重缺乏经验的运动员难以拥有真正的运动智慧。可见，对运动员来说，积累经验非常重要。运动员在每次参加完比赛后，要善于总结在此次比赛中的表现与得失，记录比赛的真实感受以及备赛过程中的训练经验，发现好的训练方式或好的技术表现方式时要及时记录，养成记录的好习惯，并经常翻看记录，将经验记在大脑中、刻在心里，这样丰富的经验有助于运动员在实战中更加灵活自如地发挥自己的水平。运动员在训练之余要多看书，多听专业人员的讲座，主动咨询专家，为自己答疑解惑，并有所启发，提升智慧。

（五）知己知彼

运动员了解自己的对手是非常重要的，有智慧的运动员更容易观察对手，分析对手、总结对手的技术特点，并及时捕捉对手的缺陷，从而以己之长攻彼之短，从战术上战胜对方。运动员不仅要了解别人，也要了解自己，要全面认识自我，包括自己的个性、体能、技战术水平以及心理和智能水平，认识自己的不足，虚心接受批评，主动改正不足，不断完善自我，提高智能，以便在比赛中通过比较与分析来做出战术选择。

四、运动员多元智能训练

运动员参与专项训练或比赛时，不可能只用到一种智能，而是有多方面的智能参与其中，而且智能活动形式非常丰富。这样运动员才能在训练或比赛中展现自己的优势，发挥自己的实力，取得优异的成绩。

在运动训练或比赛中，训练任务与内容不同，运动员需要发挥的智力能力也不同，这就要求采取不同的方法与途径进行训练。这有利于丰富训练内容与方法体系，有效培养运动员的思维能力和想象能力。

不同运动员的生活环境、运动经历以及知识水平不同，因此，擅长的智能也是不同的，但运动员的智能潜能是可以开发的，其中就包含多元的智能要素，而且不同要素对运动员的训练和比赛成绩有不同的影响。根据多元智能理论模式，在运动训练中，要尽可能发掘运动员的多种智能潜能，从根本上推动运动员智能水平的提高。

需要注意的是，在多元智能训练系统中，教练员与运动员都发挥主体作用，而且运动员不仅是智能训练活动的主体，而且是智能训练的客体，智能训练的实施者与训练对象之间形成了多元互动关系。

第四节　技战术训练指导

一、运动技战术基本知识

（一）运动技术概述

1. 技术的概念

运动技术指运动员发挥身体能力来完成体育动作的方法，这是运动员竞技能力水平的重要决定因素。参加不同体育项目的活动，需完成不同的动作，即需要学习和掌握不同的技术。合理的、正确的运动技术须符合项目运动规则的要求，有利于运动员的生理、心理能力得到充分的发挥，有助于运动员取得好的竞技效果。

2. 技术的动作要素

运动技术主要由身体姿势、运动轨迹、运动时间、动作速率等因素组成，这是不同类型动作技术的共同点。

3. 技术的形成

动作技术的形成是各方面有利条件和因素共同支持的结果，动作技术的形成条件随着技术难度的变化而有所变化，技术难度越高，技术形成所需的条件就越多。

4. 技术分析

在技术训练中，培养运动员的技术诊断能力、评价能力及创新能力非常重要，而这都离不开动作技术分析这个重要环节。

5. 技术观察分析

技术观察分析是指教练员（或科研人员）在实践中观察和分析运动员完成技术动作的情况，可以直接进行现场观察分析，也可以借助视频、图片来间接观察分析。这种方法简单易行，在训练实践中被广泛使用，观察分析的准确度主要与教练员的知识水平、专业水平以及经验有关。

6. 技术力学分析

技术力学分析主要依据动力学和运动学来分析运动员的技术动作特征。采用这种方法对技术动作进行测量、计算，用精确数据进行分析，优点在于准确、可靠、说服力强，在科研或技术诊断中这是比较常用的方法。

（二）运动战术概述

1. 战术的概念

战术是指根据比赛双方的情况，正确分配力量，充分发挥己方特长，为战胜对手而采取的合理有效的计谋、行动与方法的总称。

2. 战术的分类

运动战术的常见分类方法有三种，分别是按运动员熟练分类、按攻防性质分类以及按战术表现分类。

3. 战术训练内容

运动战术主要包括战术基础、战术知识，战术原则、战术结构、战术意识、战术观念等几项要素，运动战术训练应从这些结构要素出发。

二、技术训练指导

（一）运动技能形成过程中的技术训练指导

运动技能形成的一般过程包括粗略掌握阶段、改进提高阶段和巩固运用阶段，每个阶段的技术动作特点、训练任务、训练要求都是不同的，因此也要相应地采取不同的训练方法。

1. 粗略掌握阶段

（1）动作特点

在初步学习技术动作时，大脑皮层兴奋过程广泛扩散，内抑制不强，处于泛化阶段。这一阶段的动作特点如下。

第一，动作不协调、吃力、缺乏自控力，多余动作较多。

第二，动作表现质量很低、效果差，动作的精确性、连贯性、稳定性较差，只能粗略掌握动作的主要结构。

（2）训练任务

确定技术训练目标，建立正确的技术概念，形成动作表象，学习动作的主要过程，粗略掌握技术。

（3）训练指导

第一，将语言讲解和动作示范结合起来，帮助运动员形成正确的动作表象，使其对技术动作的主要结构和实施要领有所明确。

第二，以分解练习为主，将完整技术的各个动作环节掌握好，然后向完整练习逐渐过渡。练习强度以中小强度为主，要重复不断练习。

第三，在这一阶段要注意磨炼运动员的意志，培养运动员的自信，使其相信自己可以练好，坚持不懈，教练员要多观察指导，及时指出错误，帮助纠正。

2. 改进提高阶段

（1）动作特点

改进提高阶段，运动员大脑皮层的兴奋与抑制过程处于分化阶段，兴奋相对集中，内抑制逐步发展，这一阶段运动员不断克服动作的牵强、不协调现象，多余动作很大程度上减少，能在有利条件下比较轻松地完成动作，质量较好，基本形成动力定型，但尚不熟练，动作仍有缺陷。

（2）训练任务

进一步建立正确的动作表象，消除不必要的多余动作，提高动作质量，基本达到技术动作规格的要求。

（3）训练指导

第一，以完整练习为主，但在改进个别技术时仍采用分解练习法

第二，重复不断地进行练习，并适当变换练习内容、方式及条件，增加练习的多元性、趣味性，运动员在多元化的练习中对动作要领产生更深刻的体会，自主控制与调整动作，开始注意动作细节。

第三，反复练习中不断增加练习量、加大练习强度，使运动员对完整的技术动作越来越熟练。

对运动员的训练提出更高的要求，克服“技术高原”现象，不断改进细小的错误，精益求精。

3. 巩固运用阶段

（1）动作特点

在巩固运用阶段，运动员大脑皮层兴奋过程高度集中，内抑制加强并相当牢固，达到自动化程度，这一阶段的动作特征如下。

第一，动作准确、省力、轻松、自然、应变能力强、运用自如，形成了稳固的动力定型。

第二，动作质量高、效果好、抗干扰性强，在困难条件下和比赛中能很好地完成动作。

（2）训练任务

巩固动力定型，使运动员在困难条件下和比赛中能灵活自如地运用技术，创造优异的成绩。

（3）训练指导

第一，该阶段主要采用完整练习法、重复练习法、变换练习法以及比赛练习法。当运动员在不断练习中完全熟练技术动作后，采用控制分析法来分析运动员的动作质量，帮助运动员对动作细节加以完善，并对运动员的个人技术风格进行培养。

第二，通过增加练习强度来调整运动负荷，训练强度要逐步提高，直至接近比赛强度，并模拟比赛条件进行模拟训练。

第三，这一阶段还要采用念动训练法来培养运动员的动作知觉能力、技术分析能力，使运动员能及时敏锐地察觉到肌肉在完成动作时的细微变化，并按要求调整肌肉动作，达到精准的程度，以提高动作质量。

（二）不同类型运动项目技术训练的要点

1. 体能类项目

体能类项目技术动作相对单一，而且基本固定，没有变化，这类项目的技术训练是为了对专项技术予以熟练掌握，能够灵活自如地运用技术，并使运动员发挥自己的技术特长，形成自己的独特的技术风格。体能类项目技术训练应与专项体能训练充分结合起来，以促进运动员体能素质与技能水平的同步提高。

体能类项目分为周期性项目和非周期性项目两种类型，针对不同类型项目的技术训练提出了不同的要求，如前者的技术训练要注意技术的合理性、实效性，后者的技术训练要强调准确性、稳定性。

2. 对抗性项目

对抗性项目类型多样，动作形式丰富多彩，动作表现五花八门，没有固定的模式。在对抗性项目的技术训练中，运动员先以基本功训练为主，将单项动作熟练掌握好，然后在实战中合理准确地利用技术，提高技术运用能力，从而发挥技术的作用，达到预期的战术目标。对抗性项目技术训练与战术训练的结合至关重要，将二者结合起来进行训练，能够促进运动员观察预测能力、分析判断能力以及灵活应变能力的提升。集体项目的技术训练既包括个人技术训练，也包括团体技术训练，团体技术训练是为达到团体战术目标而服务的，通过团体训练，既要使运动员的个人特长充分发挥出来，也要提升团体的战斗力，并形成良好的团队风格。

3. 表现难美类项目

表现难美类项目以成套技术为主，成套技术是由多个单一的技术动作组成的，这些单一技术有不同的难度之分，它们按照一定的规律和顺序组成风格鲜明的成套技术动作，成套技术对运动员的身体活动能力及协调能力提出了较高的要求。在成套技术动作的训练中，要先进行分解练习，掌握单一技术，然后向组合动作、成套动作慢慢过渡，将单一动作串联起来进行成套练习，最终要能够准确、连贯、稳定、熟练地完成成套动作，整个过程要协调，要做好动作之间的衔接，并展现出自己的特点与风格，与此同时，还要注重创新，给人耳目一新的感觉。

三、战术训练指导

（一）战术训练要求

战术训练具有以下几项要求：

（1）在战术训练中，要明确战术指导思想，重视战术意识的培养，对不同战术行动能够熟练灵活运用。

（2）使运动员清楚常见战术的作用及适用情况，从而在实战中迅速做出判断和选择，将各个战术的作用真正发挥到实处。

（3）在对抗性项目的战术训练中，技战术训练密不可分，攻守战术的训练也不可分割。

战术训练不仅要与技术训练结合起来，还要与体能训练以及心智训练结合起来。

注重对运动员随机应变能力和灵活调整战术能力的培养，要活用战术，不能完全机械性地按照计划实施战术，要考虑突发情况。在正常比赛情况下如果没有充分的把握，不要随意调整战术，以免弄巧成拙。

运动员掌握的战术不是越多越好，不要一味追求数量，要更注重质量，要能够及时地采用具有针对性的战术，战术运用要准确、合理，要取得好的效果，要能够很好地协助队友，并能进行创造性运用，取得出其不意的效果，这都是战术质量好的主要表现。

先训练基本战术，再训练复杂战术，逐渐过渡，使运动员有能力将不同的单一战术有机整合起来，合理衔接，配套使用。

（二）战术训练方法

1. 在复杂条件下训练

具体方法如下：

（1）安排实力差距明显的队员进行对抗训练。

（2）对动作的时空条件加以限制。

（3）将战术变换的要求提高。

（4）按高于比赛难度的标准进行训练。

2. 降低难度训练

初习战术时，减少对抗因素，降低难度，放宽限制，使运动员先初步理解战术意图，对战术结构予以把握，然后逐步增加难度，提高要求，按正常标准进行训练。

3. 模拟训练

模拟比赛条件进行训练，使运动员深刻理解战术意图，牢牢掌握战术，合理有效地实施战术。

4. 分练与合练相结合

在集体项目中可采用这一战术训练方式，以进行个人或局部分练，再进行集体合练。

（三）战术意识培养

运动员的战术意识支配着他的战术行动，运动员是否有很强的战术意识，直接影响其在赛场上的表现，战术意识强的运动员能够对比赛形势进行准确分析，根据赛场变化灵活采取技战术，行动果断，而且效果良好，还能克服困难，发挥个人优势，使自己处在有利局面。相反，缺乏战术意识的运动员在赛场上的表现比较机械、被动，个人战斗力不足，而且与队友配合的默契度不高，没有将技战术发挥到真正有用的地方。培养运动员的战术意识不仅能提高运动员个人的竞技能力，还能提高其配合能力，提高整个团队的战斗力，使战术计划中的每项战术在关键时刻起到重要作用，达到良好的战术效果。

运动员的思维活动水平直接影响其战术意识，所以，在战术意识的培养中，要重点培养运动员思维的预见性、灵活性以及创造性，使其在赛场上表现出良好的战术行动。

培养运动员的战术意识，要注意以下几个要点：

（1）传授战术理论知识，提高运动员对战术的认知水平，使运动员清楚地知道什么是战术，常见战术类型有哪些，战术如何重要，等等。

（2）培养运动员预测赛场复杂情况的能力、分析比赛形势的能力，使其在预测与分析的基础上准确判断，果敢决策，快速解决问题。

（3）使运动员明确自己的职责，在赛场上坚守职责，同时根据赛事情况灵活应变。

（4）使运动员清楚地了解自己的技战术能力以及队友的实际水平，了解每个队员各自擅长的技术，在比赛中与队友高度配合，能够准确理解队友给出的暗示，及时辅助队友或得到队友的帮助，打好团体战。

（5）积累比赛经验，了解比赛场上的常见情况，能够熟练掌握应对常见情况的策略。

（四）战术训练计划

在比赛前，教练员要基本了解对手的实力和水平，然后将本队的实力水平和对手的实力水平做一个对比分析，再根据本队实际情况结合对手情况制订战术计划，提出对策，该计划是运动队进行战术训练以及在比赛中应用战术的重要依据与行动纲领。战术训练效果如何、战术实施能否取得好的效果都与战术计划的科学性、合理性有直接的关系。

1. 计划制订要点

制订战术计划，要注意以下几个要点。

要有全局观，考虑整体性，从团队集体的利益出发，最终要有利于集体的协同配合，取得集体的胜利，而不能为了突出某运动员的个人实力来制订战术计划。

了解专项的战术特点，根据战术特点来布置战术。例如，体能主导类项目的战术特点主要是合理分配体力；技能主导类项目要对心理战术重点考虑；个人对抗项目的战术特点是攻防交替瞬息万变、战术节奏富于变化，要根据运动员的个人特点制订心理战术，并将其与技术、体能结合起来；集体对抗项目中要将个人战术行动与集体战术配合的关系处理好，战术计划中既要有进攻战术，也要有防守战术，同时还要有备用战术方案，以供运动员在赛场上根据比赛需要而随机应变，灵活运用战术。

正确评估本方与对手的实力，制订的战术计划要有助于以己之长攻彼之短。

将竞赛规则充分利用起来，根据规则部署战术，不能违背规则的相关规定与要求，否则战术将无法实施。

全面了解比赛条件与环境，包括比赛场地、比赛器材、观众、裁判、气候等，使运动员熟悉比赛环境和相关事宜，然后制订周全的计划，这样运动员的心理负担会减少，也能充分利用有利的比赛条件来实施战术，从而提高战术实施效果。

2. 计划内容

（1）比赛任务和具体指标。

（2）比赛中运动员个体和团队的体力分配。

（3）确定阵型及不同战术的衔接方式。

（4）隐蔽战术意图的方法。

（5）预测赛场上的突发情况，提出随机应变的策略。

（6）在模拟训练中运用战术，分析战术运用效果，改进战术方案。

第九章 高校体育项目教学与训练实践

第一节 武术套路教学与训练实践研究

一、武术套路概述

（一）武术套路的定义与分类

武术套路是中国传统武术中的一个重要组成部分，是以攻防动作为基础，通过演练形式表现的一种有组织、有结构的动作组合。其本质是一种对实战动作的艺术化提炼与规范化整理，兼具实用性、观赏性与教育意义。武术套路强调“形、神、气、力、劲”的统一，是武术技艺与美学的结合。

从历史发展的角度看，武术套路源远流长，最早可以追溯至古代兵家技艺和民间防身术的发展过程。随着历史的演进，尤其是在宋、明、清时期，武术逐渐由实战转向表演与修身育人功能，套路内容趋于规范，种类日益繁多。现代武术套路则在继承传统的基础上，融合体育竞技和审美表达，形成了更加系统化的教学与比赛体系。

根据风格和地域的不同，武术套路可大致分为以下几类：

长拳类：以北派武术为代表，动作舒展大方，讲求速度与爆发力，如查拳、花拳、翻子拳等。

南拳类：源于南方各地，动作紧凑有力，步伐稳健，代表如咏春拳、洪拳、蔡李佛拳等。

太极拳类：属于内家拳，动作缓慢柔和，强调意念与呼吸的配合，具有很强的养生功能。

其他类别：如形意拳、八卦掌、螳螂拳、少林拳等，均各具特色，广泛流传于各地。

这些套路不仅展现了技击技巧，还承载着深厚的民族文化特征和地方特色。

（二）武术套路的文化内涵

武术作为中华优秀传统文化的重要组成部分，武术套路承载着丰富的文化内涵，是武术“文以化人”功能的集中体现。武术套路中蕴含着儒、道、佛等多种哲学思想，如“中和之道”“天人合一”“以柔克刚”“内外兼修”等理念贯穿始终。这些思想不仅体现在套路的技法安排中，也深刻影响着习武者的行为准则与修养方式。

在身体素质方面，武术套路有助于全面提升练习者的柔韧性、协调性、平衡能力、力量和心肺功能，是一种集有氧与无氧训练于一体的综合性运动。通过长期的套路训练，学生能够增强体质，改善体能水平，增强抗压能力。

在心理素质培养方面，武术套路训练注重心志的磨炼与意志品质的塑造。套路演练需要高度专注与稳定的情绪控制，这对提升学生的自律能力、自信心和心理抗压能力具有积极作用。

在道德修养方面，武术强调“尚武崇德”，通过礼仪教育、尊师重道、严于律己等训练过程，使学生在潜移默化中树立正确的价值观和行为规范，实现“以武修身”的育人目标。

（三）武术套路的教学目标

高校开设武术套路课程，不仅是体育教育的一部分，更是文化传承与综合素质培养的重要手段。其教学目标主要包括以下几个方面：

强身健体：通过系统的套路训练，提升学生的身体素质和运动能力，促进学生身体健康，增强抗病能力与精力水平。

传承文化：武术是中华传统文化的重要象征，教学中通过介绍武术的起源、发展、哲学理念等内容，增强学生对民族文化的理解与认同，激发文化自豪感。

塑造品格：武术强调礼仪、尊重、坚持、纪律等价值观，通过教学实践，有助于培养学生的责任意识、合作精神与集体荣誉感。

开发潜能与审美意识：套路动作具有节奏美、线条美与意境美，有助于学生审美意识的提高，同时通过舞台展示、比赛表演等形式挖掘学生的表达力与创造力。

综上所述，武术套路教学不仅是高校体育教育的重要组成，更是实现立德树人根本任务的有效路径，对提升大学生的综合素养具有不可替代的重要作用。

二、武术套路训练实践的策略与方法

（一）训练目标设定

在武术套路训练过程中，明确和科学地设定训练目标是提高训练效果和学生全面发展的关键。训练目标的设定不仅要符合学生个体的特点，还要基于长期发展与短期成效的平衡，确保学生在各个方面的成长都有所保障。训练目标应从多个维度进行综合考量，包括技术技能的掌握、身体素质的提升以及武德的培养等。通过科学的训练设计和持续的努力，学生将在武术套路的学习中不断提升，最终达到全面发展的目标。

1. 技术掌握

武术套路的核心目标是通过系统化的训练，确保学生能够精确、规范地完成套路动作和技法。在教学过程中应注重学生对每个基本动作的深刻理解，以及在不同情境下灵活运用动作的能力。培养学生的动作流畅性、精确性和力度感，能够帮助他们在表演和实战中展现出高水平的技巧。此外，学生应逐步掌握不同拳种的独特技法，了解并应用每种套路背后的技战术思维，形成扎实的技术基础，为未来的进阶和创新打下坚实的根基。

2. 身体素质提升

武术套路训练作为一项综合性的体育活动，能够全方位促进身体素质的提升。通过高强度的训练，学生的力量、耐力、柔韧性、爆发力和灵活性等各方面素质将得到显著改善。武术套路训练还特别注重学生的身体协调性和平衡感，这些基本的运动能力不仅对武术本身至关重要，也对学生在其他体育项目中的表现产生积极影响。随着身体素质的不断增强，学生的整体健康水平和运动能力也逐步提升，进而促进其在生活中的积极表现。

3. 武德培养

武德培养不仅是武术教育的精神核心，也是武术教育过程中不可或缺的一部分。通过武术套路的训练，学生能够在严格的训练规范中不断锤炼自我，提高其个人品德。在这一过程中，学生将学习到尊敬他人、坚持诚信、公正、勇敢无畏等传统武术精神，并在日常生活中加以实践。套路训练中的礼仪规范、师生关系和团队合作等因素，也将在潜移默化中塑造学生的品格，培养其社会责任感和集体意识，进而促进其全面人格的发展。

（二）训练内容设计

武术套路的训练内容应根据学生的实际水平、课程安排和训练目标进行科学设计。训练内容的设计应遵循由易到难、循序渐进的原则，既要重视基本功的打磨，也要针对性地进行专项训练，并通过实战和表现力的训练帮助学生在全面素质上取得提升。训练内容的设计必须具有系统性和层次性，确保学生能够在各个方面得到全面和均衡的发展。

1. 基本功训练（步法、手法、身法）

基本功是武术套路训练的基石，只有具备扎实的基本功，才能为复杂的套路和高难度动作提供稳定的基础。基本功训练不仅包括步法、手法和身法，还涵盖了技巧的细节和动作的精确度。步法训练主要帮助学生建立稳定的站位和灵活的移动，增强身体的敏捷性与稳定性；手法训练侧重于掌握各类攻击和防守动作的力道、精准度和协调性；身法训练则强调身体的灵活性、协调性和动作的流畅性。通过对这些基本功的不断强化，学生能够在未来的套路学习中更加自如地运用技巧，形成合适的动作习惯。

2. 套路专项训练（长拳、太极拳、南拳等）

武术套路种类繁多，每种套路都有其独特的风格和技术特点。因此，针对不同拳种进行专项训练，是提高武术技巧的必经之路。长拳的训练注重力量与速度的结合，强调快速和爆发力；太极拳注重内外合一，强调身心的和谐与流畅；南拳则以硬朗和刚毅的特性为主，注重力量的发挥与稳定性。在专项训练中，教师应根据每种拳法的特点，设计相应的训练内容，帮助学生在掌握每个套路的核心要领的同时，提高其整体的技战术水平。专项训练不仅能提升学生的技艺水平，还能增强其在实际应用中的灵活性和创造性。

3. 实战与表现力训练

实战训练的目的是将学生在套路训练中学到的技法和知识转化为实际对抗中的应用能力。通过模拟实战环境，学生可以更好地理解和应用套路中的技战术，提升应对突发状况和不同对手的应变能力。此外，表现力训练旨在提高学生在表演、比赛或展示中的舞台感和艺术感，帮助他们增强自信心和心理素质，使其能够在比赛和展示中充分发挥出自己的能力。表现力训练不仅能提高学生的竞技水平，也帮助其在公众面前展示出良好的形象和魅力。

（三）训练手段与形式

训练手段和形式的多样性对于提高训练效果至关重要。在现代武术套路训练中，教师应根据学生的不同情况和训练目标，采用创新的训练方法，以保持训练的高效性和学生的兴趣。结合现代科技，教师可以使用分段教学、情景模拟、竞赛驱动等多种手段，使学生能够在有趣且富有挑战的训练中不断进步。

1. 分段教学

分段教学法是一种有效的训练方法，它将复杂的套路动作拆解成多个小段，逐一进行精细训练。通过这种方法，学生可以逐步掌握每个动作的细节，并在掌握基础后逐渐合并成完整的套路动作。这不仅能帮助学生更好地理解每个动作的要点，还能避免在整体套路学习过程中因难度过大而产生困惑。

2. 情景模拟

情景模拟通过模拟真实的对抗环境，能够帮助学生快速适应实际战斗的情境，提升反应速度和战术灵活性。通过虚拟对抗场景，学生可以在压力下进行思考和决策，培养其应对复杂情况的能力。此外，情景模拟还能够增强学生的心理承受力，帮助他们克服对抗中的恐惧和焦虑，锻炼其坚韧的心态。

3. 竞赛驱动

通过组织定期的比赛或考核，可以有效激发学生的竞争意识，并促进其技术水平的提高。在比赛中，学生不仅可以通过实际对抗检验自己的实力，还能够通过与他人竞技发现自己的不足。比赛的紧张氛围和挑战性也能够促进学生不断提升自我，增强其训练的积极性和主动性。

4. 多媒体辅助与可视化训练

随着科技的不断发展，多媒体技术和可视化工具在武术套路训练中的应用日益广泛。通过录像回放和动作捕捉技术，学生可以看到自己与标准动作的差距，及时调整自己的训练方法。虚拟现实（VR）和增强现实（AR）技术的应用，更是让学生能够在虚拟环境中进行训练，增强他们对动作和技巧的理解，提高训练的直观性和趣味性。

三、影响武术套路教学与训练效果的因素

武术套路教学和训练的效果不仅仅取决于教学方法和训练内容，还与多个内外部

因素密切相关。这些因素主要可以从学生、教师和教学环境三个层面进行分析。每一层面的因素都会直接或间接地影响武术套路的学习效果，只有综合考虑这些因素，才能实现最优的教学效果。

（一）学生层面

学生是武术套路教学和训练的主体，其兴趣、体能基础、文化认知等因素直接影响他们的学习积极性、训练效果以及长期发展。学生在武术学习过程中不仅需要具备一定的身体素质，还要在精神和心理层面得到充分的激励和支持。

1. 兴趣

学生的兴趣是决定其学习效果的重要因素之一。在武术套路训练中，只有学生对武术有浓厚的兴趣，才能在训练过程中保持高昂的热情和动力，进而投入更多的时间和精力。兴趣不仅是学习的动力源泉，更是学生在遇到困难时坚持下去的重要心理支撑。教师应通过多样化的教学方式、富有趣味的互动环节以及实际应用的演示，激发学生的学习兴趣，增加其对武术的认同感与参与感。为了保持学生对武术的兴趣，教师可结合现代娱乐形式，如武术与音乐、舞蹈或电影等元素的结合，通过跨界教学激发学生的多重兴趣。

2. 体能基础

学生的体能基础是决定其能否顺利进行武术套路训练的基本前提。武术套路训练不仅要求学生具备较强的身体素质，如灵活性、爆发力、耐力和协调性，还对学生的心理素质和意志力提出了较高要求。体能基础较好、身体条件较优的学生能够较快掌握复杂的动作要领，进行高强度的训练并取得良好的成绩。而体能较差的学生可能会在初期训练中感到困难，容易失去信心，甚至产生退缩情绪。为了帮助这些学生克服困难，教师可以通过量体裁衣的训练方法，针对不同学生的体能水平制订个性化的训练计划。同时，教师还应注重体能训练的循序渐进，避免过度训练而导致学生受伤或产生厌学情绪。

3. 文化认知

武术不仅仅是一项体育运动，更是中国传统文化的重要组成部分。学生的文化认知水平对其武术套路的学习有着深远的影响。对武术的历史、哲学和精神内涵有一定了解的学生，能够更好地理解和融入武术训练的精髓，提升其对套路动作背后意义的理解。因此，教师应在教学中注重文化传承，提升学生的文化素养，使学生在技术上得到提升的同时，精神和思想层面也能得到陶冶。教师可以通过组织专题讲座、文化交流活动、武术历史学习等形式，帮助学生深入了解武术的文化背景和哲学思想，从而激发学生的敬畏之心和热爱之情。

（二）教师层面

教师的能力和教学水平直接决定了武术套路教学的质量。教师不仅要具备丰富的武术知识和技巧，还需要具备一定的教育学和心理学素养，能够因材施教，激发学生潜力。优秀的教师应当既是技艺的传承者，也是文化的传播者，能够通过创新的教学方式将武术的精髓传递给学生。

1. 教学经验

教学经验丰富的教师往往能够更精准地掌握学生的学习需求和心理状态，并根据学生的不同特点调整教学策略。经验丰富的教师在课堂管理、训练规划、问题诊断及解决方案等方面都有着较强的能力。他们能够有效引导学生逐步掌握武术套路，避免学生在学习过程中出现不必要的偏差。例如，经验丰富的教师能够判断出学生在学习过程中可能遇到的困难，并提前为学生提供解决方案，避免学生在遇到挫折时失去信心。除此之外，教师的教学经验还可以帮助他们创造更高效的课堂氛围，调动学生的学习积极性。

2. 科研能力

武术教育不仅需要教师具备传统的武术技艺，更需要教师在教学过程中不断总结经验，探索新的教学方法和理念。具备科研能力的教师能够通过对武术套路训练的不断研究，优化教学设计，探索新的训练模式与评估方法。例如，教师可以结合现代运动生理学、心理学等领域的研究成果，为武术教学提供更加科学的理论依据和方法。同时，科研能力强的教师还能够通过实验性教学和教学案例的研究，为武术套路教学提供理论依据和实践指导，推动武术教育的发展和创新。

3. 指导方法

教师的指导方法直接影响学生的学习效果。好的指导方法能够帮助学生理解每个动作的要领、抓住训练中的重点和难点，激发学生的潜能。常见的指导方法包括分解式教学法、示范法、纠错法、引导式教学法等。每种方法都有其特定的作用和适用场景，教师应根据学生的不同需求和学习进度灵活运用这些方法。例如，在初学者的教学中，分解式教学法可以帮助学生逐步掌握动作的基本要领；而对于有一定基础的学生，示范法和纠错法则能够帮助学生提升动作的准确性和精确度。教师的指导方法应当根据学生的特点进行个性化调整，使教学过程更加高效和富有成效。

（三）教学环境

教学环境是影响武术套路教学与训练效果的重要外部因素，包括场地设施、课程安排和政策支持等方面。良好的教学环境能够提供充分的资源支持，帮助学生和教师共同实现教学目标。合理的教学环境不仅能提高学生的学习效率，还能在一定程度上提升学生的安全感和自信心。

1. 场地设施

武术套路训练要求一定的场地条件，如宽敞的训练场地、适宜的地面材料以及安全的训练设备等。一个合适的场地不仅能够保障训练的顺利进行，还能最大程度减少学生受伤的风险。在武术套路训练中，一些高强度的动作（如翻滚、跳跃等）需要较好的场地支持，因此，场地设施的完备性直接影响学生的训练质量和安全性。学校应尽力提供符合武术训练需求的场地，合理规划训练场地的布局，确保学生在进行高强度训练时能够得到充分的保护。定期检查设施设备的安全性也是保障学生训练安全的关键措施。

2. 课程安排

合理的课程安排是确保教学效果的重要保障。武术套路训练课程的安排应科学合理，既要保证学生有足够的时间进行技术训练，也要留出适当的时间进行体能训练、心理辅导和文化教育。课程的难度要根据学生的学习进度进行适当调整，避免过度的训练压力导致学生失去兴趣或产生厌学情绪。同时，合理的课程安排还包括训练频率和训练时长的平衡，过长或过短的训练时间都会影响学生的学习效果。例如，长时间的训练可能导致学生疲劳，影响训练质量；而过短的训练时间则可能无法充分培养学生的武术技能和身体素质。因此，教师应根据不同阶段的教学目标和学生的具体情况，合理安排训练的频次和时长。

3. 政策支持

政府和学校的政策支持也是影响武术套路教学与训练效果的重要因素。良好的政策支持能够为武术教育提供充足的资金、教学资源和人才保障。例如，提供专业的武术师资、定期组织武术比赛或展示活动、设立武术专项课程等，以有效提高学生的学习积极性和参与度。政策支持不仅可以为武术教育提供必要的物质资源，还能在文化层面上推广武术的传统价值，增强全社会对武术教育的认同感和支持力度。此外，政府的政策支持还可以鼓励武术教育的创新和发展，推动武术文化的传承与创新。

第二节　武术散打教学与训练实践研究

在散打运动技能系统中，体能、心能及智能是非常重要的基础技能，对散打运动员的这些基本技能进行培养，需要组织科学系统的训练，运动员只有经过长期的训练，才能获得稳定的基础技能，才能为技战术技能训练与提高奠定基础，从而不断提高自己的散打技能水平，取得更好的训练成绩和比赛成绩。

一、散打体能训练方法

（一）力量素质训练

人体肌肉系统在工作时对阻力加以克服或进行对抗的能力就是力量素质。一般可以将力量素质分为三种类型，分别是最大力量、速度力量和力量耐力，这三种力量素质的特点具有一定的区别，因此训练方法也有差异。

1. 最大力量训练方法

散打运动员进行最大力量训练时，通常安排最大负荷强度的 75%～80% 即可，每个训练方法可重复 8～12 次，从而不断巩固与提高训练效果，具体训练方法如下。

(1) 卧推杠铃

在长凳上仰卧做好准备，连续卧推杠铃 8~12 次。

(2) 杠铃屈臂

双脚向左右方向分开而立，双手将杠铃反握住并提到腹前，两臂以肘关节为轴连续屈伸。

(3) 高翻杠铃

半蹲，双手将杠铃握住，并提到胸前位置，腕关节翻转成胸前握姿势，然后将杠铃放下，反复练习。

(4) 负重收腹

仰俯，固定两脚位置，双手将杠铃片举到顶后，连续进行收腹练习。

(5) 负重深蹲

将杠铃举到肩膀位置，深蹲起立，蹲起时脚跟上提。

(6) 负重俯卧体后屈

俯卧，固定两脚位置，双手将杠铃片举到顶后，身体抬起，反复练习。

(7) 单杠引体

两手将单杠握住，连续做引体向上动作。练习时，下颚要比横杠高，引体向上时，胸部要高于横杠，这样才对背阔肌的增强有利。上拉时腿不要摆动或前后蹬，可在两脚上系上重物，反复进行练习。

2. 速度力量训练方法

速度力量训练有很多方法，负荷强度具体要根据训练方法来定，常见训练方法如下。

(1) 负重弹跳

负重弹跳中，运动员所负重物通常是杠铃或沙袋，负荷强度以最大负荷强度的30%左右为宜，做弹跳动作时要结合各种步法连续进行练习。

(2) 卧推杠铃

以最大负荷强度的 95%~100%为宜，推起时辅以助力，放下时要给予保护。

(3) 站立快速平推杠铃

双脚前后或左右开立，双手将杠铃握住并提到胸前位置，负荷强度以最大负荷强度的 30%~50%为宜，向前平推杠铃时速度必须快，如此反复进行。

握拉力器（橡皮带）冲拳固定拉力器的另一端，成实战姿势冲拳。

(4) 握轻哑铃冲拳

手握轻哑铃或其他短铁棒，做好实战准备姿势，练习各种散打拳法。

需要注意的是，在练习过程中，要将不负重空击动作练习加入其中，交替进行。

(5) 负重做腿法练习

将沙袋绑在腿上，练习各种散打腿法，如蹬、踹、弹等。

需要注意的是，练习过程中，要将不负重空击动作练习加入其中，交替进行。

3. 力量耐力训练方法

在散打力量耐力训练中，负荷强度以最大负荷强难度的 25%~40%为宜，多次重复练习，甚至达到个人的极限，具体以运动员的实际情况来安排重复组数。

（1）推小车

手臂伸直俯撑在地上，挺直身体，同伴将练习者的双踝握住，并将其身体抬起，练习者双手前移快速爬行，也可以两手同时推离地面向前跳行。

（2）俯卧撑

身体在垫子或长凳上做好俯卧姿势，屈臂支撑身体，双臂迅速用力伸直。也可以两手握拳或十指撑在地上，以增加难度，提高练习效果。

（3）蹲步换踢

双膝弯曲做全蹲姿势，起立后做腿法动作，左右腿交替练习。

（4）俯卧两头起

在垫子或长凳上俯卧，两臂向前伸展，并拢两腿并完全伸直，两臂和两腿同时上抬成背弓姿势，然后迅速还原，按照相同的方法反复练习。

（二）速度素质训练方法

1. 打移动靶法

教练员或同伴手持靶，移动中突然示靶，练习者观察靶位，根据观察与判断快速反应，采用相应的散打组合动作来完成打靶动作。教练员或同伴可以用靶反击练习者，练习者迅速防守，为下一次击靶做好准备。

2. 条件实战法

两名练习者一组，一名练习者为主动进攻方，另一名练习者为防守反击方，防守反击练习者要以主动进攻练习者的动作为依据有选择地采用恰当的方法反击。

对于进攻或防守反击的动作，教练员也可先规定好，然后再由练习者自由选择进攻与防守反击动作。

3. 负重训练法

将小沙袋绑在腿上或手持小铁棒做空击动作。

需要注意的是，在练习过程中，要将不负重空击动作练习加入其中，交替进行。

4. “影子”训练法（空击训练法）

想象对手做各种防守反击与进攻动作，也可用自己的影子与自己展开练习。

5. 实战和比赛法

散打运动员要在训练中提高自己的反应能力，就要多参加实战和比赛训练，实战训练中，要安排不同的对手相互切磋，从而给练习者增加新的刺激，使练习者随机应变的能力得到提高。

（三）耐力素质训练方法

1. 跳绳

单脚跳（两腿交替）或双脚跳均可，跳绳频率不变，跳 8~10 min 或更长时间。通过跳绳，不但能够使运动员的耐力素质得到有效提高，还可促进运动员协调性、节奏感和踝关节弹跳力的增强，同时促进运动员步法灵活性的提高。

2. 越野跑

在越野跑训练中，一般以心率为指标来安排运动强度，心率以150次/min为宜，负荷时间一般在0.5 h~1 h。

3. 间歇跑

间歇跑中，一般以密度大、间歇时间短的中短距离跑为主，如60~80 m间歇跑、100~400 m变速跑。心率以170~180次/min为宜，完成一组练习后，心率下降到130次/min左右时，开始练习下一组动作。

4. 打沙袋

采用各种不同的散打拳法和腿法连续击打沙袋，负荷时间通常为2~3 min，共进行5~8组练习，每组练习之间安排1 min间歇时间。

5. 空击

练习者采用散打运动中的各种攻守动作连续不断地练习，练习速度要快，动作要连贯协调。负荷时间以2~3 min为宜，共进行5~8组练习，每组练习之间安排1 min间歇时间。

6. 坐桩

坐桩练习一般在实战形式或条件实战中进行，安排一名练习者坐桩，连续3~5局，每局持续2~3 min，每局之间安排1 min间歇时间，每局换一名体力充沛的练习者与坐桩者展开实战。

通常不适合在基础训练阶段开展坐桩练习，即使运动员散打技能水平较高，也不宜安排过多的坐桩练习，以免运动员在体力不足时，将动作的正确定型破坏。

7. 打靶

练习者在前进、后退等移动中用规定动作连续打手靶或脚靶，负荷时间以2~3 min为宜，共进行5~8组练习，每组练习之间安排1 min间歇时间。

(四) 柔韧素质训练方法

1. 各关节柔韧素质训练

(1) 肩关节

①向内拉肩

练习者站立，一侧肘关节抬到肩部，屈肘交叉于另一只臂。另一只臂抬到肩部将对侧肘关节抓住后拉。

两臂互换重复进行练习。

②向后拉肩

练习者自然站立，双手于背后合掌，十指向下，转腕使十指朝上。尽最大力向上移双手，肘向后拉。

根据个人情况重复练习数次。

③背向拉肩

与墙背对而立，双臂向后抬到与肩同高，伸直手臂扶在墙面上，十指向上。呼气，屈膝。

④助力顶肩

两名练习者一组，一名练习者在前跪立在垫子上，双臂上举，双手交叉于身后同伴的颈部。同伴身体后仰，以髋部将练习者的肩胛向前上方顶。

⑤助力转肩

练习者一臂90°弯曲侧举，同伴将其肘关节固定住，将练习者的手腕向后推。

两臂交换练习。

⑥单臂开门拉肩

练习者双脚前后开立，臂肘关节外展到与肩同高。前臂向上，掌心与墙相对。上体尽力转向对侧以充分拉伸肩部。

两臂交替练习。

⑦握棍直臂绕肩

双手于髋前握木棍，吸气，手臂伸直将木棍从髋前经头上绕到髋后。再绕回髋前。

（2）腕关节

压腕双臂屈肘与胸部齐高，用一手掌根部顶在另一手四指末端，用力压。

双手交替练习。

①跪撑正压腕

直臂跪撑在地面，手指向前。向前移动重心。恢复，如此反复练习。

②跪撑侧压腕

直臂跪撑在地面，手腕靠拢，慢慢前后移动重心，注意调整呼吸。

③跪撑反压腕

直臂跪撑在地面，双手分开，十指朝后。慢慢向后移动身体重心。逐渐恢复，如此反复练习，注意调整呼吸。

④向内旋腕

直臂于体前合掌，手腕内旋，双手分离，反复进行。

（3）髋关节

①弓箭步压髋

弓箭步姿势，前腿90°屈膝。双手叉在两腰侧。重心降低，直至后腿膝盖着地。后腿髋部用力下压。

双腿交替练习。

②仰卧转压腿

仰卧姿势，左腿提到胸部位置，右手置于左膝外侧，用力将左膝横向压到身体右侧地面。

左右腿交替进行。

③身体扭转侧屈

自然站立，左腿伸展、内收，在右腿前交叉。身体右屈，双手努力抓左脚踝。

左右侧交替进行。

④台上侧卧拉引

在台上侧卧，上腿直膝后移，悬在地面与台子中间。

两腿交替进行。

⑤仰卧髋臀拉伸

平卧在台子边缘，外侧腿悬空。吸气，内侧腿膝盖弯曲，双手抱内侧腿膝盖向胸部方向缓慢拉。

仰卧交叉腿屈髋仰卧，左腿在右腿上交叉，双手交叉抱头。呼气，屈右膝，右脚抬离地面。将左腿缓慢推向头部方向。

双腿交替练习。

（4）踝关节

①跪撑后坐

直臂跪撑在地面上，呼气，臀部向后向下移动，逐渐恢复，重复进行。

②上拉脚趾

左小腿放在右大腿上，左手将左脚踝关节抓住，右手将左脚脚趾和脚掌抓住，将左脚脚趾向脚背方向拉引。

两脚交替，注意调整呼吸。

③下拉脚趾

左小腿放在右大腿上，左手将左脚踝关节抓住，右手将左脚脚趾和脚掌抓住，将脚趾向脚掌方向拉引。

两脚交替，注意调整呼吸。

④踝关节向内拉伸

左小腿放在右大腿上，一手抓左小腿，一手抓左脚外侧，将踝关节外侧向内拉伸。两脚交替练习。

⑤脚趾上部拉伸

双脚前后分开而立，前膝弯曲，脚趾撑地，双手置于前大腿，身体重心慢慢向前腿脚趾移动，然后缓慢下压。

两腿交替练习。

⑥脚趾下部和小腿后部拉伸

对墙而立，双手扶墙，双脚前后分开，前脚和墙间隔 50 cm 左右的距离。身体前倾。后脚与墙正对，脚跟贴地。呼气，提后踵，后脚掌支撑身体重心，逐渐下压。

左右腿交替练习。

2. 各部位柔韧素质训练

（1）颈部

①前拉头

自然站立，双手交叉抱头，向下拉头，直至下颌与胸部接触，慢慢还原，反复进行。

②侧拉头

自然站立，左肘弯曲置于身后，头靠在右肩上，右臂将左肘抓住并向右拉，直至左肘位于身体中线右侧。

两臂交替练习。

③后拉头

自然站立，头慢慢后仰，双手置于前额，将颈部向后拉。

④仰卧前拉头

仰卧在垫子上，两腿屈膝，双手交叉抱头并向胸部方向拉，肩胛始终不离地，注意调整呼吸。

⑤团身颈拉伸

仰卧在垫子上，举腿团身，重心放在头后部和肩部，双手将腿抱住并拉向胸部，双膝始终不离地。

⑥持哑铃颈拉伸

自然站立，右手持哑铃自然落在体侧，右肩下沉。左手抱头右侧并向左拉，直至头靠在左肩。

左右两侧交替进行。

（2）胸部

①跪拉胸

双膝跪撑，身体前倾，两臂交叉置于台上。呼气，头、胸下沉触地。

②开门拉胸

双脚前后分开而立，肘关节外展与肩同高。双臂扶墙。身体向前倾以最大的力拉胸。

③坐椅胸拉伸

坐在椅子上，双手交叉抱头。手臂向后移，上体向后仰，将胸部尽量拉伸到最大限度。

④直臂开门拉胸

双脚前后分开而立，双臂斜上举，扶在墙上，要高于门框顶部。呼气，身体向前倾，尽最大的力拉胸。

（3）腹部

①俯卧背弓

俯卧屈膝，双手将两脚脚踝抓住，上体和两腿同时抬高，胸、膝不能触垫。

②跪立背弓

跪在垫子上，双手置于臀上部，保持背弓姿势，臀部肌肉收缩送髋。头向后仰，双手逐渐向脚跟移动，加大背弓。

③上体俯卧撑起

俯卧姿势，呼气，直臂撑地，向后仰头，保持背弓姿势。

（4）背部

①坐立拉背

屈膝坐立，上体贴在大腿上，双手将腿抱住。呼气，上体逐渐向前倾，手臂向前拉背，避免双脚离地。

②站立伸背

两脚并立，上体前屈直至平行于地面，双手将栏杆握住，手臂伸直，直膝，屈髋。呼气，上体下压，呈明显的背弓姿势。

（5）腰部

①仰卧团身

仰卧屈膝，双脚向臀部移动靠近。双手扶在膝下。呼气，双手用力将双膝拉向胸部和肩部方向，髋离地。

②俯卧转腰

俯卧，头至胸部在台子外悬空，将一根木棍扛在肩后。双手在身体两侧抓木棍两端。向不同方向尽力转体。

③倒立屈髋

仰卧，垂直倒立，重心放在头后部、肩和上臂，双手扶在腰两侧。呼气，直膝并腿，双脚向地面缓慢下移。

④体前屈蹲起

屈膝下蹲，俯身，双手放在脚两侧的地上。腰腹与大腿紧贴。然后最大限度地伸展双腿。

⑤站立体侧屈

自然站立，双手交叉，展臂举过头顶。呼气，头靠在一侧肩上，尽力做体侧屈动作。

两侧交替练习。

⑥助力腰腹侧屈

自然站立，一臂举过头顶并屈肘。同伴一手将练习者髋部固定好，一手将练习者上举臂的肘部抓住，练习者在同伴的帮助下上体尽力向下垂臂一侧屈。

两侧交替练习。

二、散打智能训练

（一）散打运动员智能的概念

运动员在散打训练和比赛中，运用技法进行人体格斗所表现出来的智慧能力就是所谓的散打智能。

（二）散打运动员智能训练方法

1. 观察认知法

教练员调动运动员充分发挥自己的视觉功能和思维功能，使其对正确或错误的散打技战术动作进行仔细观察，教练员适当进行讲解，以提高运动员智能水平的训练方法就是观察认知法。这一训练方法最大的优势在于可以使运动员更直观地认识散打技战术动作。观察认知法有很多具体的实施手段，教练员可以先自己进行示范，让运动员观察，并针对运动员经常出现的问题进行正误对比演示，使运动员清楚自己的问题在哪，需要如何改正。

2. 语言表达法

语言表达法指的是散打教练员运用口头语言的传播功能，将专业知识传授给运动员，从而促进运动员智能水平提高的训练方法。运动员必须掌握一定的专项知识，才能拥有散打智慧能力，掌握的专项知识越多，越有可能获得更高水平的智慧能力，而智能越高，才能对技能、体能、心能活动给予更好的指导。为促进散打运动员智慧能力的提高，可经常采用语言表达法，这是最有效的训练方法之一。

语言表达法的具体表现形式有很多，在散打运动训练中，教练员只要提到与训练有关的内容，如讲解散打技战术、提出训练要求、传授运动和训练规律的理论知识等，都属于语言表达法。教练员的理论素养、语言表达能力以及运动员的理解能力都会直接影响语言表达法的实施效果。

如果运用语言表达法来描述散打技术、战术，只能抽象概括，无法准确表达，而且用语言表达那些复杂的、容易出现错误的动作时，效果更是不佳，所以可以将语言表达法和观察认知法结合起来，从而促进运动员智能水平的提高。

3. 生疑提问法

教练员激发运动员充分发挥自己的思维功能，不断向运动员提问训练中的相关问题，并引导运动员探索答案，以促进运动员智能水平提高的训练方法就是生疑提问法。散打运动员是否拥有较高的专项智能，主要看其是否充分认识人体机能的做功规律，对散打运动规律、散打训练规律是否有了更深和更广的理解。

在吸引运动员学习注意力、促进运动员思维力提高方面，生疑提问法具有非常重要的作用。在散打训练过程中，教练员根据训练内容提问的问题主要是关于散打运动做功规律、训练规律重难点方面的问题。教练员可以自己回答自己提出的问题，旨在吸引运动员的注意力，使运动员集中精力训练，运动员自己回答问题可锻炼自己分析问题的思维能力。

4. 重复训练法

教练员调动运动员充分发挥自己的记忆功能，反复练习相同的训练内容，从而提高运动员智能水平的方法就是重复训练法。在运动训练中，重复训练法非常普遍。重复训练法不但能够对运动员的智能进行锻炼，而且可以促进运动员技能、体能和心能的提高。在智能训练中采用重复训练法，主要是因为散打运动训练的本质规律就是促进运动员相生相克使用技法的动作条件反射能力的提高。运动员的记忆痕迹是否清晰，直接决定了其能否相生相克地使用技法，建立相生相克的动作条件反射。运动员只有通过长期的重复训练，才能使这种记忆痕迹更加深刻，才能促进散打动作记忆能力的自动化转变。

5. 求异创新法

教练员调动运动员充分发挥自己的思维功能和想象功能，创造性地促进散打技术的发展，以提高运动员智能水平的训练方法就是求异创新法。求异创新法的采用要以相生相克的理论为指导，指导运动员用特别的技法动作将常用的技法动作破除，以达到出其不意、耳目一新的效果。智能是技能的指挥系统，运动员的智能水平直接影响其技能的发展。包括散打运动在内的所有运动技术的发展都永无止境。散打技术的永无止境意思并非对新技法动作的不断创造，而是相生相克地运用现有技法动作。

6. 想象训练法

教练员调动运动员充分发挥自己的想象功能，使运动员在头脑中再现基本技术、动作运用、比赛环境、技术开发等，以提高运动员智能水平的训练方法就是想象训练法。想象训练法的运用是以运动员的思维能力为基础的，在散打技术训练中，运动员审视自己完成的动作，思考如何做正确的动作，在完成过程中还存在什么问题等。在散打技能训练过程中，运动员要对比赛的运动状态进行想象，在与实战客观需要相符的基础上进行训练。

在散打战术训练中，要想象对方使用什么技术，自己采用相应战术而与之相克。在训练与比赛实际相脱离的情况下，尽可能再现实战场景，使训练符合实战需要，这是散打智能训练中采用想象训练法最大的作用。

（三）散打运动员智能训练的要求

散打运动员在智能训练中需要注意以下几点要求。

运动智能是运动情景中的智力，以一般智力为基础，专项特点非常明显，所以在散打运动员智能训练中，既要进行一般智力训练，又要进行专项智力训练。

知识是智力的基础，缺乏知识的高度智力是不存在的。所以在散打智能训练中，要加强对运动员理论素养的培养，积极启发运动员的思维，促进其运动智能的发挥。

在智力训练中，加强对运动员理论知识的教育，培养其“元认知”能力，使其学会认识事物过程、探索事物规律的方法，并掌握一定的分析、归纳、判断等能力。

一般来说，测定与评价运动智能是有一定难度的，目前能够准确测量与评价运动智能的方法还没有出现，所以在现实中，教练员大多是通过自己的直觉和经验来进行测定，在此基础上，通过进一步研究解决，将运动员智能测评的制度逐步建立起来。对散打运动员的运动智能进行测定和评价时，应结合散打训练和比赛等专项实践进行，在专项训练和比赛中对散打运动员的智能进行考察。

现阶段的研究还不能完全说明优秀运动员拥有比一般运动员更高的智能水平，所以，在散打运动员选材中，应注意对该指标的衡量。但一般来说，优秀运动员的智力水平都应该在中等以上。

第三节　健身气功教学与训练实践研究

一、健身气功教学的步骤及方法

健身气功具有动作简单、易学好练、对场地条件要求不高、健身效果比较明显的突出特点。尽管如此，作为习练者要想达到功法纯熟、动作规范、练养相兼、形神合一的要求，也必须经历一个由易到难、由浅入深、循序渐进的学练过程。因此，在健身气功的教学过程中，应当遵循功法动作和习练技能形成的规律，使习练者逐步掌握动作，并在习练的过程中体悟功法的深刻内涵。

（一）掌握基本功法套路及运行路线

1. 主要任务

首先让习练者弄清功法动作的基本套路、运行路线、来龙去脉和姿势变化，使习练者建立起功法动作的初步概念，并逐步达到由集体演练时进行提示，过渡到演练时不需要提示，直至个人在没有提示的情况下也能独立完成功法演练。

2. 教学方法

本阶段教学的特点是：练功者一般不具备专项素质，缺少控制能力，再加上习练者以中老年为主，记忆力和协调性相对较差，习练时往往顾此失彼，动作僵硬不协调，并且容易产生多余动作。因此，这一阶段的教学应以辅导员的讲解、示范和领作为主要方法。以健身气功·五禽戏预备势——“起势调息”动作为例，教学时不宜过多强调动作细节、步型工整，只要求习练者能按功法要求分四步粗略完成动作即可。

（二）熟练而准确地掌握动作

1. 主要任务

在第一步学习和练习的基础上，通过进一步练习把手、眼、身、步变化的部位搞准确，达到动作姿势与习练方法正确、规范、熟练。

2. 教学方法

本阶段教学的特点是：习练者对功法动作已有大致了解，但遇到新的刺激就会出现错误，甚至已经建立起来的正确动作概念也会消失，所以教学中应不断给予信息强化，使习练者对每一个动作的路线、方位、角度、虚实、松紧都能正确掌握，使习练者已经初步建立起来的正确动作得到进一步巩固。因此，这一阶段的教学和辅导应抓住重点、难点，并在完善细节上多下功夫。如在做“起势调息”时，要求左脚分开时，重心先右移，右膝稍屈；然后由脚跟离地过渡到脚尖离地；在双肩保持水平的基础上左脚向左侧开一步，比肩稍宽；脚尖脚跟依次落地；重心再还原到双脚。又如，两臂上举下落动作的要求可分为四步进行：一是两掌“上提”，要求两肘微屈保持圆弧，虎口撑开，手心空出，两臂在体前向上、向前平托，与胸同高，两掌心斜向胸部；二是“回收”，两掌边回收边内旋，使手心对着膻中穴；三是“内翻”，两掌继续内旋，翻转成掌心向下；四是“下按”，两掌缓慢下按至腹前于下丹田处。总之，在教学过程中，只要抓住了上述细节，动作的质量就有了保证。

（三）连贯而协调地进行习练

1. 主要任务

这一步要求习练者动作要连贯、圆活、完整、协调，强调动作转换要自如顺畅，具有较强的自控能力。

2. 教学方法

本阶段教学的特点是：习练者的技术基本成型，动作基本稳定。如做“起势调息”动作中的“上提”和“下按”动作时，脚趾抓地，力由脚跟起，然后传于腰，松腰，腰上用力，力由腰发，肩胛打开，力达肩部，沉肩，肩部用力两臂启动，力再穿过肘、手，完成以腰为轴，以肩带肘、以肘带手的上提和下按动作，使全身节节贯通，劲力顺达，协调流畅。对于劲力的要求也由“松柔”（如绵里藏针、柔中寓刚、刚柔相济）到“松沉”（如绵里裹铁、有沉重感）直至“松弹”（收放自如、松紧随意、协调流畅）。因此，在这一阶段的教学中，应在动作的连贯、流畅、准确和完整上多下功夫。

（四）注重呼吸与动作的协调配合

1. 主要任务

在功法的习练过程中，结合动作的升降、开合，主动配合动作有意识地进行呼吸调整，不断地体会、掌握、运用与自己身体状况或与动作变化相适应的呼吸方法。

2. 教学方法

本阶段教学的特点是：习练者已熟练掌握功法动作，并形成了正确的动力定型。这时要求习练者在习练时要注意调整呼吸，微微用意，绵绵若存。特别是不能憋气、用力，更不能故意用力使腹部鼓胀或收缩，从而在松静自然的习练状态中使呼吸逐步达到细、深、匀、长。因此，这一阶段的教学方法应采用边讲解边示范的方法，让习练者了解呼吸与动作相互配合的规律和技巧，即升吸降呼、开吸合呼。

（五）领会功法的意境与神韵

1. 主要任务

注重意念与动作的配合，体会“形神兼备”“内外合一”的功法意境与神韵。

2. 教学方法

本阶段教学的特点是：习练者已经较好地掌握了功法，动作规范准确、习练流畅自如。如做“起势调息”“上提下按”的调息动作时，意守两掌“劳宫穴”；两掌上提时意想将清气尽可能地托起，回收时意想将气收回胸前灌入“膻中穴”，翻转下按意想将气注入五脏六腑，最后随着两掌下按，意气直至下丹田。这一阶段的教学，应把教学重点放在分析动作意境、神韵，阐明精神、意念与形体动作的协调配合上。

总之，在健身气功教学过程中，上述五步是相互联系的，不能截然分开。一般来说，上一步是下一步的基础，下一步是上一步的深化与发展。它们既有区别，又密切相关，只有掌握好这些步骤和方法，才能保证教学质量的不断提高。

二、依托智慧校园健身气功教学新模式建设

（一）完善思政教学“保鲜机制”，明确德育目标

大力普及中医养生保健知识和太极拳、健身气功（如八段锦）等养生保健方法，推广体现中医治未病理念的健康工作和生活方式。学校将德育与传统体育教学相融合，引导学生养成运动习惯，保持乐观的生活态度，掌握运动技能，发展健全人格，弘扬体育精神，注重把爱国主义和民族情怀贯穿、渗透健身气功课程中，帮助学生树立起文化自觉和文化自信，从而很好地推进学生身心健康发展。

（二）精准个性定位，满足学生多方需求

大学校园是传承中国优秀文化的主要阵地，聚集建设社会的各类储备人才。在智慧校园平台上，针对线上服务功能，根据学练者的健康需求推荐健身气功运动处方项目。依据问询、问卷、体育成绩、体能测试报告以及体验报告等获取的学生健康信息，做出科学的健身功能的评测指标，进而出台健身气功的运动处方干预方案。习练者经过一定周期适应负荷的练习，可以再次通过问询、问卷、体育成绩、体能测试报告以及体验报告等指标，纵向对比自身指标变化。如，学业、就业压力大，出现焦虑、抑郁的情绪的同学，则可以选择健身气功·六字诀、五禽戏、八段锦和易筋经四套功法练习。临床课题研究表明，这四套功法可以有效改善习练者肺功能，提高习练者运动能力和生活质量，并能疏导习练者焦虑、抑郁的情绪。通过不同动作组合、时间、次数及练习强度等，实现不同人群祛病强身的目的，真正做到因人而异，精准施策。大学生群体属于青壮年阶段，引导其习练健身气功、了解健身气功、爱上健身气功，让其充分发挥“治未病”主动健康功能。

（三）营造智慧校园“沉浸式”教学课堂，优化教学手段

为了使健身气功课程深入人心，在智慧校园平台上打造一系列线上“沉浸式”建设气功教学课堂。根据史料可以还原健身气功发展的历程，按照中医学理论知识以3D动画形式展示习练健身气功对人体各机能的好处以及依照心理学知识展述缓解学生各项压力、疏导情绪功能。线下课堂，学生可以穿着古人各朝服式演练各种功法。如，五禽戏功法，同学们可以穿着虎、鹿、猿、熊、鸟的服装，模拟各种动物的身体形态。这种体验式、互动式的教育形式，寓教于乐，能让学生亲身感悟健身气功的魅力。学生在认知、体验的基础上，增强自身文化认同感和归属感，增强文化自觉和文化自信，

使青年大学生做好优秀传统文化的传播者和传承者。

（四）打造“课前——知识传递、课内——内化提升、课后——巩固深化”教学模式

课前：在线上课程中，学生可以查看课程介绍、教学计划、教学内容以及对应项目的技术动作讲解等信息，教师提前将课堂内容发布在线上，提醒学生可自学，达到培养学生自学能力的目的。课中：在传统课堂教学中，教师为主导，应用讲解示范法，直观立体地展示技术动作让学生跟学，掌握动作重难点。以学生为主体，以小组讨论、协作等方式，分析解决问题，得出结论，能独立完成演练动作，并学会独立总结梳理知识，达成课堂教学目标。课后：学生可以根据上传课件、视频等教学资源，再巩固学习，拍摄上传视频，分享练习健身气功的体会，既强化实际运用能力的培养，也注重综合素养的提升。教师也可以通过学生视频，分析发现学生学习中的难点，了解学生掌握的情况，做到查漏补缺。调整课堂教学方式，达到更好的教学效果。依托智慧校园平台，将线上线下两种教学方式结合起来，打造“课前——知识传递、课内——内化提升、课后——巩固深化”的新型教学模式。

三、智慧校园健身气功新模式建设应注意的问题

（一）激发学生自主学习能力，拓宽知识层面

高校教育应激活学生学习活力，不断丰富学生知识面和阅历，强调对学生能力和素养的开发，远重要于知识的传授。健身气功的教学应发挥传统课堂和线上课堂的优点，规避两者的不足之处，不断优化教学结构。搭建健身气功智慧信息平台，教师会不定期地发布国内外有关健身气功的新闻动态以及学科前沿信息，学生可以第一时间了解最新的动态，结合自身的练习经历，得出更贴切的心得体会。学生也可以发布讨论话题，每个同学都可以自由发表见解，分享学习中的收获，开阔学生的学习视野，扩宽学生的知识层面。为打造“可预知、可判断、可提高”的新型“智慧+线上线下教学”课堂教学生态。

（二）健全完善评价激励机制

评价激励是“指挥棒”。大学生在每次锻炼前、锻炼中以及锻炼后可直观得知自己身体素质值的纵向动态变化数值，对体育健身活动的全过程进行计划、预判和跟踪的决策和执行；教师也能通过智慧教学平台，看见每个学生锻炼的内容、时间以及运动量，在期中期末考评中给予加分；鼓励学生参加各类的线上线下健身气功比赛，获得竞赛成绩，来肯定自己锻炼的成效。不断健全完善评价激励机制，从而达到提高大学生客观自我健身管理的能力，充分调动学生参与健身气功习练的积极性，促使其形成终身锻炼的习惯的目的。

（三）扩充智慧校园健身气功平台知识面

关注国家体育总局健身气功管理中心网站、国际健身气功联合会、中国健身气功协会、健身气功空中讲堂以及各省市健身气功协会等公众号。通过健身气功在线课程的应用，能让学生深入地了解健身气功课程的相关知识，我国健身气功发展的现状，并且对中华传统养生文化的源流发展有着进一步的理解拓展，积累对健身气功的知识储备。同时，让学生慢慢探索“体医融合”发展，特别是医学专业同学，以中医理论为基础，发挥健身气功不受场地时间限制以及在健身养生方面具有独特效果的优势，研发以中国传统康养理论为基础、以健康干预操作技能为核心的健身气功运动处方。比如“助眠方”“降压方”“颈椎方”等。

第四节　羽毛球教学与训练实践研究

一、高校羽毛球运动教学与训练的目的

（一）高校羽毛球运动教学的目的

1. 羽毛球运动的教学目的

第一，通过羽毛球选项课的教学和专项身体素质的练习，促进学生身体素质和身体机能的全面发展，增强自我锻炼的意识，达到锻炼身体，终身受益的目的。

第二，使学生掌握羽毛球的基本理论，基本技术、战术，了解羽毛球比赛的规则和裁判方法，能够在实践中加以运用。

第三，培养学生热爱祖国、热爱集体、团结协作和“一拍在手，信心全有”的勇敢顽强的意志品质，使其身心健康适应社会需求。

2. 羽毛球运动理论与实践的教学目的

羽毛球运动理论与实践的教学目的是系统介绍羽毛球运动的发展历程、基本概念、基本技术、战术、体能素质、心理品质、竞赛规则、裁判方法和运动常识；指导学生正确理解羽毛球运动的规律，帮助学生逐步掌握羽毛球运动的主要技术和战术；培养学生对羽毛球运动的爱好和兴趣；为开展和普及羽毛球运动培养专门的技术人才。

第一，体育运动所传播和宣扬的奥林匹克精神、原则和体育道德，如竞争、协作、团结、谦虚、诚实、公正、友谊是社会不可缺少的规范和品质，具有广泛的教育意义。

第二，通过羽毛球运动特有的手段，培养和发展各种综合素质，培养知难而进、顽强拼搏、敢想敢干的现代竞争意识。

第三，结合羽毛球运动的专项特点，了解羽毛球运动的起源、发展进程及其文化背景，系统掌握此项运动的特点和结构体系，掌握教学、训练原则及基本技术和战术方法与原理，掌握羽毛球运动的竞赛组织、规则与裁判方法等基本理论知识。

第四，系统介绍羽毛球的基本技术、战术方法，强化基本技术、战术的概念和要

领，巩固正确姿势，纠正不良或错误动作，形成良好的技术、战术规范，培养和提高技术、战术意识和应变能力，以适应羽毛球运动的需要。

第五，促进身体机能全面发展，提高内脏器官功能，增强体质，以满足学习和工作的需要。在此基础上，努力发展羽毛球运动所需要的专项素质和能力，为技术水平的提高打下坚实的基础，奠定适应羽毛球比赛激烈对抗的基础。

第六，掌握运动心理和生理知识，学习科学的锻炼方法，提高自我控制能力。在教学中培养学生的创新能力和组织能力。

（二）高校羽毛球运动训练的目的

1. 提高对技术、战术挑拨的熟练度

“熟能生巧”，组织高校羽毛球运动的训练，可以使运动者得到羽毛球技术、战术训练的机会，从而熟练技术、战术，为比赛中技术、战术的熟练运用奠定基础。

2. 增加参赛运动生的自信心

羽毛球运动参与者的心理与其教学训练之间是一种双向的关系，即参与者的心理发展水平和羽毛球运动教学训练的心理促进功能紧密关联、相互依赖、相互作用，构成了教学训练的重要心理学基础。

二、高校羽毛球运动教学与训练的方法

（一）高校羽毛球运动教学与训练方法概述

1. 教学与训练方法的基本特点

（1）重视实现学生的主体性

学生的主体性是指学生在教育活动过程中作为主体在客体关系中的地位、能力、作用和性质，核心是学生学习的能动性和自由个性。让学生以主动学习的地位，使教学过程成为学生积极学习、能动发展的过程，在学习上，重视在过程中体验和自由个性的实现。

（2）重视教学与训练中学生知情智力的整合统一

传统方法明显倾向于把人的智力和情感割裂并对立起来，一味强调智力的重要性，表现为过分突出和重视知识传授和智力发展。现代教学与训练方法立意超越理性主义，把智力与情感统一起来。认知实质上是情感的，而情感实质上也是认知的，智力实质上是认知智力和情感智力的统一。

（3）重视学习方法研究

传统方法把学习方法的实质看作是教法，突出了教学法中的“教”的一面，所以讲授法成为课堂教学中占支配地位的方法。

（4）重视现代教育技术的应用

现代教育技术是指以计算机为核心的多媒体和网络一体化的教育技术，教学方法的技术化、多媒体化、网络化，成为世界范围内的一种基本趋势。多媒体教学、网络

教学既作为一种教学方法的新理念，又作为教学方法的新形态，在教学理论研究和实践发展两个领域都得到了前所未有的新发展。

（5）重视教学与训练方法的模式化

教学与训练方法从根本上讲，是人们对教学活动的一种特定态度、意向和操作。在多元文化的背景里，方法走向模式化，出现了多种多样的具有教学方法性质的模式。每一种教学模式由主题、目标（或手段）、程序以及评价等成分构成，使得教学方法涵括了具有一致性的新的心理学理论、新的教学价值观、新的教学内容观以及新的教学方法观，为操作性教学方法的创新和发展奠定了坚实的基础。

2. 选择教学与训练方法的依据

（1）根据教学与训练的目的与任务选择

不同的教学训练目的与任务需要不同的方法。体育教学训练方法的选择必须从教学的目的任务出发，在考虑新授课、复习课、综合课、考核课、室内课，还是室外课的前提下，采用相应的教学方法。

（2）要根据教材内容的特点选择

体育教学内容是教学方法的直接性对象，选择教学方法，必须根据教学内容、性质、特点、难易程度、前后的联系等进行选择。体育教师应在仔细分析教材的基础上，根据教材的性质和具体内容的特点，灵活而有创造性地选择适当的体育教学方法。

（3）要根据学生的实际情况来选择

使用教学与训练方法最根本是为了学生的体育学习，而不是教师的“展示”。因此，选择教学训练方法必须从学生的身体素质及运动能力、体育基本知识掌握的程度、知识储备、运动技能的水平、年龄特点、个性差异、心理状态出发。同时，还要考虑学习态度、班级的学习纪律及风气等方面。

（4）要根据教师本身的条件和特点来选择

任何一种教学训练方法只有和教师自身的条件和特点密切结合才能取得最佳的效果。有的教学训练方法虽好，但实施的教师缺乏必要的素养条件，仍然不能产生良好的教学效果，因此，教师的条件和特长都成为选择教学训练方法的重要依据。

（5）根据教学训练方法的功能、适用范围和使用条件等来选择

任何教学训练方法都不可能是万能的，都有各自的独特功能、适用范围和使用条件的限制等，有各自的优点和缺点。选择羽毛球教学训练方法时，必须认真分析教学法的功能、应用范围和条件，应尽可能地选用省时又有效的方法，以达到教学效果的最优化。

（二）羽毛球运动教学的常用方法

1. 语言法

语言法是教师运用生动形象的语言，指导学生掌握学习内容和进行练习的方法。常用的语言法主要有讲解法、口令和提示法、口头评定法、自我暗示法等。

讲解法是羽毛球教学中最为常用的教学方法之一。是为了帮助学生了解教学的目

的、任务、练习的要求和方法，是对学生进行思想教育、基本理论和基本技术教学的主要手段之一。讲解法的要求：①讲解要有明确的目的，要讲明它的作用和练习方法，使学生做到心中有数，有目的地去进行学习。②讲解要通俗易懂，简明扼要，尽量做到语言生动有趣，反对那种主次不分、平铺直叙、不求实效的讲解。③讲解要内容正确，符合学生水平，切忌在讲解时脱离实际。④讲解要深入浅出，富有启发性，用生动有趣的语言引起学生积极的思维，使看、听、想、练有机结合起来，用各种行之有效的方式启发学生积极思维，深入理解动作要领及技术动作的结构。

口令提示法是在羽毛球教学过程中，教师正确运用口令和提示提高教学效果，主要反映在以下几个方面：①能集中注意力。教师发出清晰洪亮的口令，必然能使学生集中其注意力。清晰而有节奏的口令，能唤起学生的节奏感，使其随着强弱变化的口令，张弛有序地进行练习。②提示与纠错。提示口令常用在羽毛球的练习过程中运用，能提示与纠正错误。如在击高远球的教学中，及时地对击球动作有问题的学生给予提示，要比停下来讲解效果更好。

口头评定法是指在教学中教师通过简单的口头评定，往往能起到鼓舞士气、加强自信心、提高学习兴趣的效果。在教学过程中，学生经常会因为掌握动作不得要领而表现出困惑和急躁，教师这时对其动作某一点加以肯定，就会扭转暂时的低落情绪。同时，也要指出动作中存在的缺点和不足，这时学生则更容易接受。

自我暗示法是在学习和练习动作的过程中，培养学生养成“自我暗示”的习惯，对掌握技术要点及纠正错误动作都有积极的作用。

2. 完整教学法

羽毛球教学中，完整教学法的特点是以完整的技术形式教学。其优点是有助于保证技术的完整性、连贯性和节奏，不致破坏动作结构和割裂动作与动作之间的内在联系。一般技术较简单的项目常采用这种方法。在羽毛球教学中采用这一方法时应注意以下几点：①羽毛球教学中的完整教学法，并不意味着一开始就要求学生掌握完整的技术动作，而是在完整的训练形式中，有不同的教学重点的要求。②在运用完整教学法时，不应该一开始就要求学生很准确，也不能提出过高的要求。一般来说，先要求学生掌握动作的用力顺序、基本结构和动作节奏，而后再进一步要求动作的完成质量。③羽毛球教学中，在运用完整教学法进行技术教学时，一般是先降低练习的条件或简化动作，在学生掌握了正确动作概念结构和节奏后，再逐渐提高练习的条件，最后达到掌握技术的目的。

3. 分解教学法

分解教学法是把完整的技术分解为几个部分，使动作简化并易于掌握。通过逐步掌握技术的多个部分后，将它连贯起来，掌握完整技术。这一教法的优点是可将复杂的技术简单化，使学生容易接受。一般对于技术动作复杂的项目，可采用这种方法。羽毛球教学中采用这一方法时应注意以下几点：①技术部分的划分要正确，要考虑到每一动作的前因后果及衔接关系，否则会破坏技术的完整性和动作节奏。②分解教学的时间不宜过长。应根据学生技术掌握的情况尽快进行技术的完整教学。③分解教学法应与完整教学法配合运用。不应把两种教学法孤立起来，而是分解之中有完整，完整之中有分解，这样才能使学生尽快地掌握技术。

4. 直观教学法

直观法教学是在教学过程中，借助视觉、听觉、肌肉本体感觉等感觉器官来感知动作的一种常用教学方法。直观教学法有助于学生了解动作形象、结构、要领、完成动作方法及时间和空间的关系。

在羽毛球教学中，动作示范、战术示范、比赛示范、纠正动作错误与帮助法等是常用的教学方法。

5. 指标完成法

指标完成法是指学生根据教师的要求，以时间为界限或以一定次数为界限来完成教师要求指标的教学方法。通过指标法可以及时得到定量的反馈，刺激性强，利于调动学生练习的积极性。具体做法如下：①双方共同完成指标法，需要双方共同来完成的指标练习。如两人网前对搓球练习。②单方完成指标法，要求一方完成规定指标的练习。如发网球 200 个。

6. 快乐教学法

（1）保证以学为主

高校羽毛球教学是为了锻炼学生的身体素质，掌握相关的羽毛球运动知识，让学生领略羽毛球运动的魅力所在。

快乐教学法是为了高校羽毛球的教学工作更好地开展，两者关系是相辅相成的，切记不能只追求学生的心情愉悦就忽略教学的真正目的与意义。在实际运用快乐法的教学中，很大部分的授课老师会对学生的上课感受过多地重视，一味地在教学工作中强调学生的快乐性，放任学生在体育课中尽情玩耍，不能够有效地教授学生羽毛球相关的理论知识，也难以充分地帮助学生练习羽毛球相关的重点技术。这就要教课老师理清快乐教学与羽毛球教学二者的关系，在寓教于乐中有效地激发学生的积极性，让学生在学习羽毛球的过程中享受到羽毛球运动的快乐。

（2）利用游戏的教学手段，丰富教学的课堂气氛

每一个人都有游戏情节，不论大人还是学生，游戏相关的活动也伴随人一生的成长。把体育竞技活动与游戏的娱乐性与趣味性有机地结合起来，让学生在参加体育锻炼的同时体验到身体锻炼的重要性，体会体育活动的愉悦性。老师在体育的教学中融入相关的游戏，可以有效地与青少年的身心特征相结合，进一步激发学生参与体育活动的积极性与主动性。

在高校生的羽毛球教学中，要针对该年龄阶段学生的心理特征与身体发育特征，科学性地去选择适用的游戏项目，这与实际的羽毛球教学成效息息相关，关乎羽毛球教学的成败。在羽毛球教学过程中，游戏一般是适用于课堂前的准备学习中，或者在课堂后的放松部分，如果需要把游戏贯穿于整个教学过程中，一定要谨记不能单纯地做游戏，要把握好教授羽毛球知识与进行羽毛球相关游戏的尺度。让学生在适当的游戏过程中享受到羽毛球知识的力量，发展自身的身体素质。

(3) 以生为本，因材施教

每一个人都是不同的个体，每一个学生也有不同的性格与个性，针对学生不同的特点，作为高校的体育教学工作者，要懂得如何利用学生的差异性，尊重学生的个性，有针对性地开展教学工作。

(三) 羽毛球运动训练的方法

1. 课前预习与训练

这一方法是指学生在课前根据学习的进度和教师指定的学习内容，自己先阅读教材，初步了解将要学习的运动技术项目的内容，同时根据羽毛球运动的特点与要求，进行一些身体素质训练，为上课做好体能方面的准备。学生在运用这一方法时，应注意以下几点。

(1) 要养成预习的习惯

学生要自觉养成课前预习和训练的习惯。应根据教师预习指导中提出的要求，认真阅读教材，了解动作的概念和要求，对不清楚或难以理解的问题，记录下来，在课堂上向老师请教。课前，可以进行一些身体素质训练，也可练习上堂课的一些技术动作，巩固学习的技术。

(2) 预习要有计划

课前预习和训练应有计划地安排，课前的训练要恰当，不要做自己目前力所不能及的动作或训练，要防止发生伤害事故。

(3) 预习要有正确的方法

教师对学生课前预习和训练应该加强指导，帮助学生掌握正确的学习方法。

(4) 相互指导学习

这一方法是指学生在课内或课外进行技术训练时，互教互学，既可培养学生观察和解决问题的能力，也可达到保证技术训练的正确性和质量的目的。

(5) 树立正确的动作概念

学生自己的技术动作概念要正确，并掌握一些相应的训练方法和教法。要善于运用教师课堂教学中采用的方法。

(6) 提高观察能力

要提高自己的观察能力和对错误动作的分辨能力，学会就现象找原因，提出改进方法和措施。

(7) 积极分析问题

学习并正确运用多种练习方法，要善于互相提出和发现问题，分析错误动作的原因，提出纠正错误的方法。要加强安全措施，防止伤害事故的发生。

(8) 自学自练

这一方法指的是学生根据自己的实际情况，按照教师课上的提示和指导，进行自学自练的方法，运用这一方法时应该注意以下几点。

①目的要明确

一般来说，可以分为两种情况：一是纠正课上的错误动作，强化正确的技术；二是提高运动成绩。前者练习时要认真按照教师课上的要求和指导进行，要经常用正确的技术概念和动作要领提示和对照自己；后者应弄清楚提高自己成绩的有效途径。

②提高自我评价能力

自学自练应得到教师的指导与帮助，学生应主动向教师请教，请教师根据自己技术掌握的情况，分析原因，找出差距，指导自学自练的方法、注意事项和安全措施等。自学自练时应具备一定的自我调节和自我评价能力。

③自我暗示学习

这一方法是指学生在羽毛球课内学习或课外训练中，通过有针对性的词语等刺激对自我的心理施加影响，即通过第二信号系统的作用，调节大脑兴奋水平和动作。羽毛球技术教学实践证明，这是一种十分有效的学习方法。

④必须有正确的技术动作概念

技术动作概念和要领要清楚。在进行技术练习时，头脑里应首先想一想正确的技术动作要领，提醒或暗示自己按正确动作要领进行练习。也可以先回忆一遍教师的动作示范，然后按其正确的示范动作和提示的动作要点进行训练。

⑤想练结合

注意在课堂教学中，教师对动作的分析和评价，尤其对练习时教师指出的错误动作要经常暗示自己特别注意，要多想多练，想和练相结合。

⑥要有信心

对于身体素质较差或者技术掌握较慢的学生而言，在训练过程中，应该经常提示自己树立坚定的学习信心和完成动作的身体能力。

2. 模拟演练训练法

对大学生进行羽毛球教学，可以采用模拟演练的方法。模拟演练训练实际上就是对学生自身已经掌握的羽毛球技巧方法进行反复的练习过程。具体实施过程可以就一些视频上的方法进行反复练习，如对视频的握球拍方法进行反复练习，使自身的球拍握法得到规范，学习视频中的发球练习法，进行实践演练，这样可以使自己在实际发球中避免不知所措。在实际的教学中对其中的某些技术手法进行动作分解，使学生们通过分解动作充分观察清楚技术动作要领，从而使其对羽毛球产生学习兴趣，积极地去学习羽毛球打法，使学校更加利于开展羽毛球教学活动。在羽毛球的模拟训练方法中，有以下 3 个主要的训练方法。

第一，颠球训练法。主要是要学生在练习时正确地握住球拍，手臂保持向上发力，控制手臂发力的大小、羽毛球落拍的位置，并注意在拍打球时，手指从松到紧的发力过程。

第二，不同高度的吊线球练习。在训练中要切实保证手握球拍的方式正确，首先用正手练习发球，过一段时间再利用反手进行发球练习，然后调整吊线高度，反复练习。

第三，在运动场上练习发球。在颠球训练法和不同高度的吊线球练习后，在运动场上的发球练习就要求做到从握拍到发球姿势等一系列动作的规范和连贯，通过这些训练方法，提高学生的羽毛球水平，提高羽毛球训练质量。

3. 实战训练法

羽毛球的训练方法，都是为了实战的应用，因此，把实战作为羽毛球的一项训练方法，可以把实战和体育活动结合起来。在实战中，可以看到羽毛球教学以及训练的成果，可以看到训练方法以及教学方法的不足，教师可以适当地改进教学方法。同样，学生在实战中可以快速提高自身的羽毛球技术，在实战中也可以加强自身对羽毛球的喜爱，加强实战的交流，使学生在运动过程中把理论知识和实践结合起来，更好地理解以及运用理论知识，这对羽毛球教学活动的顺利开展具有重要的意义。

参考文献

[1] 马健勋．高校体育教学与科学训练［M］．北京：北京工业大学出版社，2023.

[2] 卢茂春．高校体育教育与管理的理论及实践探索［M］．广州：广东人民出版社；南方传媒，2023.

[3] 李响．高校体育教学训练水平提升策略与实证［M］．北京：北京燕山出版社，2022.

[4] 李彦松．多维度视域下的高校体育教学工作研究［M］．长春：吉林科学技术出版社，2022.

[5] 黄中伟，袁超，何福洋．高校体育文化理论与实践研究［M］．长春：吉林出版集团股份有限公司，2022.

[6] 马超．高校体育教学与训练研究［M］．长春：吉林出版集团股份有限公司，2021.

[7] 于海，张宁宁，胳奥．高校体育教学与训练实践研究［M］．长春：吉林人民出版社，2021.

[8] 谢宾，王新光，时春梅．高校体育教学与运动训练研究［M］．长春：吉林人民出版社，2021.

[9] 李慧．高校体育教学改革与科学化训练研究［M］．沈阳：辽宁大学出版社，2021.

[10] 李婷婷，刘琦，原宗鑫．现代学校体育教学理论与方法［M］．长春：吉林人民出版社，2021.

[11] 王丽丽，许波，李清瑶．教育技术在高校体育教学中的实践探索［M］．长春：吉林人民出版社，2021.

[12] 孙丽娜．高校体育教学风险防范现状与运动应急对策研究［M］．长春：吉林大学出版社，2021.

[13] 张建梅．高校体育教学与大学生体能训练［M］．长春：吉林科学技术出版社，2020.

[14] 谢丽娜．高校体育风险管理研究［M］．长春：吉林人民出版社，2020.

[15] 钟贞奇．大学生体育健康与体育运动［M］．长春：吉林人民出版社，2020.

[16] 曹学，刘鲲．大学体育［M］．武汉：华中科技大学出版社，2019.

[17] 张丽梅．体育教育的多维研究与训练［M］．北京：中国纺织出版社，2019.

[18] 李利华，邢海军，谢佳．体育教学思维创新与运动实践研究［M］．南昌：江西高校出版社，2019.

[19] 马鹏涛．高校体育教学改革创新与科学化训练研究［M］．北京：新华出版

社，2018.
[20] 畅宏民．我国高校体育拓展训练的教学体系构建与模式创新研究［M］．沈阳：东北大学出版社，2018.
[21] 曹宏宏．高校体育与健康课程教学实践改革研究［M］．长春：吉林出版集团股份有限公司，2018.
[22] 吉丽娜，李磊．高校体育教学与训练理论实践探究［M］．北京：地质出版社，2017.
[23] 董波．高校体育管理研究［M］．西安：西安交通大学出版社，2017.
[24] 罗玲，温宇，蓝芬．体育教育教学改革研究［M］．北京：民族出版社，2017.
[25] 张琦，柴猛．大学体育教学改革与创新［M］．长春：吉林科学技术出版社，2020.
[26] 李尚华，孟杰，孟凡钧．大学体育教学与管理实践［M］．长春：吉林出版集团股份有限公司，2019.
[27] 曾佳．大学体育教学与管理研究［M］．长春：吉林出版集团股份有限公司，2019.
[28] 史健，王凯，张强．大学在线体育教学研究［M］．北京：中国商业出版社，2021.
[29] 闫俊杰，秦光宇，贾冲．大学体育［M］．南京：东南大学出版社，2020.
[30] 李春光．大学体育［M］．天津：天津科学技术出版社，2019.
[31] 汪磊，罗敏．高校体育教学与课程研究［M］．湘潭：湘潭大学出版社，2023.
[32] 罗敏．高校公共体育课开展课程思政同向育人探讨［J］．当代体育科技，2020，10（01）：123-125.
[33] 龙专，罗敏．高校传统保健体育教学中的终身体育教育分析［J］．文体用品与科技，2014（02）：131.
[34] 殷宏亮，季梅．高校传统保健体育教学中的终身体育教育［J］．课程教育研究，2016（27）：233-234.
[35] 殷宏亮，季梅．体验式教学模式在大学体育教学中的应用［J］．湖南城市学院学报（自然科学版）．2016，25（03）：363-364.
[36] 殷宏亮，季梅．创新教学在传统保健体育课程教学中的应用［J］．教师，2016（20）：72-73.
[37] 汪磊．女子羽毛球教学中焦虑心理的产生及防范［J］．时代教育，2013（21）：235.
[38] 汪磊．浅析传统武术文化在高校体育教学中传承价值、现状及策略［J］．冰雪体育创新研究，2022（13）：69-72.